Vereinsbildungen im evangelischen Kirchenrecht

Schriften zum

STAATSKIRCHENRECHT

Herausgegeben von
Axel Frhr. von Campenhausen,
Christoph Link und Jörg Winter

Band 58

PETER LANG
Frankfurt am Main · Berlin · Bern · Bruxelles · New York · Oxford · Wien

Danielle Gaukel

Vereinsbildungen im evangelischen Kirchenrecht

PETER LANG
Internationaler Verlag der Wissenschaften

Bibliografische Information der Deutschen Nationalbibliothek
Die Deutsche Nationalbibliothek verzeichnet diese Publikation in der Deutschen Nationalbibliografie; detaillierte bibliografische Daten sind im Internet über http://dnb.d-nb.de abrufbar.

Zugl.: Freiburg (Breisgau), Univ., Diss., 2011

Umschlaggestaltung:
Olaf Glöckler, Atelier Platen, Friedberg

D 25
ISSN 1437-3149
ISBN 978-3-631-63067-9

www.peterlang.de

Meinem Mann
Sven

und

meinen Eltern
Hildegard und Dr. Hans-Georg Molz

gewidmet.

Vorwort

Diese Arbeit lag der Rechtswissenschaftlichen Fakultät der Albert-Ludwigs-Universität Freiburg im Jahr 2010 als Dissertation vor. Gesetzgebung, Rechtsprechung und Literatur sind teilweise noch bis August 2011 berücksichtigt.

Mein außerordentlicher Dank gilt meinem Doktorvater, Herrn Oberkirchenrat i.R. Prof. Dr. Jörg Winter. Er hat im Kirchenrechtlichen Seminar der Albert-Ludwigs-Universität Freiburg, gemeinsam mit Herrn Prof. Dr. Alexander Hollerbach und Herrn Prof. Dr. Josef Jurina, mein Interesse für das Staatskirchenrecht geweckt und das Thema der Dissertation vorgeschlagen. Die Anfertigung der Arbeit und das Promotionsverfahren insgesamt hat er hervorragend betreut und stets durch hilfreiche Anregungen gefördert. Ihm sowie Herrn Prof. Dr. Axel Frhr. v. Campenhausen und Herrn Prof. Dr. Christoph Link danke ich für die Aufnahme meiner Arbeit in die Reihe „Schriften zum Staatskirchenrecht“. Mein großer Dank gilt außerdem Herrn Prof. Dr. Uwe Blaurock für die Erstellung des Zweitgutachtens.

Von Herzen danken möchte ich schließlich meiner Familie und meinen Freunden. Dies gilt, vor allen anderen, meinem Mann Sven und meinen Eltern, Hildegard und Dr. Hans-Georg Molz, die mir immer verständnisvoll mit Rat und Tat zur Seite gestanden haben. Ihnen sowie meiner Schwester Isabelle Molz und meiner Freundin Silke Wesp danke ich auch vielmals für die Unterstützung bei der Korrektur des Manuskripts.

Wiesbaden, im August 2011 Danielle Gaukel

Inhaltsverzeichnis

Teil 1: Einführung

A. Anlass, Gegenstand und Ziel der Untersuchung

„Denn wo zwei oder drei in meinem Namen versammelt sind,
da bin ich mitten unter ihnen."
- Mt. 18, 20 -

Diesen Worten Jesu Christi folgend haben sich gläubige Christen seit jeher im Namen des Stifters ihres Glaubens zusammengeschlossen, um gemeinsam ihren Glauben zu leben, ihm durch ihr Handeln Ausdruck zu verleihen und Ziele zu verwirklichen, die sie sich, motiviert durch ihren Glauben, gesetzt haben. So gibt es bis dato eine große Anzahl von Gruppierungen, die, respektive deren Mitglieder den christlichen Kirchen nahe stehen.[1]

In organisatorischer Hinsicht wird insbesondere die Rechtsform des – rechtsfähigen oder nichtrechtsfähigen – Vereins gerne gewählt, wenn sich einzelne Christenmenschen, verschiedene Kirchengemeinden, aber auch sonstige natürliche und juristische Personen bis hin zu öffentlich-rechtlichen Gebietskörperschaften zusammen tun, um sich gemeinschaftlich den vielfältigsten Aktivitäten zu widmen, von denen jede für sich Ausprägung gelebter christlicher Nächstenliebe ist. Dabei bedienen sich auch die großen christlichen Kirchen selbst nicht selten der Möglichkeit der Gründung eines entsprechenden Vereins, der eine spezielle Aufgabe übernehmen und mit dem ein besonderer Zweck erfüllt werden soll.[2]

Die Tätigkeit der oben beschriebenen Vereine ist nicht auf den Bereich der verfassten Kirchen begrenzt. Vielmehr entfalten die betreffenden Vereine über die Grenzen des internen Bereichs der verfassten Kirchen hinaus eine gesellschaftliche Breitenwirkung und sind so von nicht zu unterschätzender Bedeutung für die Bundesrepublik Deutschland und ihre Bevölkerung insgesamt.[3]

Angesichts dieses Stellenwerts der oben beschriebenen Vereine bleiben gewisse Problemstellungen nicht aus. So gibt es immer wieder Fragen, insbesondere aus dem Bereich des staatlichen Rechts der Bundesrepublik Deutschland, aus dem Bereich des Kirchenrechts der verfassten christlichen Kirchen und aus dem Bereich des Staatskirchenrechts, auf die es Antworten zu finden gilt.

1 Machanek, Verein, S. 4.

2 Machanek, Verein, S. 4.

3 Schnizer, in: Handbuch des katholischen Kirchenrechts, S. 358.

Für diejenigen Vereine, die der katholischen Kirche zuzuordnen sind, hält der Codex Iuris Canonici von 1983[4] (CIC) in Buch II, Teil I, Titel V unter der Überschrift „Vereine von Gläubigen“ („de christefidelium consociationibus“) Lösungen für derartige Situationen bereit.
Auf Seiten der evangelischen Kirchen, namentlich der Evangelischen Kirche in Deutschland (EKD) und ihrer Gliedkirchen fehlt es hingegen an einer vergleichbaren Kodifikation.[5] Diese rechtlichen Gegebenheiten – oder besser gesagt: diese fehlenden rechtlichen Gegebenheiten – stellen die Vereine, die den evangelischen Kirchen in Deutschland nahe stehen[6], aber auch die Evangelische Kirche in Deutschland und ihre Gliedkirchen selbst immer wieder vor Herausforderungen, wenn es darum geht, Antworten auf kirchenrechtliche und staatskirchenrechtliche Fragen rund um die kirchlichen Vereine zu finden.[7]
Diese Situation war Motivation und Grund für die rechtswissenschaftliche Untersuchung, deren Erkenntnisse und Ergebnisse im Folgenden dargestellt und zusammengefasst sind. Die vorliegende Arbeit soll einen Beitrag dazu leisten, Antworten auf unterschiedliche kirchenrechtliche und staatskirchenrechtliche Fragen im Zusammenhang mit den kirchlichen Vereinen zu finden. Dabei sollen insbesondere auch solche kirchliche Vereine beleuchtet werden, die den evangelischen Kirchen in Deutschland nahe stehen, ohne Mitglied im Diakonischen Werk der Evangelischen Kirche in Deutschland e.V. bzw. in einem Diakonischen Werk einer Evangelischen Landeskirche zu sein.

---

4 Der Text der betreffenden Vorschriften kann in der lateinisch-deutschen Synopse des CIC nachgelesen werden.

5 von Campenhausen / de Wall, Staatskirchenrecht, S. 125; Kluge, Arbeitsrechtliche Probleme im Bereich der freien gemeinnützigen Wohlfahrtspflege, S. 28; Smend, in: ZevKR 4, S. 72, 73.

6 Mit den Vereinen, die den evangelischen Kirchen in Deutschland nahe stehen, sind all diejenigen Vereine gemeint, die sich, beispielsweise nach ihrem Zweck oder nach ihrer Tätigkeit, der Evangelischen Kirche in Deutschland und / oder ihren Landeskirchen zuordnen, unabhängig davon, ob sie Mitglied im Diakonischen Werk der Evangelischen Kirche in Deutschland e.V. und / oder in einem Diakonischen Werk einer Evangelischen Landeskirche sind oder nicht. Im Folgenden werden die Vereine, die den evangelischen Kirchen in Deutschland nahe stehen, als kirchliche Vereine bezeichnet. Wenn dabei nicht weiter zwischen denjenigen Vereinen, die Mitglied im Diakonischen Werk der Evangelischen Kirche in Deutschland e.V. und / oder in einem Diakonischen Werk einer Evangelischen Landeskirche sind, einerseits und denjenigen Vereinen, bei denen dies nicht der Fall ist, andererseits differenziert wird, gelten die betreffenden Ausführungen für beide Arten von Vereinen gleichermaßen. Sofern sich hingegen durch das Kriterium der Mitgliedschaft eines Vereins im Diakonischen Werk der Evangelischen Kirche in Deutschland e.V. und / oder im Diakonischen Werk einer Evangelischen Landeskirche Unterschiede ergeben, wird dies im jeweiligen Einzelfall gesondert dargestellt und hervorgehoben.

7 von Hase, in: Die Innere Mission 1960, S. 225.

Im Folgenden werden zunächst im Rahmen einer Bestandsaufnahme einige Fakten über die kirchlichen Vereine dargestellt. So werden etwa ihr historischer Hintergrund und ihr Status quo geschildert, bevor die Frage erörtert wird, vor welchen Herausforderungen die kirchlichen Vereine in der heutigen Zeit stehen und inwieweit sie in der heutigen Zeit noch eine „Daseinsberechtigung" beanspruchen können.
Der zweite Teil der vorliegenden Arbeit beschäftigt sich mit den rechtlichen Verhältnissen der kirchlichen Vereine. Den Schwerpunkt der betreffenden Ausführungen bildet die Untersuchung, ob und inwieweit die kirchlichen Vereine Schutz durch das Grundgesetz, namentlich durch Art. 4 Abs. 1, Abs. 2 GG und durch Art. 140 GG i.V.m. Art. 137 ff. WRV erfahren. In diesem Zusammenhang wird unter anderem erörtert, unter welchen Voraussetzungen ein Verein ein kirchlicher Verein ist und welche Einflussmöglichkeiten die verfassten evangelischen Kirchen in Deutschland auf die kirchlichen Vereine haben.
Im dritten Teil der folgenden Ausführungen werden verschiedene finanzielle Aspekte im Zusammenhang mit den kirchlichen Vereinen erörtert. Dabei werden nicht nur die Art und Weise ihrer Finanzierung und die Besonderheiten eines Insolvenzverfahrens über das Vermögen eines kirchlichen Vereins beleuchtet, sondern es werden auch einige offene Fragen diskutiert, die sich aus den rechtlichen Besonderheiten in der Evangelischen Landeskirche in Baden ergeben.

Als Schlussfolgerung aus den Untersuchungen in den ersten drei Teilen der vorliegenden Arbeit wird im vierten Teil schließlich der Versuch einer Kategorisierung der kirchlichen Vereine unternommen, wobei auch die Rechtsfolgen einer solchen Systematisierung dargestellt werden.

B. Bestandsaufnahme

I. Historische Entwicklung der kirchlichen Vereine

1. Allgemeines

Das Vereinswesen im Bereich der – d.h. in und neben den – evangelischen Kirchen in Deutschland, ja im Bereich der christlichen Kirchen im Allgemeinen, blickt auf eine lange Geschichte zurück.
Das christliche Liebesgebot ist an jeden einzelnen Christen gerichtet. So gab es auch zu allen Zeiten Menschen, die ihrer Berufung zur christlichen Liebestätigkeit gefolgt sind, die sich die Erfüllung der sieben Werke der Barmherzigkeit[8]

8 Vgl. hierzu: Mt. 25, 35-36.

zur Aufgabe gemacht haben,[9] die freiwillig und spontan karitative Initiativen gegründet haben[10] und die sich dabei insbesondere der Schwächeren in der Gesellschaft, beispielsweise der Armen, der Menschen mit Behinderung, der Kinder und der Kranken angenommen haben.[11]

2. Mittelalter

Bis zum Ende des Mittelalters wurde die staatliche Ordnung in weiten Teilen maßgeblich vom kanonischen Recht geregelt. So ordneten sich auch die kirchlichen Einrichtungen dieser Rechtsordnung unter und bedienten sich zur Verwirklichung ihrer Anliegen der vom kanonischen Recht vorgegebenen Organisationsformen.[12]

Selbst in der Zeit nach der Reformation änderte sich dies zunächst nicht, da die Fürsten an dem alt hergebrachten, christlich geprägten Rechtsdenken festhielten.[13]

3. 18. und 19. Jahrhundert

Erst im ausgehenden 18. und im beginnenden 19. Jahrhundert bildeten sich zahlreiche „private Vereinigungen philanthropischen Charakters"[14].

Der Reichsdeputationshauptschluss vom 25. Februar 1803[15] brachte neben der Neuordnung der deutschen Staaten auch die Säkularisation und damit die Trennung von Staat einerseits und Kirche andererseits, d.h. die Trennung von Bürgergemeinde einerseits und Kirchengemeinde andererseits[16] mit sich und führte so dazu, dass staatliches und kirchliches Recht nebeneinander jeweils in vollem Umfang zur Geltung kamen.[17] Dabei wurden viele bis zu diesem Zeitpunkt ganz selbstverständlich als christlich betrachtete Einrichtungen kommunalisiert oder verstaatlicht.[18]

Gleichzeitig wurden – insbesondere durch die um das Jahr 1815 entstehende so genannte Erweckungsbewegung –[19] angesichts der aufkommenden Industriali-

9 Müller, in: ZevKR 47, S. 475.

10 von Tilling, in: Handbuch des Staatskirchenrechts I, S. 401, 403.

11 Scheuner, in: Essener Gespräche, Band 8, S. 43, 162.

12 Machanek, Verein, S. 9.

13 Machanek, Verein, S. 9.

14 Scheuner, in: Essener Gespräche, Band 8, S. 43, 165.

15 Vgl. hierzu die Ausführungen bei Winter, Staatskirchenrecht, S. 35 m.w.N..

16 Bauer, GmbH, S. 10; Falterbaum, Caritas und Diakonie, S. 11.

17 Machanek, Verein, S. 9, 10.

18 von Campenhausen / de Wall, Staatskirchenrecht, S. 164.

19 Müller, in: ZevKR 47, S. 475, 481; Wasse, Werke und Einrichtungen, S. 5.

sierung und der mit dieser oftmals einhergehenden Verelendung[20] zahlreiche freiwillige Initiativen gegründet, die größtenteils entsprechend den Gestaltungsmöglichkeiten des bürgerlichen Rechts, vor allem als private rechtsfähige Vereine[21] organisiert wurden, dabei jedoch finanziell selbständig und vom Staat unabhängig waren.[22] Auch gegenüber den evangelischen Kirchen waren diese Vereinigungen eigenständig, wenngleich sie auch personell und vor allem ideell mit ihnen verbunden blieben.[23]

Die Entscheidung für eine von der Amtskirche unabhängige Rechtsform hatte mehrere Gründe: das gewisse gegenseitige Misstrauen zwischen den karitativ engagierten Pastoren und Laien einerseits und den verfassten evangelischen Kirchen andererseits,[24] die grundsätzliche Abneigung der Erweckungsbewegung gegenüber „dem vom Staate abhängigen kirchlichen Behördenapparat",[25] den Mangel an geeigneten Organisationsformen innerhalb der evangelischen Kirchen[26] und den Wunsch, der Unabhängigkeit des allgemeinen Priestertums aller Gläubigen sowie dem Laienelement Ausdruck zu verleihen.[27]

Von Seiten der verfassten evangelischen Kirchen wurde die Entscheidung der freien Initiativen, von der so genannten Amtskirche unabhängig sein zu wollen, keineswegs missbilligt.[28] Denn die verfassten evangelischen Kirchen vertraten Anfang des 19. Jahrhunderts noch die Auffassung, ihre Aufgaben lägen in erster Linie in den Bereichen der Predigt und der Seelsorge, wohingegen Kirchensteuermittel nicht für soziale Zwecke verwendet werden sollten.[29] Vor diesem Hintergrund überließen sie die Erfüllung karitativer Aufgaben und die Bereitstellung der dafür erforderlichen finanziellen Mittel bereitwillig den freien Initiativen und den entsprechend engagierten Christen.[30]

---

20 von Campenhausen / de Wall, Staatskirchenrecht, S. 164; Glawatz, Diakonie, S. 19; Müller, in: ZevKR 47, S. 475, 481.

21 Glawatz, Diakonie, S. 20.

22 Bielitz, in: ZevKR 47, S. 56, 57; von Campenhausen / de Wall, Staatskirchenrecht, S. 164; Falterbaum, Caritas und Diakonie, S. 12; Scheuner, in: Essener Gespräche, Band 8, S. 43, 166.

23 von Campenhausen / de Wall, Staatskirchenrecht, S. 164; Falterbaum, Caritas und Diakonie, S. 12; Scheuner, in: Essener Gespräche, Band 8, S. 43, 166.

24 von Tilling, in: Handbuch des Staatskirchenrechts I, S. 401, 404.

25 Wasse, Werke und Einrichtungen, S. 6.

26 von Tilling, in: Handbuch des Staatskirchenrechts I, S. 401, 404.

27 von Campenhausen / de Wall, Staatskirchenrecht, S. 165.

28 Winter, Die Kirche und ihr Diakonisches Werk, S. 238, 239; Winter, Kirche – (m)Macht – Diakonie, S. 23.

29 Winter, Die Kirche und ihr Diakonisches Werk, S. 238, 239; Winter, Kirche – (m)Macht – Diakonie, S. 23.

30 Winter, Kirche – (m)Macht – Diakonie, S. 23.

So kam es, dass spätestens seit der Mitte des 19. Jahrhunderts freie christliche Vereinigungen endgültig nicht mehr aus dem öffentlichen Leben wegzudenken waren.[31] Neben dem Central-Ausschuss für die Innere Mission mit seinen Landes-, Provinzial- und Ortsverbänden entstanden Jugend-, Männer- und Frauenverbände, Arbeiter- und Gesellenvereine sowie zahlreiche Vereine, die sich die verschiedensten Einzelaufgaben zum Ziel gesetzt hatten.[32]
Diese Entwicklung wurde entscheidend durch die rechtlichen Gegebenheiten beeinflusst. Auch nach der Revolution im Jahre 1848 unterlagen die Kirchen in den meisten deutschen Ländern weit reichenden Gesetzesvorbehalten und einer umfassenden staatlichen Kontrolle.[33] Um nicht der Aufsicht des Staates ausgesetzt zu sein, sondern sich vielmehr den Charakter der Wahrnehmung sozialkaritativer und gesellschaftlicher Aufgaben als Ausdruck gelebter christlicher Nächstenliebe zu bewahren, entschieden sich zahlreiche Christen für die Gründung eigenständiger Organisationen. Dabei kam ihnen nicht zuletzt die aufkommende Vereinigungsfreiheit zu Gute.[34]
Allerdings hing die Rechtsfähigkeit religiöser Vereine bis zum Jahre 1919 von der unmittelbaren oder mittelbaren Verleihung durch den Staat ab und der Polizeistaat lähmte die Entwicklung des Vereinswesens.[35] Dabei waren die Regelungen im Einzelnen von Land zu Land unterschiedlich streng: während es in Bayern der landesherrlichen Verleihung bedurfte, war in Preußen, Sachsen, Waldeck, Braunschweig und Lübeck ein besonderes Gesetz erforderlich, wohingegen im Übrigen bereits die Eintragung in das Vereinsregister genügte.[36] Vereinen, die entgegen ihrer Satzung religiöse Zwecke verfolgten, konnte nach der damaligen Vorschrift des § 43 Abs. 3 BGB die Rechtsfähigkeit entzogen werden.[37]

4. Weimarer Republik und so genanntes Drittes Reich

Mit dem Inkrafttreten der Weimarer Reichsverfassung (WRV) vom 11. August 1919[38] wurde die oben geschilderte Rechtslage grundlegend geändert: Art. 137 Abs. 1 WRV statuierte die Trennung von Staat und Kirche und die diskriminierenden Beschränkungen des § 43 Abs. 3 BGB wurden aufgehoben mit der Folge, dass all das, was für die Vereine im allgemeinen galt, nun auch für religiöse

31 Machanek, Verein, S. 11.
32 Wasse, Werke und Einrichtungen, S. 7.
33 Machanek, Verein, S. 10.
34 Machanek, Verein, S. 11; Wasse, Werke und Einrichtungen, S. 7.
35 Conze, in: Die Innere Mission 1960, S. 226, 230.
36 von Campenhausen, in: DRpfl. 1989, S. 349.
37 von Campenhausen, in: DRpfl. 1989, S. 349, 350.
38 RGBl. 1919, S. 1383.

Vereinigungen gelten sollte.[39] Zusätzlich übertrug die Weimarer Reichsverfassung dem Staat „die Verantwortung für das soziale Gefüge und den gesellschaftlichen Fortschritt".[40]

Zwar waren Staat und Kommunen auch vor der verfassungsrechtlichen Verankerung dieses Staatsauftrages bereits auf diesem Gebiet tätig geworden. Es waren jedoch, wie oben bereits dargestellt, in erster Linie freie und unter ihnen vor allem kirchlich orientierte Träger, die sich bis dahin der Erfüllung sozialer Aufgaben insbesondere zu Gunsten von Armen, Menschen mit Behinderung, Kindern und Kranken angenommen hatten.[41] Dieser Status quo war, auch wenn sich der Staat seit den zwanziger Jahren des 20. Jahrhunderts verstärkt selbst Aufgaben im sozialen Bereich widmete, prägend für die Art und Weise, wie die Aufgaben im sozialen Bereich verteilt wurden: der Staat beschränkte sich darauf, lediglich dort selbst tätig zu werden, wo die benötigte Versorgung noch nicht von den bereits existierenden freien Einrichtungen gewährleistet war, während er die Arbeit dieser bereits bestehenden Einrichtungen mit öffentlichen Mitteln förderte.[42]

Dieses Verhältnis der Subsidiarität der staatlichen gegenüber der freien Wohlfahrtspflege fand schließlich gesetzliche Verankerung in der Verordnung über die Fürsorgepflicht vom 13. Februar 1924[43], deren § 5 Abs. 4 S. 1 regelte:

> Die Fürsorgestellen sollen für ihren Bereich Mittelpunkt der öffentlichen Wohlfahrtspflege und zugleich Bindeglied zwischen öffentlicher und freier Wohlfahrtspflege sein; sie sollen darauf hinwirken, daß öffentliche und freie Wohlfahrtspflege sich zweckmäßig ergänzen und in Formen zusammenarbeiten, die der Selbständigkeit beider gerecht werden.

Die Weimarer Republik brachte jedoch nicht nur Neuerungen für das Verhältnis zwischen den staatlichen und den freien, insbesondere kirchlich orientierten Trägern der Wohlfahrtspflege. Durch das Ende des landesherrlichen Kirchenregiments und der damit verbundenen Staatsaufsicht über die Landeskirchen im Jahre 1918 wurde vielmehr auch ein bis dahin maßgebliches Hindernis für die rechtliche Integration kirchlich orientierter Vereinigungen in die verfassten Kirchen, d.h. etwa auch in die evangelischen Kirchen, ausgeräumt, da nun nicht länger zu befürchten war, die Staatsaufsicht könnte die Arbeit kirchlich orientierter Vereinigungen erschweren.[44]

---

39 von Campenhausen, in: DRpfl. 1989, S. 349, 350.

40 von Campenhausen / de Wall, Staatskirchenrecht, S. 163.

41 von Campenhausen / de Wall, Staatskirchenrecht, S. 163.

42 Falterbaum, Caritas und Diakonie, S. 13.

43 RGBl. 1924 I, S. 100 ff..

44 Bauer, GmbH, S. 11; von Campenhausen / de Wall, Staatskirchenrecht, S. 165; Glawatz, Diakonie, S. 22; Wasse, Werke und Einrichtungen, S. 9.

Die Voraussetzungen für eine Annäherung von freien Vereinigungen und verfasster Kirche waren mithin gut und tatsächlich war in der darauf folgenden Zeit eine immer stärkere Einbindung der bislang freien Vereinigungen und ihrer Tätigkeit in die verfassten evangelischen Kirchen zu beobachten, die von mehreren Faktoren beeinflusst und forciert wurde: Ausgehend vom Kirchenkampf in der Zeit von 1933 bis 1945[45] und der sich ändernden theologischen Ansichten wurden zunehmend Bedenken an einem freien Vereinswesen neben den verfassten Kirchen geäußert und es wurde immer lauter eine Eingliederung der bis dahin freien Vereinstätigkeit in die Amtskirche gefordert.[46] Gleichzeitig sahen es die verfassten Kirchen zunehmend auch als ihre Verantwortung an, sich der Aufgaben, die bislang von den freien Einrichtungen übernommen worden waren, zu widmen, so dass sie Kreis-, Provinzial- und Landespfarrämter mit entsprechenden Sonderzuständigkeiten gründeten und auf diese Art und Weise eine organisatorische Einflechtung dieser Arbeit in die Amtskirche forcierten.[47] Ein Ereignis, das diese Entwicklung ganz maßgeblich beeinflusste, war der Zusammenbruch der Deutschen Evangelischen Heimstättengesellschaft mbH im Jahre 1931, der auch das Ansehen der verfassten evangelischen Kirchen in der Öffentlichkeit massiv beeinträchtigte.[48] Als Konsequenz aus diesem Skandal versuchten der Deutsche Evangelische Kirchenausschuss und die Landeskirchen, größeren Einfluss auf die Leitungsgremien der freien Initiativen zu erlangen und diese organisatorisch in die Amtskirche einzugliedern.[49]

Zu alledem kamen schließlich die politischen und gesellschaftlichen Umstände in der Zeit des so genannten Dritten Reichs, welche die bis dahin freien Vereinigungen quasi in die schützenden Arme der verfassten Kirchen getrieben haben.[50]

Vor dem Hintergrund der unterschiedlichen Faktoren, die eine Annäherung zwischen den freien Initiativen einerseits und der so genannten Amtskirche andererseits begünstigten, traf die Deutsche Evangelische Kirche (DEK) in Art. 4 Abs. 3 ihrer Verfassung vom 11. Juli 1933 schließlich die entscheidende Aussage:

> Die freie kirchliche Arbeit von gesamtkirchlicher Bedeutung, (...) nimmt die DEK unter ihre fördernde Obhut.

---

45 Wasse, Werke und Einrichtungen, S. 11.

46 Wasse, Werke und Einrichtungen, S. 10.

47 Wasse, Werke und Einrichtungen, S. 10.

48 Die Hintergründe der Deutschen Evangelischen Heimstättengesellschaft mbH, ihr Zusammenbruch im Jahre 1931 und die Reaktion der verfassten evangelischen Kirchen auf dieses Ereignis werden unten (Teil 3 D. IV. 1.) näher dargestellt.

49 Winter, Die Kirche und ihr Diakonisches Werk, S. 238, 245.

50 Bauer, GmbH, S. 11; von Campenhausen / de Wall, Staatskirchenrecht, S. 165; Christoph, in: ZevKR 54, S. 354, 355; Glawatz, Diakonie, S. 23.

Dass sich die verfassten evangelischen Kirchen für die freien Initiativen öffneten und dass sich die freien Initiativen tatsächlich an die verfassten evangelischen Kirchen annäherten, zeigt zudem der Erlass des Leiters der Deutschen Evangelischen Kirche vom 12. Juli 1940[51], besagt:

> „Die Innere Mission ist Wesens- und Lebensäußerung der evangelischen Kirche."

Unter der fördernden Obhut der Deutschen Evangelischen Kirche konnten sich die freien Vereinigungen gegen Versuche von Seiten des NS-Regimes, in ihre Tätigkeit einzugreifen, sowie gegen eine Eingliederung in die Nationalsozialistische Volkswohlfahrt (NSV) effektiver zur Wehr setzen. Dank der Einbindung in die verfassten evangelischen Kirchen hatten die freien Initiativen somit die Möglichkeit, ihre Ziele weiter zu verfolgen, da die Amtskirche dem NS-Staat weitaus weniger schutzlos ausgesetzt war als die einzelnen privaten Vereine es waren.[52]

5. Nach dem Zweiten Weltkrieg

Als im Jahre 1945 der Zweite Weltkrieg endete, war deutlich erkennbar, dass die Schreckensherrschaft des NS-Regimes das Vereinswesen im Bereich der evangelischen Kirchen in Deutschland, ja im Bereich der christlichen Kirchen im Allgemeinen deutlich geprägt und grundlegend verändert hatte. Zahlreiche einstmals freie kirchliche Vereinigungen waren im Zuge der so genannten „Gleichschaltung" in NS-Organisationen eingegliedert, verboten oder zwangsweise aufgelöst worden. Andere Organisationen hatten ihrer Arbeit selbst ein Ende gesetzt, indem sie sich unter dem Druck des NS-Terrors aufgelöst hatten.[53] Diejenigen Vereine, die die NS-Herrschaft und den Zweiten Weltkrieg überdauert hatten, hatten dies – wie oben bereits dargestellt – zum weitaus größten Teil einer Annäherung an bzw. einer Eingliederung in die verfassten evangelischen Kirchen zu verdanken.[54]
Die Tendenz zur Eingliederung freier Einrichtungen in die verfassten evangelischen Kirchen in Deutschland setzte sich auch nach dem Ende des zweiten Weltkrieges fort.[55] Als im Jahre 1945 das Hilfswerk der Evangelischen Kirche in Deutschland ins Leben gerufen wurde, brachten die verfassten evangelischen Kirchen in Deutschland erstmals explizit zum Ausdruck, dass sie diakonische Aufgaben auch als ihre eigenen Aufgaben begriffen.[56] Nach dem Zusammen-

---

51 GBl. DEK 1940, S. 39.

52 Brenner, Diakonie im Sozialstaat, S. 26; Christoph, in: ZevKR 54, S. 354, 355.

53 Machanek, Verein, S. 13, 14.

54 Machanek, Verein, S. 14.

55 Wasse, Werke und Einrichtungen, S. 12.

56 Christoph, in: ZevKR 54, S. 354, 355; Winter, Kirche – (m)Macht – Diakonie, S. 23.

schluss des Hilfswerks der Evangelischen Kirche in Deutschland mit dem Central-Ausschuss für die Innere Mission der Deutschen Evangelischen Kirche im Jahre 1957 fusionierten die beiden Werke schließlich durch das Kirchengesetz über das Diakonische Werk vom 6. November 1975[57] zum Diakonischen Werk der Evangelischen Kirche in Deutschland e.V..[58] Auch in den Gliedkirchen der EKD waren vergleichbare Entwicklungen zu beobachten.[59]
Nach dem heutigen Verständnis sind diakonische und karitative Tätigkeiten, wie sie größtenteils von den hier untersuchten kirchlichen Vereinen ausgeübt werden, „als Zusammenfassung aller Arbeiten christlicher Liebestätigkeit eine Sache der Kirche selbst und nicht einer neben ihr stehenden Organisation"[60]. Dementsprechend statuiert Art. 15 der Grundordnung der Evangelischen Kirche in Deutschland vom 13. Juli 1948[61]:

> „(1) [1]Die Evangelische Kirche in Deutschland und ihre Gliedkirchen sind gerufen, Christi Liebe in Wort und Tat zu verkündigen. [2]Diese Liebe verpflichtet alle Glieder der Kirche zum Dienst und gewinnt in besonderer Weise Gestalt im Diakonat der Kirche; demgemäß sind die diakonisch-missionarischen Werke Wesens- und Lebensäußerung der Kirche.
>
> (2) [1]Die Evangelische Kirche in Deutschland fördert die in ihrem Gesamtbereich arbeitenden Werke der Inneren Mission, ungeachtet deren Rechtsform. [2]Ihre Verbindung mit der Kirche und den Gemeinden sowie die freie Gestaltung ihrer Arbeit werden in Vereinbarungen und entsprechenden Richtlinien gesichert.

Neben der Evangelischen Kirche in Deutschland haben sich auch etliche Landeskirchen und landeskirchliche Zusammenschlüsse nach 1945 neue Kirchenordnungen gegeben und es sind zahlreiche Kirchengesetze und kirchenamtliche Erklärungen ergangen, in denen die kirchlichen Vereinigungen als „Lebens- und Wesensäußerungen der Kirche" sowie als „Bestandteil der Kirche ungeachtet ihrer besonderen Rechtsform" anerkannt wurden.[62]

Gleichzeitig knüpfte der Staat in der Zeit nach dem Ende des Zweiten Weltkrieges an die Entwicklungen in der Zeit vor dem so genannten Dritten Reich an und bekannte sich in Art. 20 Abs. 1 GG mit der Aussage:

> Die Bundesrepublik Deutschland ist ein demokratischer und sozialer Bundesstaat.

zu seiner Verantwortung auf dem Gebiet der Wohlfahrtspflege.[63]

---

57 ABl. EKD 1975, S. 713.

58 Winter, Die Kirche und ihr Diakonisches Werk, S. 238, 240, 241.

59 Winter, Die Kirche und ihr Diakonisches Werk, S. 238, 240, 241.

60 Winter, Die Kirche und ihr Diakonisches Werk, S. 238, 241.

61 ABl. EKD 1948, S. 233.

62 Wasse, Werke und Einrichtungen, S. 13.

63 Müller, in: ZevKR 47, S. 475, 487.

Bei aller Annäherung zwischen den verfassten evangelischen Kirchen in Deutschland einerseits und den freien Initiativen andererseits, nehmen diese freien Initiativen ihre Aufgaben jedoch nach wie vor größtenteils in selbständigen Formen des Privatrechts, etwa in Gestalt – rechtsfähiger oder nicht rechtsfähiger – Vereine wahr.[64] Angesichts dieser Situation stellen sich bis in die heutige Zeit immer wieder Fragen zu dem Verhältnis zwischen den kirchlichen Vereinen einerseits und den evangelischen Kirchen in Deutschland andererseits. So hat der Rat der Evangelischen Kirche in Deutschland erst am 8. Dezember 2007 nach Art. 15 Abs. 2 GO EKD die Richtlinie über die Zuordnung diakonischer Einrichtungen zur Kirche – Zuordnungsrichtlinie –[65] bekannt gemacht, in der er mit Zustimmung der Kirchenkonferenz empfiehlt, die Zuordnung diakonischer Einrichtungen zur Kirche nach Maßgabe dieser Richtlinie vorzunehmen.[66]

II. Status quo der kirchlichen Vereinsbildungen

Bevor auf die verschiedenen kirchenrechtlichen und staatskirchenrechtlichen Fragen eingegangen werden kann, die sich im Zusammenhang mit den kirchlichen Vereinen stellen, ist es zunächst erforderlich, die Protagonisten der vorliegenden Untersuchungen vorzustellen, d.h. die betreffenden Vereine, ihre unterschiedlichen Aufgaben und ihre vielfältigen Zielsetzungen in rein tatsächlicher Hinsicht näher zu beleuchten.

1. Tätigkeitsbereiche

Die unterschiedlichen kirchlichen Vereine vereint ihre Motivation, ein Ziel zu verfolgen, das aus einer christlichen Überzeugung entspringt und – wenn auch nur im weitesten Sinne – Ausdruck des christlichen Glaubens und des Grundgedankens der christlichen Nächstenliebe ist.[67] Dabei lebt die Arbeit dieser Vereine zu einem ganz wesentlichen Teil von dem Engagement Ehrenamtlicher.[68] Vor diesem Hintergrund bietet sich ein ungemein vielfältiges Bild an Vereinen, die den verschiedensten Zwecken dienen und von denen jeder für sich eine ganz spezifische Aufgabe erfüllt.[69]

---

64 Winter, Die Kirche und ihr Diakonisches Werk, S. 238, 239, Winter, Kirche – (m)Macht – Diakonie, S. 23, 25.

65 ABl. EKD 2007, S. 405, 406.

66 Die Einzelheiten der Zuordnungsrichtlinie werden unten (Teil 2 C. III. 2. b) bb)) detailliert erörtert.

67 von Campenhausen / de Wall, Staatskirchenrecht, S. 124.

68 Rogge, Staatliche Finanzkontrolle freier Wohlfahrtspflege, S. 17.

69 von Tilling, in: Handbuch des Staatskirchenrechts I, S. 401, 403.

Es würde den Rahmen der vorliegenden Arbeit sprengen, wollte man die Eigenheiten der unterschiedlichen Vereine erschöpfend darstellen und alle Vereine bis ins Detail charakterisieren. Um aber jedenfalls einen informativen Überblick zu bieten und dabei vor allem ein gewisses Gefühl dafür zu vermitteln, was die unterschiedlichen kirchlichen Vereine leisten und welche Bedeutung sie aus diesem Grunde für die Gesellschaft in der Bundesrepublik Deutschland haben, sollen an dieser Stelle zumindest die hauptsächlichen Tätigkeitsbereiche der betreffenden Vereine genannt und – statt vieler – einige der betreffenden Vereine namentlich erwähnt werden.[70]
Das Engagement von kirchlichen Vereinen kann insbesondere in folgenden Bereichen beobachtet werden:[71]

- Betreuungseinrichtungen für Kinder und Jugendliche (Hier engagieren sich beispielsweise der Evangelische Diakonie-Verein Anzing e.V. für den Kindergarten „Arche Noah", Anzing[72], der Verein der Freunde und Förderer der Evangelischen Kindertagesstätte in Köln-Rath e.V., Köln[73], und der Verein zur Förderung der evangelischen Kindertagesstätte Götzenhain e.V., Dreieich[74].)
- Schulen und Internate (In diesem Bereich sind unter anderem die Arbeitsgemeinschaft Evangelischer Schulbünde e.V., Nürnberg[75], das Evangelische Internat Dassel e.V., Dassel[76], der Schulverein Evangelische Grundschule Friedrichshagen-Köpenick e.V., Berlin[77] und der Verein der Freunde und Förderer der Evangelischen Grundschule Wilmersdorf e.V., Berlin[78], tätig.)

---

70 Die einzelnen kirchlichen Vereine, die hier erwähnt werden, stehen beispielhaft für die Vielzahl der kirchlichen Vereine, von denen nicht jeder einzelne genannt werden kann. Ihre ausdrückliche Erwähnung stellt keine Wertung dar und enthält keine Aussage über die Bedeutung und Wichtigkeit der einzelnen Vereine, insbesondere auch nicht im Vergleich zu anderen kirchlichen Vereinen.

71 Bauer, GmbH, S. 5; Diakonisches Werk der EKD / Mletzko, Diakonie ist Kirche, S. 62; Gronemann, in: KuR 1996, S. 147; Henzler, in: Diakonie – quo vadis?, S. 31; Muckel, Handbuch des Staatskirchenrechts I, S. 827.

72 http://www.evangelisch-marktschwaben-poing.de/kinder/kindergarten.html, zuletzt aufgerufen am 20. August 2011.

73 http://www.foerderverein-wasserblecher-kinder.de, zuletzt aufgerufen am 20. August 2011.

74 http://fv-ev-kita.de/, zuletzt aufgerufen am 20. August 2011.

75 http://www.evangelische-schulbuende.de, zuletzt aufgerufen am 20. August 2011.

76 http://www.evangelisches-internat.de/, zuletzt aufgerufen am 20. August 2011.

77 http://www.evangelische-grundschule-friedrichshagen.de, zuletzt aufgerufen am 20. August 2011.

78 http://www.evgruwi-verein.de/, zuletzt aufgerufen am 20. August 2011.

- Einrichtungen zur Erwachsenenbildung (Insoweit können exemplarisch die Arbeitsgemeinschaft für Evangelische Erwachsenenbildung in Bayern e.V., München[79], und das Evangelische Bildungswerk München e.V., München[80], genannt werden.)
- Heime und Wohngruppen für Menschen in den unterschiedlichsten sozialen Situationen, wie beispielsweise Arbeitslose, Asylbewerber, Menschen mit Behinderung, Jugendliche, Kinder, Obdachlose, psychisch Kranke, Schuldner, Studierende oder Suchtkranke (Auf diesem Gebiet engagieren sich unter anderem der Evangelische Handwerkerverein München von 1848 e.V., München[81], der Evangelische Studentenwohnheim-Verein Freiburg e.V., Freiburg im Breisgau[82], der Evangelische Verein – Verein für Diakonie Arbeit e.V., Stuttgart[83], die Evangelischen Studentenwohnheime München e.V., München[84], die Evangelischen Wohnheime Stuttgart e.V., Stuttgart[85], und der Verein Schrippenkirche e.V., Berlin[86].)
- Beratungsstellen für Menschen in den unterschiedlichsten sozialen Situationen, wie beispielsweise Arbeitslose, Schuldner, Schwangere oder Suchtkranke (Hier können statt vieler die Evangelische Konferenz für Familien- und Lebensberatung e.V. Fachverband für Psychologische Beratung und Supervision (EKFuL), Berlin[87], und der Kirche hilft Menschen – Förderverein Main-Tauber-Kreis Süd e.V., Bad Mergentheim[88], genannt werden.)
- Sozialstationen und ambulante Pflegedienste (Hier engagieren sich z.B. die Evangelischen Krankenpflegevereine in Esslingen am Neckar – d.h. im Einzelnen der Evangelische Krankenpflegeverein Esslingen Nord e.V., der Evangelische Krankenpflegeverein Esslingen Pliensauvorstadt e.V., der Evangelische Krankenpflegeverein Esslingen Stadtmitte e.V., der Evangelische Krankenpflegeverein Esslingen Sulzgries e.V., der Evangelische Krankenpflegeverein Mettingen-Brühl-Weil e.V., der Evangelische Krankenpfle-

---

79 http://www.aeeb.de, zuletzt aufgerufen am 20. August 2011.

80 http://www.muenchen-evangelisch.de/erwachsenenbildung.html, zuletzt aufgerufen am 20. August 2011.

81 http://www.ehv-muenchen.de, zuletzt aufgerufen am 20. August 2011.

82 http://www.esw-freiburg.de/, zuletzt aufgerufen am 20. August 2011.

83 http://www.evangelischer-verein.de/, zuletzt aufgerufen am 20. August 2011.

84 http://www.eswm.de/, zuletzt aufgerufen am 20. August 2011.

85 http://www.wohnheime-stuttgart.de/, zuletzt aufgerufen am 20. August 2011.

86 http://www.schrippenkirche.de/, zuletzt aufgerufen am 20. August 2011.

87 http://www.evangelische-beratung.info/, zuletzt aufgerufen am 20. August 2011.

88 http://www.evangelisch-in-hohenlohe.de/kirchen-bezirke/weikersheim/der-kirchenbezirk-und-seine-einrichtungen/psychologische-beratungsstelle/, zuletzt aufgerufen am 20. August 2011.

geverein Oberesslingen e.V. und der Evangelische Krankenpflegeverein Hegensberg/Liebersbronn e.V. –[89], der Evangelische Förderverein für Krankenpflege und Diakonie Wasseralfingen-Hüttlingen, Aalen-Wasseralfingen[90], die Evangelische Sozialstation Freiburg im Breisgau e.V., Freiburg im Breisgau[91], der Förderverein der Evangelischen Sozialstation Alzey e.V., Alzey[92], der Förderverein der Evangelischen Sozialstation Ingelheim, Ingelheim[93], der Förderverein der Evangelischen Sozialstation Wörrstadt-Wöllstein, Wöllstein[94], und der Krankenpflegeverein Murrhardt e.V., Murrhardt[95].)

- Krankenhäuser (Insoweit können statt vieler der Evangelische Krankenhausverein zu Aachen, Aachen[96], der Mündener Krankenhausverein e.V., Hann. Münden[97], und der Paul Gerhardt Diakonie e.V., Berlin und Wittenberg[98], erwähnt werden.)
- Hospizeinrichtungen (In diesem Bereich sind unter anderem der Christophorus Hospiz Verein im Landkreis Ebersberg e.V., Grafing – Aßling – Glong[99], der Evangelische Hospiz- und Palliativ-Verein Darmstadt e.V., Darmstadt[100], und der Hospizverein Pfaffenhofen e.V., Pfaffenhofen an der Ilm[101], tätig.)
- Förderung einzelner bestimmter Projekte (Insoweit engagieren sich etwa der Evangelische Kirchenbauverein, Berlin[102], der Evangelische Kirchenbauverein Burgweinting e.V., Regensburg[103], der Evangelische Kirchenbauverein

89 http://www.krankenpflegevereine-esslingen.de, zuletzt aufgerufen am 20. August 2011.

90 http://www.evangelisch-wasseralfingen-huettlingen.de/cms/startseite/wo-finde-ich-hilfe/krankenpflegeverein/, zuletzt aufgerufen am 20. August 2011.

91 http://www.evsozialstation-freiburg.de/, zuletzt aufgerufen am 20. August 2011.

92 http://www.sozialstation1977-alzey.de/foerderverein.html, zuletzt aufgerufen am 20. August 2011.

93 http://www.ev-sozialstation-ingelheim.de/foerderverein.html, zuletzt aufgerufen am 20. August 2011.

94 http://www.sozialstation-woerrstadt-woellstein.de/foerder.htm, zuletzt aufgerufen am 20. August 2011.

95 http://www.evangelisch-in-murrhardt.de/cms/startseite/aktivitaeten/krankenpflegeverein/, zuletzt aufgerufen am 20. August 2011.

96 http://www.luisenhospital.de/, zuletzt aufgerufen am 20. August 2011.

97 http://www.krankenhaus-verein.de, zuletzt aufgerufen am 20. August 2011.

98 http://www.pgdiakonie.de, zuletzt aufgerufen am 20. August 2011.

99 http://www.grafing-evangelisch.de/index.php?menuIndex=7&submenuIndex=7, zuletzt aufgerufen am 20. August 2011.

100 http://www.hospizverein-darmstadt.de/, zuletzt aufgerufen am 20. August 2011.

101 http://www.hospizverein-pfaffenhofen.de, zuletzt aufgerufen am 20. August 2011.

102 http://www.evangelischer-kirchenbauverein.de, zuletzt aufgerufen am 20. August 2011.

103 http://www.burgweinting-evangelisch.de/menschen/kirchenbauverein.htm, zuletzt aufgerufen am 20. August 2011.

Ismaning e.V., Ismaning[104], und der Verein zur Förderung der Orgeln und der Orgelmusik in Bad Wimpfen e.V., Bad Wimpfen[105].)

2. Anzahl

Angaben über die Anzahl der kirchlichen Vereine lassen sich nur im Hinblick auf diejenigen Vereine machen, die Mitglied im Diakonischen Werk der Evangelischen Kirche in Deutschland e.V. bzw. im Diakonischen Werk einer Evangelischen Landeskirche sind. Ausweislich der Einrichtungsstatistik des Diakonischen Werkes der Evangelischen Kirche in Deutschland e.V. aus dem Jahre 2008 waren zum Stichtag 1. Januar 2008 2.328 eingetragene Vereine Mitglieder des Diakonischen Werkes. Damit waren seinerzeit 42,1% aller Rechtsträger, die Mitglied in einem Diakonischen Werk waren bzw. sind, als eingetragene Vereine organisiert.[106]

Im Hinblick auf diejenigen Vereine, die kein Mitglied im Diakonischen Werk der Evangelischen Kirche in Deutschland e.V. bzw. im Diakonischen Werk einer Evangelischen Landeskirche sind, ist eine genaue Aussage über ihre Anzahl nicht möglich.[107] Dies ist auf den Umstand zurückzuführen, dass diese Vereine – im Unterschied etwa zu den Vereinen von Gläubigen in der katholischen Kirche[108] – gerade nicht von der Amtskirche „erfasst“ werden.[109] Es kann aber jedenfalls festgehalten werden, dass diese kirchlichen Vereine so zahlreich sind, dass sie eine Breitenwirkung haben, die ihnen in der und für die Gesellschaft der Bundesrepublik Deutschland eine große Bedeutung einräumt.[110]

---

104 http://www.ismaning-wird-rund.de/, zuletzt aufgerufen am 20. August 2011.

105 http://www.orgelverein.de, zuletzt aufgerufen am 20. August 2011.

106 Diese Zahlen wurden auf Anfrage hin von Seiten des Diakonischen Werkes der Evangelischen Kirche in Deutschland e.V. mitgeteilt.

107 Schockenhoff, in: NJW 1992, S. 1013.

108 S. zu den rechtlichen Gegebenheiten der Vereinsbildungen im Bereich der katholischen Kirche unten, Teil 2 A..

109 S. zu den Voraussetzungen, unter denen ein Verein als den evangelischen Kirchen in Deutschland nahe stehend zu betrachten ist, unten, Teil 2 C. III. 2. b).

110 von Campenhausen / de Wall, Staatskirchenrecht, S. 124; Rinken, in: Handbuch des Staatskirchenrechts II, S. 345; M. Schmidt, Steuerliche Aspekte, S. 21; Schnizer, in: Handbuch des katholischen Kirchenrechts, S. 564.

III. Die Entscheidung für die Rechtsform des Vereins – Vor- und Nachteile

Es ist zuvorderst die Entscheidung des jeweiligen Initiators, in welche Rechts- und Organisationsform er seine Unternehmung kleiden möchte.[111] Nichtsdestotrotz stellt sich bei den Untersuchungen rund um die kirchlichen Vereinigungen die Frage, ob und inwieweit die Rechtsform des – rechtsfähigen oder nichtrechtsfähigen – Vereins die geeignete ist, wenn es darum geht, die ins Auge gefassten Aufgaben zu erfüllen und die angestrebten Ziele zu verwirklichen.

Daher werden im Folgenden zunächst die rechtlichen Rahmenbedingungen des Vereins dargestellt. Anschließend wird erörtert, ob und inwieweit andere Rechtsformen, namentlich die Stiftung, die Gesellschaft mit beschränkter Haftung (GmbH), die Unternehmergesellschaft (haftungsbeschränkt) und die Gesellschaft bürgerlichen Rechts (GbR), die als Alternative zum Verein in Betracht kommen können,[112] Vor- und Nachteile gegenüber dem Verein haben bzw. ob und inwiefern eine Gestaltung als Verein vorzugswürdig ist.

1. Die Rechtsform des Vereins – Allgemeines

Der Verein ist in Buch 1, Abschnitt 1, Titel 2, Untertitel 1 des Bürgerlichen Gesetzbuches (BGB) geregelt. Im Einzelnen enthalten die §§ 21 bis 54 BGB all-

111 Erbguth / Stollmann, in: DÖV 1993, S. 798, 799.

112 Selbstverständlich existieren zahlreiche weitere Gesellschaftsformen, von deren Darstellung an dieser Stelle jedoch abgesehen wird, da die betreffenden Gesellschaftsformen auf dem Gebiet der Initiativen, die den evangelischen Kirchen in Deutschland nahe stehen, wenig bis gar keine praktische Relevanz haben. Zur vertieften Lektüre betreffend diese verschiedenen Gesellschaftsformen wird auf die gute Darstellung bei Kübler / Assmann, Gesellschaftsrecht, S. 68-100, zur Offenen Handelsgesellschaft (OHG), bei Kübler / Assmann, Gesellschaftsrecht, S. 100-110, zur Kommanditgesellschaft (KG), bei Kübler / Assmann, Gesellschaftsrecht, S. 156-254, zur Aktiengesellschaft (AG), bei Kübler / Assmann, Gesellschaftsrecht, S. 348-359, zur GmbH & Co. KG, bei Kübler / Assmann, Gesellschaftsrecht, S. 254-260, zur Kommanditgesellschaft auf Aktien (KGaA), bei Grunewald, Gesellschaftsrecht, S. 159-174, zur Stillen Gesellschaft, bei Grunewald, Gesellschaftsrecht, S. 173-176, zur Partnerschaftsgesellschaft (PartG), bei Grunewald, Gesellschaftsrecht, S. 177, zur Partenreederei, bei Grunewald, Gesellschaftsrecht, S. 405-414, zur Genossenschaft, bei Grunewald, Gesellschaftsrecht, S. 415, zum Versicherungsverein auf Gegenseitigkeit (VVaG), bei Grunewald, Gesellschaftsrecht, S. 175-179, zur Europäischen Wirtschaftlichen Interessenvereinigung (EWIV), bei Habersack, Europäisches Gesellschaftsrecht, S. 404-499, zur Europäischen Gesellschaft (SE) sowie bei Habersack, Europäisches Gesellschaftsrecht, S. 500-507, zur Europäischen Genossenschaft (SCE), verwiesen.

gemeine Vorschriften, während die §§ 55 bis 79 BGB die eingetragenen rechtsfähigen Vereine betreffen.
Die verschiedenen Vereinstypen können anhand des Kriteriums der Rechtsfähigkeit unterschieden werden. Dabei existieren wiederum zwei Varianten des rechtsfähigen Vereins, der nicht wirtschaftlich tätige Idealverein im Sinne des § 21 BGB einerseits und der wirtschaftliche Verein im Sinne des § 22 BGB andererseits. Die Vorschrift des § 23 BGB enthält daneben eine Regelung betreffend den ausländischen Verein, der jedoch nicht Gegenstand der vorliegenden Untersuchung sein soll. Das Pendant zum rechtsfähigen Verein ist der nichtrechtsfähige Verein, der im BGB nur insoweit behandelt wird, als § 54 S. 1 BGB bestimmt, dass auf Vereine, die nicht rechtsfähig sind, die Vorschriften über die Gesellschaft, d.h. §§ 705 bis 740 BGB, Anwendung finden.[113]

a) Rechtsfähiger Verein

aa) Allgemeines

Ein rechtsfähiger bürgerlich-rechtlicher Verein ist eine zur Erreichung eines gemeinsamen Zwecks privatautonom gegründete, körperschaftlich verfasste, rechtsfähige Personenvereinigung.[114] Seine Rechtsfähigkeit erlangt er entweder gemäß § 21 BGB durch Eintragung in das Vereinsregister des zuständigen Amtsgerichts oder nach § 22 S. 1 BGB in Ermangelung besonderer Vorschriften durch staatliche Verleihung, je nachdem, ob es sich um einen Idealverein handelt oder ob der jeweilige Verein auf einen wirtschaftlichen Geschäftsbetrieb ausgerichtet ist. Für die Verleihung der Rechtsfähigkeit an wirtschaftliche Vereine ist das jeweilige Bundesland zuständig, in dessen Gebiet der jeweilige Verein seinen Sitz hat, § 22 S. 2 BGB. Als Sitz eines Vereins gilt, wenn nicht ein anderes bestimmt ist, gemäß § 24 BGB der Ort, an welchem die Verwaltung geführt wird.
Da wirtschaftlichen Vereinen im Sinne des § 22 BGB die Verleihung der Rechtsfähigkeit häufig unter Hinweis darauf versagt wird, dass eine andere Rechtsform sachgerechter und damit auch zumutbar sei,[115] sind in der Praxis zumeist solche Vereine anzutreffen, deren Zwecke nicht auf einen wirtschaftlichen Geschäftsbetrieb gerichtet sind.[116]

113 Waklawik, Gesellschaftsrecht, S. 159.
114 Carstensen, Stiftungen, S. 27; Deutscher Caritasverband, Unser Standpunkt Nr. 7, S. 18; Hierold, Kirchliche Caritas, S. 132; Kübler / Assmann, Gesellschaftsrecht, S. 116; K. Schmidt, Gesellschaftsrecht, S. 676.
115 von Campenhausen, in: NJW 1990, S. 887, 888; Grunewald, Gesellschaftsrecht, S. 189.
116 K. Schmidt, Gesellschaftsrecht, S. 575; Waklawik, Gesellschaftsrecht, S. 159.

Der Verein muss als einheitliches Ganzes organisiert sein, was bedeutet, dass er eine Satzung, bestimmte Organe und einen eigenen Namen haben muss.[117] Bei der Wahl seines jeweiligen Zwecks ist der Verein entsprechend der verfassungsrechtlichen Gewährleistung in Art. 9 Abs. 1 GG frei, solange die jeweilige Zwecksetzung nicht gegen die Regelungen in §§ 134, 138 BGB verstößt.[118]

bb) Mitglieder

Die Mitgliedschaft in einem Verein ist nach § 38 S. 1 BGB nicht übertragbar und es ist nach § 38 S. 2 BGB außerdem nicht möglich, ihre Ausübung einem anderen zu überlassen.

Den Mitgliedern eines Vereins steht das Recht zu, grundsätzlich jederzeit aus dem jeweiligen Verein auszutreten, § 39 Abs. 1 BGB. Eine Einschränkung dieses Austrittsrechts ist gemäß § 39 Abs. 2 BGB nur insoweit möglich, als die Satzung bestimmen kann, dass der Austritt lediglich am Schluss eines Geschäftsjahrs oder erst nach dem Ablauf einer Kündigungsfrist zulässig ist, wobei die Kündigungsfrist höchstens zwei Jahre betragen darf.[119] Diese Regelung beruht auf dem Umstand, dass das Vereinsmitglied nicht mit eigenem Kapital am Verein beteiligt ist und der Verein obendrein zumeist ideelle Ziele verfolgt, an deren Verfolgung das Mitglied unter Umständen nur vorübergehendes Interesse hat.[120]

cc) Satzung des eingetragenen rechtsfähigen Vereins

Die Satzung eines eingetragenen rechtsfähigen Vereins ist rechtlich betrachtet zunächst lediglich ein zwischen den Gründungsmitgliedern geschlossener Vertrag, der erst mit der Eintragung des betreffenden Vereins in das Vereinsregister für alle bisherigen und zukünftigen Mitglieder Bindungswirkung entfaltet.[121]

Ihr Mindestinhalt ist in §§ 57, 58 BGB geregelt.[122] So muss sie nach § 57 Abs. 1 BGB den Zweck, den Namen und den Sitz des Vereins enthalten und ergeben, dass der Verein eingetragen werden soll, wobei sich nach § 57 Abs. 2 BGB der Name des jeweiligen Vereins von den Namen der an demselben Orte oder in derselben Gemeinde bestehenden eingetragenen Vereine deutlich unterscheiden soll. Über diese Mindestanforderungen hinaus kann die Satzung weitere Regelungen enthalten.[123] Explizite Vorschriften betreffend die Formanforderungen an Vereinssatzungen enthält das BGB nicht; allerdings bestimmt es mittelbar, dass die Satzung schriftlich fixiert werden muss, wenn § 59 Abs. 2 Nr. 1 BGB regelt,

---

117 Hueck / Windbichler, Gesellschaftsrecht, S. 2.

118 Grunewald, Gesellschaftsrecht, S. 182.

119 K. Schmidt, Gesellschaftsrecht, S. 703.

120 Waklawik, Gesellschaftsrecht, S. 163.

121 Bauer, GmbH, S. 15; Deutscher Caritasverband, Unser Standpunkt Nr. 7, S. 19.

122 K. Schmidt, Gesellschaftsrecht, S. 686.

123 Grunewald, Gesellschaftsrecht, S. 181, 182.

dass der Anmeldung eines Vereins zur Eintragung in das Vereinsregister die Satzung in Urschrift und Abschrift beizufügen ist.[124]
Für Vereine mit karitativen Zielsetzungen ist es besonders wichtig, dass der Vereinszweck in ihrer Satzung möglichst umfassend und genau formuliert wird, da eine spezielle Zweckbindung häufig unerlässlich ist, wenn es darum geht, Mitglied in einem kirchlichen Verband zu werden.[125]

dd) Vorstand

Die Vorschrift des § 26 Abs. 1 BGB bestimmt, dass jeder Verein einen Vorstand haben muss, der auch aus mehreren Personen bestehen kann. Dieser Vorstand ist Leitungsorgan, d.h. Geschäftsführungs- und Vertretungsorgan des rechtsfähigen Vereins[126] und vertritt den Verein als solches gerichtlich und außergerichtlich, wobei er die Stellung eines gesetzlichen Vertreters hat, § 26 Abs. 2 S. 1 BGB.

ee) Mitgliederversammlung

Nach § 32 Abs. 1 S. 1 BGB werden die Angelegenheiten des Vereins, soweit sie nicht von dem Vorstand oder einem anderen Vereinsorgan zu besorgen sind, durch Beschlussfassung in einer Versammlung der Mitglieder geordnet, wobei nach § 32 Abs. 1 S. 3 BGB bei der Beschlussfassung die Mehrheit der erschienenen Mitglieder entscheidet.
Die Vorschrift des § 33 BGB stellt für bestimmte Fälle besondere Anforderungen an die Mehrheitsverhältnisse; so kann beispielsweise eine Satzungsänderung nach § 33 Abs. 1 S. 1 BGB nur mit einer Mehrheit von drei Vierteln der erschienenen Mitglieder erfolgen und der Vereinszweck kann gemäß § 33 Abs. 1 S. 2 BGB nur mit Zustimmung aller Mitglieder geändert werden, wobei die Zustimmung der nicht erschienenen Mitglieder schriftlich erfolgen muss.
Da die übrigen Vereinsorgane an die Weisungen von Seiten der Mitgliederversammlung gebunden sind, nimmt die Mitgliederversammlung den höchsten Rang unter den Vereinsorganen ein.[127] Angesichts des Umstandes, dass die Kontrolle über den Verein in die Zuständigkeit der Mitgliederversammlung fällt, ist im Gesetz kein zusätzliches, externes Kontrollorgan vorgesehen. Es besteht allerdings die Möglichkeit, ein solches Kontrollorgan durch eine entsprechende Satzungsänderung zu schaffen, § 25 BGB.[128]

---

124 Grunewald, Gesellschaftsrecht, S. 183, 184.
125 Bauer, GmbH, S. 15.
126 K. Schmidt, Gesellschaftsrecht, S. 688.
127 Kübler / Assmann, Gesellschaftsrecht, S. 123; K. Schmidt, Gesellschaftsrecht, S. 693.
128 Bauer, GmbH, S. 15.

b) *Nichtrechtsfähiger bürgerlich-rechtlicher Verein*

Wurde ein Verein nicht nach § 21 BGB in das Vereinsregister des zuständigen Amtsgerichts eingetragen und wurde ihm die Rechtsfähigkeit auch nicht nach § 22 S. 1 BGB staatlich verliehen, so handelt es sich um einen nichtrechtsfähigen bürgerlich-rechtlichen Verein.[129]
Wie eingangs bereits erwähnt, statuiert § 54 S. 1 BGB, dass auf Vereine, die nicht rechtsfähig sind, die Vorschriften über die Gesellschaft, d.h. die Vorschriften in §§ 705 bis 740 BGB Anwendung finden sollen. Allerdings bestehen in Rechtsprechung und Literatur massive Zweifel daran, ob und inwieweit es sachgerecht ist, den nichtrechtsfähigen Verein nach den Vorschriften über die Personengesellschaften zu behandeln.[130]
Im Ergebnis wenden weite Teile von Rechtsprechung und Literatur entgegen der expliziten gesetzlichen Bestimmung in § 54 S. 1 BGB unter Hinweis auf die „mittlerweile überholten Intentionen des Gesetzgebers, der den nichtrechtsfähigen Verein in die Rechtsform des rechtsfähigen Vereins zwängen wollte",[131] größtenteils die rechtlichen Regelungen betreffend den rechtsfähigen Verein entsprechend an.[132] Hinsichtlich derjenigen Vorschriften, die gerade die Eintragung eines Vereins in das Vereinsregister vorsehen, d.h. namentlich etwa in Bezug auf §§ 68 ff. BGB, scheidet eine solche Analogiebildung jedoch unstreitig aus.[133]

2. Die Rechtsform des Vereins – Stärken und Schwächen

Jede Rechtsform hat ihre ganz eigenen Stärken und Schwächen, die in ihren jeweiligen Charakteristika begründet liegen. Im Kontext der vorliegenden Untersuchungen stellt sich die Frage, ob und inwieweit die Rechtsform des Vereins, insbesondere des eingetragenen rechtsfähigen Vereins für kirchliche Initiativen von Vorteil ist und wo möglicherweise ihre Nachteile liegen.

a) *Verein versus Gesellschaft mit beschränkter Haftung (GmbH)*

Die Rechtsform des Vereins erscheint, gerade weil sie ursprünglich für die Verwirklichung ideeller, jedoch gerade nicht für die Verfolgung wirtschaftlicher Zwecke geschaffen wurde, häufig dann als unpassend, wenn kirchliche Vereine, namentlich eingetragene rechtsfähige kirchliche Vereine als Träger von Einrichtungen fungieren, dabei in nicht unwesentlichem Umfang jedenfalls auch wirt-

---

129 K. Schmidt, Gesellschaftsrecht, S. 733.

130 Vgl. zum Sach- und Streitstand zu diesem Aspekt die Ausführungen bei K. Schmidt, Gesellschaftsrecht, S. 740-743.

131 Grunewald, Gesellschaftsrecht, S. 224; Kübler / Assmann, Gesellschaftsrecht, S. 133.

132 Grunewald, Gesellschaftsrecht, S. 221; Ludemann / Negwer, Rechtsformen, S. 49; K. Schmidt, Gesellschaftsrecht, S. 741-743.

133 K. Schmidt, Gesellschaftsrecht, S. 743.

schaftliche Ziele verfolgen und damit verbunden Mitarbeiter zu beschäftigen, Löhne und Gehälter zu zahlen, Dienstleistungen zu erbringen und wettbewerbsfähig zu bleiben haben.[134]
Statt des Vereins wird häufig die Gesellschaft mit beschränkter Haftung als die optimale organisatorische Hülle für die Realisierung von Nonprofit-Zielsetzungen erachtet.[135] Die Gesellschaftsform der GmbH wird insbesondere dann bevorzugt, wenn bei den angestrebten Aktivitäten und der Tätigkeit einer eventuell von der Gesellschaft getragenen Einrichtung die Gesichtspunkte der Effizienz und der Wirtschaftlichkeit eine große Rolle spielen. So wurden in der jüngeren Vergangenheit zahlreiche Initiativen, die den christlichen Kirchen in Deutschland, d.h. auch den evangelischen Kirchen in Deutschland nahe stehen, in selbständige GmbHs umgewandelt und dieser Trend hält nach wie vor an.[136]
Diese Vorgehensweise bringt durchaus den Vorteil mit sich, dass auf diese Art und Weise das kirchliche Arbeitsrecht, das häufig als unangemessen teuer empfunden wird, umgangen und so die Aufgaben der Gesellschaft in einer profitableren Art und Weise erfüllt werden können.[137] Darüber hinaus bietet die Wahl der Rechtsform der GmbH nicht nur die Möglichkeit zum Abbau eines überhöhten Personalbestands und zur Einführung einer leistungsorientierten Entlohnung der Mitarbeiter, sondern von ihr werden auch eine Beschleunigung von Entscheidungsprozessen, eine allgemeine Entbürokratisierung und verbesserte Kooperationsmöglichkeiten bei komplexen Vorgängen erwartet.[138]
Die große Besonderheit der Rechtsform der GmbH ist die Tatsache, dass nach § 13 Abs. 2 GmbHG für die Verbindlichkeiten der Gesellschaft den Gläubigern derselben nur das Gesellschaftsvermögen haftet. Lediglich in Ausnahmefällen haften Geschäftsführer, welche ihre Obliegenheiten nach § 43 Abs. 1 GmbHG, d.h. ihre Pflicht, in den Angelegenheiten der Gesellschaft die Sorgfalt eines ordentlichen Geschäftsmannes anzuwenden, verletzen, nach § 43 Abs. 2 GmbHG der Gesellschaft solidarisch für einen entstandenen Schaden. Die Gesellschafter haften nur in einigen wenigen Ausnahmefällen für Gesellschaftsschulden.[139] Die Rechtsform der GmbH bietet mithin die Möglichkeit, die finanziellen Risiken bei der Umsetzung eines Vorhabens zu begrenzen. Diese durchaus komfortable Situation ist häufig ein ausschlaggebender Faktor für die Wahl der Gesellschaftsform der GmbH.[140]

---

134 Bauer, GmbH, S. 20; Ludemann / Negwer, Rechtsformen, S. 109.

135 Priester, in: GmbHR 1999, S. 149, 157.

136 Bauer, GmbH, S. 20.

137 Bauer, GmbH, S. 21.

138 Bauer, GmbH, S. 22.

139 Hueck / Windbichler, Gesellschaftsrecht, S. 191, 192; Ludemann / Negwer, Rechtsformen, S. 57.

140 Ludemann / Negwer, Rechtsformen, S. 106.

Trotz der nicht von der Hand zu weisenden Vorzüge der Gesellschaftsform der GmbH darf allerdings nicht übersehen werden, dass die Entscheidung, ausgerechnet eine kirchliche Initiative in die gesellschaftsrechtliche Hülle einer GmbH zu kleiden, durchaus Bedenken begegnet.[141]

Nach § 13 Abs. 3 GmbHG gilt eine Gesellschaft mit beschränkter Haftung als Handelsgesellschaft im Sinne des Handelsgesetzbuches, was bedeutet, dass sie nach § 6 Abs. 2 HGB ungeachtet ihres jeweiligen Zwecks Formkaufmann ist. Das bedeutet, dass GmbHs zur kaufmännischen Buchführung im Sinne des Handelsgesetzbuches verpflichtet sind. Obendrein unterliegen sie den besonders strengen Regelungen, die die Vorschriften der §§ 264 bis 289 HGB für die Jahresabschlüsse und Lageberichte von Kapitalgesellschaften aufstellen. Auch für GmbHs, die ideelle Zwecke verfolgen, gelten insoweit keine Ausnahmen.[142] Allerdings widerspricht die Tatsache, dass die GmbH Formkaufmann und als solcher zu einer kaufmännischen Buchführung verpflichtet ist, den Grundsätzen kirchlicher Arbeit, nach denen die Kirche und ihre Einrichtungen nicht tätig werden, um einen finanziellen Ertrag zu erzielen, sondern um das Evangelium zu verkündigen.[143]

Darüber hinaus ist aber auch im Hinblick auf andere Charakteristika der Rechtsform der GmbH fraglich, ob die Gesellschaft mit beschränkter Haftung die geeignete Rechtsform für kirchliche Initiativen ist.

Jede GmbH benötigt schon im Gründungsstadium einen oder mehrere Geschäftsführer.[144] Dabei müssen die Geschäftsführer gemäß § 6 Abs. 3 S. 1 GmbHG nicht zwangsläufig Gesellschafter der betreffenden GmbH sein, sondern es können – entsprechend dem so genannten Grundsatz der Dritt- bzw. Fremdorganschaft[145] – auch andere Personen zu Geschäftsführern bestellt werden. Der Geschäftsführer einer GmbH hat also nicht nur eine starke Position in der Gesellschaft inne. Er kann darüber hinaus auch „von außen" eingesetzt werden und muss sich dementsprechend nicht zwangsläufig in einer Art und Weise mit dem Vorhaben identifizieren, das die jeweilige GmbH verfolgt, wie es wohl die Mitglieder eines Vereins und sein Vorstand, der aus den Reihen der Mitglieder gewählt wird, tun. Somit stellt sich die Frage, inwieweit diese Situation mit dem kirchlichen Verfassungsverständnis in Einklang zu bringen ist.[146]

Des weiteren stößt die Wahl der Gesellschaftsform der GmbH auch deswegen häufig auf Kritik, weil es für Gesellschaften mit beschränkter Haftung ungleich schwerer ist, als gemeinnützig anerkannt zu werden und in den Genuss der mit

141 Ludemann / Negwer, Rechtsformen, S. 50.
142 Hueck / Windbichler, Gesellschaftsrecht, S. 191.
143 Bielitz, in: ZevKR 47, S. 56, 64.
144 Hueck / Windbichler, Gesellschaftsrecht, S. 203.
145 K. Schmidt, Gesellschaftsrecht, S. 415.
146 Bielitz, in: ZevKR 47, S. 56, 64.

dieser Anerkennung verbundenen steuerrechtlichen Vorzüge zu kommen, als dies etwa für Vereine der Fall ist.[147]

Schließlich können sich auch in rein praktischer Hinsicht Umstände ergeben, die dagegen sprechen, eine kirchliche Initiative in die Rechtsform einer GmbH zu kleiden. Der Gesellschaftsvertrag einer jeden GmbH bedarf nach § 2 Abs. 1 S. 1 GmbH der notariellen Form. Die notarielle Beurkundung der Satzung ist jedoch nicht nur mit Aufwand, sondern auch mit Kosten verbunden, was im einen oder anderen Fall außer Verhältnis zu der jeweiligen kirchlichen Initiative stehen kann. Auch das Stammkapital einer GmbH, das nach § 5 Abs. 1 GmbHG mindestens EUR 25.000,00 betragen muss, kann mitunter zu einer unüberwindbaren Hürde für eine kirchliche Initiative werden.

Alles in allem erscheint weder eine uneingeschränkt befürwortende noch eine kategorisch ablehnende Einstellung zu der Frage der Entscheidung für die Gesellschaftsform der GmbH für kirchliche Initiativen sachgerecht. Vielmehr muss von Einzelfall zu Einzelfall entschieden werden, ob es sinnvoll ist, die jeweilige Unternehmung in die gesellschaftsrechtliche Hülle einer GmbH zu kleiden, oder nicht. Immerhin ist die Gesellschaft mit beschränkter Haftung nicht von vornherein ausschließlich auf den Betrieb eines eigenwirtschaftlichen Unternehmens beschränkt, sondern kann ebenso auf gesellschaftliche, karitative oder sonstige ideelle Zwecke angelegt sein.[148] Im Übrigen darf nicht übersehen werden, dass es nicht „*die* GmbH mit festen unveränderlichen rechtlichen Strukturen"[149] gibt, sondern dass die Tendenz einer jeden GmbH entsprechend den Bedürfnissen des jeweiligen Einzelfalles zwischen den beiden Extremen der absoluten Kapitalorientierung einerseits und der vollkommenen Personalorientierung andererseits gewählt werden kann.[150]

b) Verein versus Unternehmergesellschaft (haftungsbeschränkt)

Die obige Schlussfolgerung in Bezug auf die Gesellschaft mit beschränkter Haftung gilt im Wesentlichen entsprechend für die Frage der Entscheidung für oder gegen eine Unternehmergesellschaft (haftungsbeschränkt).

Die Vorschrift des § 5a Abs. 1 GmbHG eröffnet die Möglichkeit, eine Gesellschaft ohne das in § 5 Abs. 1 GmbHG vorgesehene Mindeststammkapital in Höhe von EUR 25.000,00 zu gründen, die in ihrer Firma abweichend von § 4 GmbHG die Bezeichnung „Unternehmergesellschaft (haftungsbeschränkt)" oder „UG (haftungsbeschränkt)" führen muss. Die Anmeldung einer solchen Gesellschaft zur Eintragung in das Handelsregister darf nach § 5a Abs. 2 S. 1 GmbHG abweichend von § 7 Abs. 2 GmbHG jedoch erst dann erfolgen, wenn das

147 Hüttche, in: GmbHR 1997, S. 1095.

148 Krämer, in: ZevKR 41, S. 66, 68.

149 Krämer, in: ZevKR 41, S. 66, 69 (Hervorhebung hinzugefügt).

150 Krämer, in: ZevKR 41, S. 66, 69.

Stammkapital in voller Höhe eingezahlt ist. Sacheinlagen sind nach § 5a Abs. 2 S. 2 GmbHG ausgeschlossen. In der Bilanz des nach §§ 242, 264 HGB aufzustellen Jahresabschlusses ist nach § 5a Abs. 3 S. 1 GmbHG eine gesetzliche Rücklage zu bilden, in die ein Viertel des um einen Verlustvortrag geminderten Jahresüberschusses einzustellen ist.
Damit handelt es sich bei der Unternehmergesellschaft (haftungsbeschränkt) nicht um eine eigene Rechts- oder Gesellschaftsform, sondern um eine Variante der GmbH, die es insbesondere jungen Existenzgründern vereinfachen soll, ihre unternehmerischen Ziele zu verwirklichen.[151] Sie bietet die Möglichkeit, kirchliche Unternehmungen auch ohne die Ausstattung mit dem notwendigen Mindeststammkapital von EUR 25.000,00 in Angriff zu nehmen, dabei jedoch gleichzeitig darauf hin zu arbeiten, dass die betreffende Initiative im Laufe der Zeit in eine „vollwertige" GmbH überführt wird. Hierdurch könnte für viele, die vor der Entscheidung stehen, eine Vereinigung ins Leben zu rufen, aber angesichts der Aspekte Startkapital und Haftung noch zögern, einen Anreiz dafür entstehen, sich an die Verwirklichung des angestrebten Vorhabens zu wagen.
Inwieweit dies tatsächlich der Fall sein wird und wie stark die Rechtsform der Unternehmergesellschaft (haftungsbeschränkt) tatsächlich für kirchliche Initiativen in Anspruch genommen werden wird, wird sich allerdings erst im Laufe der Zeit zeigen. Klärungsbedarf besteht insoweit insbesondere noch in Bezug auf die Frage, ob und, bejahendenfalls, unter welchen Umständen eine Unternehmergesellschaft (haftungsbeschränkt) als gemeinnützig anerkannt werden kann.[152]

c) *Verein versus rechtsfähige Stiftung des Privatrechts*

Die Entscheidung, eine kirchliche Initiative mithilfe einer rechtsfähigen Stiftung des Privatrechts umzusetzen, kann Vorteile gegenüber der Wahl der Rechtsform des – rechtsfähigen oder nicht rechtsfähigen – Vereins mit sich bringen.
Typisch für eine Stiftung ist, dass sie – anders als etwa der rechtsfähige oder nichtrechtsfähige Verein – keine Mitglieder hat.[153] Vielmehr handelt es sich bei ihr um „eine Vermögensmasse, deren Erträge einem bestimmten Zweck zugute kommen müssen"[154]. Dieses Charakteristikum hat zur Folge, dass der jeweilige Stiftungsvorstand an den jeweiligen Stifterwillen gebunden ist und dass eine Änderung der Satzung – wenn überhaupt – nur unter erschwerten Bedingungen möglich ist.[155] Damit ist – was gerade auf Dauer angelegten Vorhaben zu Gute

---

151 Goette, neues GmbH-Recht, dort: § 5a, Begründung des Regierungsentwurfs zu Nummer 6.

152 Vgl. hierzu die ausführliche Darstellung bei Oberbeck / Winkeller, in: DStR 2009, S. 516-519.

153 K. Schmidt, Gesellschaftsrecht, S. 182.

154 Bauer, GmbH, S. 18.

155 Carstensen, Stiftungen, S. 21; Gronemann, in: KuR 1996, S. 147, 149.

kommt – in besonderem Maße gewährleistet, dass das avisierte Ziel langfristig angestrebt wird.[156] Für den Fall, dass die Erfüllung des Stiftungszwecks unmöglich geworden ist oder das Gemeinwohl gefährdet, sieht die Regelung des § 87 Abs. 1 BGB vor, dass die zuständige Behörde der betreffenden Stiftung eine andere Zweckbestimmung geben oder sie aufheben kann. Bei der Umwandlung des Zweckes soll der Wille des Stifters berücksichtigt werden, insbesondere soll dafür gesorgt werden, dass die Erträge des Stiftungsvermögens dem Personenkreis, dem sie zustatten kommen sollten, im Sinne des Stifters erhalten bleiben, § 87 Abs. 2 S. 1 BGB. Vor diesem Hintergrund sind rechtsfähige Stiftungen des Privatrechts, ja Stiftungen im Allgemeinen vergleichsweise werbewirksam.[157] Allerdings ist bei der Entscheidung, ob für eine kirchliche Initiative eine rechtsfähige Stiftung des Privatrechts ins Leben gerufen werden soll, zu berücksichtigen, dass die Entstehung einer solchen Stiftung von zwei selbständigen Voraussetzungen[158] – nämlich von dem Stiftungsgeschäft und der Anerkennung durch die zuständige Behörde des Landes, in dem die Stiftung ihren Sitz haben soll – abhängt. Hinzu kommt, dass rechtsfähige Stiftungen des Privatrechts – anders als etwa ein rechtsfähiger oder nichtrechtsfähiger Verein – entsprechend den Landesstiftungsgesetzen unter staatlicher Aufsicht stehen.[159] Dies kann sich als ausgesprochener Hemmschuh erweisen.

d) Verein versus Gesellschaft bürgerlichen Rechts

Von der Wahl der Rechtsform der Gesellschaft bürgerlichen Rechts für kirchliche Initiativen wird häufig mit der Begründung Abstand genommen, dass es der BGB-Gesellschaft – etwa deshalb, weil keine registergerichtliche Erfassung erfolgt – an der notwendigen Beständigkeit mangele.[160] Darüber hinaus schied die Gesellschaft bürgerlichen Rechts als Rechtsform für kirchliche Initiativen in der Vergangenheit häufig auch deshalb aus, weil es ihr an der – jedenfalls oftmals – erforderlichen Rechts-, Partei- und Grundbuchfähigkeit fehlte.[161] Allerdings ist, seit der Bundesgerichtshof im Jahre 2001 seine Rechtsprechung geändert hat, inzwischen höchstrichterlich anerkannt, dass jedenfalls die Außen-BGB-Gesellschaft rechtsfähig ist.[162] Damit gehen die geschilderten Argumente für die Ablehnung einer Gesellschaft bürgerlichen Rechts als Rechtsform für kirchliche Initiativen nunmehr größtenteils ins Leere. Ob und inwieweit die Rechtsform

---

156 Carstensen, Stiftungen, S. 21; Gronemann, in: KuR 1996, S. 147, 149.

157 Ludemann / Negwer, Rechtsformen, S. 111.

158 Reuter, in: MüKo BGB, § 80, Rn 1.

159 Kaulitz, Stiftung, S. 209; vgl. im Übrigen zur Stiftungsaufsicht die Ausführungen von Achilles, in: ZevKR 47, S. 682 ff.

160 Achilles, Aufsicht, S. 14.

161 Brenner, Diakonie im Sozialstaat, S. 14.

162 BGHZ 146, S. 341, 343 ff.; Grunewald, Gesellschaftsrecht, S. 50; Hueck / Windbichler, Gesellschaftsrecht, S. 47; Kübler / Assmann, Gesellschaftsrecht, S. 52.

der Gesellschaft bürgerlichen Rechts nach der höchstrichterlichen Anerkennung der Rechtsfähigkeit der Außen-BGB-Gesellschaft tatsächlich an Attraktivität gewinnen wird, bleibt jedoch abzuwarten.
Gegen die Wahl der Rechtsform der Gesellschaft bürgerlichen Rechts für eine kirchliche Vereinigung spricht jedenfalls das Haftungsrisiko, das die Gesellschafter einer BGB-Gesellschaft eingehen. Nach § 718 Abs. 1 BGB werden die Beiträge, die die Gesellschafter nach § 706 BGB zu leisten haben, und die durch die Geschäftsführung für die Gesellschaft erworbenen Gegenstände gemeinschaftliches Vermögen der Gesellschafter. Neben diesem so genannten Gesellschaftsvermögen haften jedoch auch die Gesellschafter selbst gemäß § 128 HGB analog für die Schulden der Gesellschaft bürgerlichen Rechts; eine Haftungsbeschränkung auf das Gesellschaftsvermögen besteht insoweit nicht.[163] Wird eine kirchliche Initiative als BGB-Gesellschaft ausgestaltet, ist dies also für die Gesellschafter, die sich für diese kirchliche Initiative engagieren, anders als für die Mitglieder eines rechtsfähigen Vereins[164] mit einem erheblichen wirtschaftlichen Risiko verbunden.

e) Verein – Die Vorzüge auf einen Blick

Auch wenn die Rechtsform des Vereins in der jüngeren Vergangenheit zunehmend gegenüber anderen Rechtsformen, insbesondere derjenigen der Gesellschaft mit beschränkter Haftung, in den Hintergrund zu rücken scheint, steht – insbesondere nach der obigen Gegenüberstellung mit der GmbH, der Unternehmergesellschaft (haftungsbeschränkt), der rechtsfähigen Stiftung des Privatrechts und der Gesellschaft bürgerlichen Rechts – fest, dass sie durchaus ihre Vorzüge hat.
Zunächst einmal sind die Hürden, die bei der Gründung eines Vereins genommen werden müssen, vergleichsweise niedrig.[165] Hinzu kommt, dass – auch bei einer großen Anzahl von Vereinsmitgliedern – angesichts der demokratischen Struktur eines Vereins häufig eine recht zügige Willensbildung möglich ist.[166] Denn die Vereinsmitglieder haben nicht nur das gleiche Stimmrecht in der Mitgliederversammlung, sondern sie bilden häufig, auch wenn dies rechtlich nicht zwingend ist, den Vorstand aus ihren eigenen Reihen, so dass es letztlich Vereinsmitglieder sind, die den Verein im Rechtsverkehr vertreten und die Verantwortung für die sachgerechte Verwirklichung des Vereinszwecks übernehmen. Dies gilt umso mehr, wenn man bedenkt, dass die Zahl der Mitglieder des Vorstandes eines Vereins nicht fest vorgeschrieben ist, sondern – je nach Bedarf – so viele Mitglieder in den Vorstand berufen werden können, dass eine angemes-

163 Grunewald, Gesellschaftsrecht, S. 54; K. Schmidt, Gesellschaftsrecht, S. 1791.
164 Die rechtliche Situation der Haftung im Vereinsrecht sowie einige damit verbundene Fragen werden unten (Teil 2 G.) im Einzelnen dargestellt und erörtert.
165 Brenner, Diakonie im Sozialstaat, S. 33.
166 Brenner, Diakonie im Sozialstaat, S. 33.

sene Repräsentation der Vereinsmitglieder im Vorstand sichergestellt und somit gewährleistet ist, dass die Anliegen der Vereinsmitglieder „von ihresgleichen" vorgebracht werden.[167]
Ein weiterer großer Vorteil der Rechtsform des Vereins liegt in den Bestimmungen des Vereinsrechts selbst. Die Vorschriften der §§ 21 ff. BGB sind größtenteils dispositiv, so dass die Möglichkeit besteht, sie durch die jeweilige Vereinssatzung entsprechend den Umständen des jeweiligen Einzelfalles auszufüllen, abzuändern oder abzubedingen und sie so auf die individuellen Bedürfnisse des betreffenden Vereins zuzuschneiden.[168] Dies ist vor allem für die hier behandelten kirchlichen Vereine attraktiv, da sich ihnen vor diesem Hintergrund die Möglichkeit bietet, in der Vereinssatzung Voraussetzungen für die Aufnahme von Mitgliedern zu definieren und auf diese Art und Weise beispielsweise zu reglementieren, dass lediglich Angehörige eines protestantischen Bekenntnisses Vereinsmitglieder werden können.[169]
Ebenfalls für die Wahl der Rechtsform des Vereins spricht der Umstand, dass ein Verein zwar ein eigenes Vermögen haben kann, seine Gründung jedoch nicht notwendigerweise eines bestimmten Kapitals bedarf.[170] Hinzu kommt, dass im Vereinsrecht keine zwingenden Vorschriften für das Haushaltswesen, die Buchführung, das Rechnungswesen und die Wirtschaftsprüfung bestehen und insoweit den einzelnen Vereinen eine große Gestaltungsfreiheit eingeräumt ist.[171] Schließlich ist es Vereinen möglich, unter vergleichsweise geringen Anforderungen, d.h. wesentlich unproblematischer als etwa eine GmbH oder eine Stiftung, als gemeinnützig anerkannt zu werden und so die mit dieser Anerkennung verbundenen steuerrechtlichen Vorzüge genießen zu können.[172]

IV. Herausforderungen und Reaktionsmöglichkeiten

1. Herausforderungen der heutigen Zeit

Die kirchlichen Vereine und unter ihnen insbesondere diejenigen Vereine, die sich auf dem Gebiet der Wohlfahrtspflege engagieren, werden zunehmend vor Herausforderungen gestellt, angesichts derer immer häufiger die Frage laut wird, ob und inwieweit die kirchlichen Vereine heutzutage überhaupt noch sinnvoll

167 Bielitz, in: ZevKR 47, S. 56, 61; Machanek, in: JuS 1985, S. 440.
168 Bielitz, in: ZevKR 47, S. 56, 61; von Campenhausen / de Wall, Staatskirchenrecht, S. 174; Machanek, Verein, S. 19, 20; Machanek, in: JuS 1985, S. 440.
169 Bauer, GmbH, S. 16; Deutscher Caritasverband, Unser Standpunkt Nr. 7, S. 19; Ludemann / Negwer, Rechtsformen, S. 41.
170 Bielitz, in: ZevKR 47, S. 56, 61, 62.
171 Bielitz, in: ZevKR 47, S. 56, 62.
172 Brenner, Diakonie im Sozialstaat, S. 33.

und zeitgemäß sind, ja ob und inwieweit für diese Vereine vor dem Hintergrund der Entwicklungen überhaupt noch eine Daseinsberechtigung besteht.
Dabei geht es nicht nur ganz allgemein darum, dass sich im Zuge des gesellschaftlichen Wandels immer mehr Einwohner der Bundesrepublik Deutschland von den großen christlichen Kirchen und den ihnen nahe stehenden Einrichtungen abkehren,[173] oder darum, dass eine Lösung gefunden werden soll, wie in Zeiten der Rezession und der leeren öffentlichen Kassen kostendeckend gearbeitet werden kann.[174] Vielmehr stellen sich Fragen, die gerade die kirchlichen Vereine, die Einrichtungen auf dem Gebiet der Wohlfahrtspflege tragen, in besonderer Weise betreffen.

a) Rechtliche Einflüsse

Ein großer Teil der Vereine, um die es in der vorliegenden Untersuchung geht, ist in einer Ära entstanden, in welcher der Staat Themen der sozialen Sicherung noch nicht als seine Kompetenz verstand und sich dementsprechend derartiger Aspekte nicht verstärkt annahm. So machte der Staat den betreffenden Vereinen seinerzeit auch keine Vorgaben dahingehend, wie sie die jeweils übernommene Aufgabe zu erfüllen hatten, und es existierte bis dahin auch noch kein System, nach dem die Tätigkeiten, beispielsweise erbrachte Krankenpflegedienstleistungen, vergütet werden sollten.[175] Auf diese Art und Weise hatten die betreffenden Vereine nicht nur große Freiheiten und weite Gestaltungsspielräume, wenn es darum ging, welche Aufgaben zu wessen Gunsten wie erfüllt werden sollten, sondern diese Rahmenbedingungen ermöglichten es den betreffenden Vereinen vor allem, die Motivation ihrer Tätigkeit in den Vordergrund ihrer Arbeit zu stellen und sich im Zeichen tätiger christlicher Nächstenliebe den Nöten anderer anzunehmen, für die sich sonst niemand verantwortlich fühlte.[176]
Nach dem Ende des Zweiten Weltkrieges hat sich diese Situation jedoch grundlegend geändert. Wie oben bereits dargelegt wurde,[177] hat die Bundesrepublik Deutschland in Art. 20 Abs. 1 GG erklärt

> Die Bundesrepublik Deutschland ist ein demokratischer und sozialer Bundesstaat.

und sich damit klar und deutlich zu ihrer Verantwortung im Bereich der Wohlfahrtspflege bekannt. Dementsprechend wurde die Wohlfahrtspflege in die staat-

---

173 Machanek, Verein, S. 17; Rogge, Staatliche Finanzkontrolle freier Wohlfahrtspflege, S. 120.

174 von Campenhausen / de Wall, Staatskirchenrecht, S. 169; Glawatz, Diakonie, S. 15; Rogge, Staatliche Finanzkontrolle freier Wohlfahrtspflege, S. 111; Wiemeyer, Ökonomische Herausforderungen, S. 126.

175 Deutscher Caritasverband, Unser Standpunkt Nr. 11, S. 28.

176 von Tilling, in: ZevKR 26, S. 310.

177 S.o. Teil 1 B. I. 5..

liche Planung miteinbezogen und auch die Legislative ist in der Zeit seit 1949 in zunehmendem Maße tätig geworden.

In den vergangenen 60 Jahren wurden zahlreiche Gesetze und Verordnungen erlassen, mit welchen nicht nur eine möglichst einheitliche Regelung der Wohlfahrtspflege erreicht, sondern auch die Gewähr für eine möglichst flächendeckende Daseinsvorsorge auf dem Gebiet der Wohlfahrtspflege geschaffen werden sollte.[178] Als Meilensteine in dieser Entwicklung können – statt vieler – exemplarisch die Verordnung PR Nr. 7/54 über Pflegesätze von Krankenanstalten (Pflegesatzverordnung) vom 31. August 1954[179], das Gesetz zur wirtschaftlichen Sicherung der Krankenhäuser und zur Regelung der Krankenhauspflegesätze (Krankenhausfinanzierungsgesetz) vom 29. Juni 1972[180], mit dem erstmals die Pflicht des Staates zur Versorgung der gesamten Bevölkerung des deutschen Bundesgebiets mit Krankenhausbetten statuiert wurde,[181] die Einführung der Pflegeversicherung durch das Gesetz zur sozialen Absicherung des Risikos der Pflegebedürftigkeit (Pflegeversicherungsgesetz) vom 26. Mai 1994[182] und zahlreiche Änderungen des Bundessozialhilfegesetzes – etwa durch das Gesetz zur Reform des Sozialhilferechts vom 23. Juli 1996[183] – genannt werden.
Die kirchlichen Vereine, die sich auf dem Bereich der Wohlfahrtspflege engagieren bzw. eine Einrichtung auf diesem Gebiet tragen, sind mithin gehalten, ihre Arbeit an den Vorgaben des Staates auszurichten, und diejenigen Standards einzurichten und aufrechtzuerhalten, die ihnen der Gesetzgeber diktiert. Sie haben ein Stück der Freiheit, die sie ehemals bei ihrer Tätigkeit genossen, verloren und müssen nun dagegen ankämpfen, angesichts des massiven Einflusses, den der deutsche Staat, insbesondere der deutsche Gesetzgeber, auf ihre Tätigkeit ausübt, nicht ihren besonderen Charakter als kirchliche Initiative zu verlieren.[184]
Genau diese Problematik beschäftigte das Bundesverfassungsgericht bereits vor 30 Jahren in dem so genannten „Fall St. Marien“[185]. Gegenstand der betreffenden Verfassungsbeschwerde war die Frage, ob durch Vorschriften des Krankenhausgesetzes des Landes Nordrhein-Westfalen (KHG NW) vom 25. Februar

---

178 von Campenhausen / Christoph, in: DVBl. 1985, S. 266; Klütz, in: Das Recht im Dienst einer diakonischen Kirche, S. 152; Scheuner, in: Essener Gespräche, Band 8, S. 169, 171, 172; von Tilling, in: ZevKR 26, S. 310.

179 BAnz. Nr. 173 vom 4. September 1954, S. 1.

180 BGBl. 1972 I, S. 1009.

181 Klütz, Das Recht im Dienst einer diakonischen Kirche, S. 152.

182 BGBl. 1994 I, S. 1014.

183 BGBl. 1996 I, S. 1088.

184 Bohl, in: Forum Deutscher Stiftungen, Band 17, S. 45; Fleßa / Städtler-Mach, Konkurs der Nächstenliebe?, S. 33; Rogge, Staatliche Finanzkontrolle freier Wohlfahrtspflege, S. 111.

185 BVerfG, in: ZevKR 26, S. 80 ff.

1975[186] verfassungswidrig in die Rechte konfessioneller Krankenhausträger eingegriffen wurde. Das KHG NW war im Anschluss an das vom Bund erlassene Gesetz zur wirtschaftlichen Sicherung der Krankenhäuser und zur Regelung der Krankenhauspflegesätze (KHG) vom 29. Juni 1972[187], das die wirtschaftliche Sicherstellung der Krankenhausversorgung als öffentliche Aufgabe anerkannt und ihre finanzielle Förderung auf eine Grundlage gestellt hatte, erlassen worden. Es enthielt Ausführungsbestimmungen zum Krankenhausgesetz und sollte im Blick auf die besondere Aufgabenstellung der Krankenhäuser deren innere Struktur im Interesse der Steigerung der Leistungsfähigkeit den Erfordernissen der Gegenwart und den modernen wissenschaftlichen Erkenntnissen anpassen.[188] Die Beschwerdeführer – kirchliche, namentlich katholische bzw. evangelische Einrichtungen, die als Träger von Krankenanstalten fungierten – rügten in erster Linie die Verletzung des kirchlichen Selbstbestimmungsrechts nach Art. 140 GG i.V.m. Art. 137 Abs. 3 WRV. Das Bundesverfassungsgericht hat in seinem Beschluss vom 25. März 1980 insoweit ausgeführt:

> „Der Landesgesetzgeber hat, indem er die Geltung der von ihm im Zuge der Reform des Krankenhauswesens geschaffenen, hier in Frage stehenden Strukturvorschriften auch auf die von den Bf. getragenen Krankenhäuser erstreckte, das verfassungsrechtlich gewährleistete kirchliche Selbstbestimmungsrecht verletzt.“ [189]

Und weiter:

> „Die zulässigerweise angegriffenen Vorschriften des KHG NW sind danach unvereinbar mit Art. 140 GG i.V.m. Art. 137 Abs. 3 WRV. Diese Feststellung betrifft das Gesetz jedoch nur insoweit, als es in seine Regelung Krankenhäuser einbezieht, die von Religionsgemeinschaften oder diesen gleichgestellten oder ihnen zugeordneten Einrichtungen betrieben werden. Andere Krankenhausträger werden von der Entscheidung nicht berührt.“[190]

Schon vor 30 Jahren zeigte sich also, dass die zunehmende Reglementierung der Wohlfahrtspflege durch den Staat die kirchlichen Initiativen in ganz besonderem Maße vor Herausforderungen stellt, weil durch die veränderte Wirklichkeit nicht selten gerade ihr kirchliches Selbstverständnis in Gefahr gerät. Mit seinem Beschluss vom 25. März 1980 zum Fall „St. Marien“ hat das Bundesverfassungsgericht aber auch deutlich gemacht, dass kirchliche Initiativen die veränderten Rahmenbedingungen nicht ohne weiteres hinnehmen müssen, sondern dass vielmehr dem kirchlichen Proprium der betreffenden Initiativen in besonderem Maße Rechnung zu tragen ist.

---

186 GVBl. NW 1975, S. 201.
187 BGBl. I 1972, S. 1009.
188 BVerfG, in: ZevKR 26, S. 80, 81.
189 BVerfG, in: ZevKR 26, S. 80, 85.
190 BVerfG, in: ZevKR 26, S. 80, 91.

b) *Wirtschaftliche Einflüsse*

Die oben beschriebene Entwicklung im Bereich der Wohlfahrtspflege wird zusätzlich noch dadurch erschwert, dass die kirchlichen Vereine, die sich auf diesem Gebiet engagieren, immer häufiger vor ökonomischen Herausforderungen stehen,[191] auf die sie in adäquater Weise reagieren müssen.
Der Bedarf nach Dienstleistungen auf dem Gebiet des Gesundheits- und Sozialwesens in Deutschland nimmt stetig zu.[192] So ist der Pflegesektor in den vergangenen Jahren und Jahrzehnten zu einem hart umkämpften Markt mit einem entsprechenden Wettbewerb geworden. Dies hat sich gerade im Zuge der oben bereits erwähnten Einführung der Pflegeversicherung gezeigt, bei der § 11 Abs. 2 SGB XI durch das Pflegeversicherungsgesetz wie folgt neu gefasst wurde:

> Freigemeinnützige *und private* Träger haben Vorrang gegenüber öffentlichen Trägern. (Hervorhebung hinzugefügt)

Mit dieser Gesetzesänderung wurde das ehemals nur für freigemeinnützige Einrichtungen geltende Subsidiaritätsprinzip auf entsprechende private Unternehmen ausgedehnt und die privaten Unternehmen wurden den freigemeinnützigen Einrichtungen gleichgestellt. Dies hatte zur Folge, dass sich in den vergangenen 17 Jahren neben den freigemeinnützigen Trägern in zunehmendem Maße private Anbieter von Pflegedienstleistungen am Markt etabliert haben, die nun mit den kirchlichen Vereinen konkurrieren.[193]

Angesichts dieser Wettbewerbssituation stehen die kirchlichen Vereine heutzutage nicht mehr nur vor der – schon im Jahre 1980 bei der „St. Marien-Entscheidung" des Bundesverfassungsgerichts aktuellen – Herausforderung, sich – etwa unter Berufung auf das kirchliche Selbstbestimmungsrecht nach Art. 140 GG i.V.m. Art. 137 Abs. 3 WRV – „von einer zu starken Bevormundung durch eine ausufernde Regelungswut des Sozialstaates"[194] frei zu machen. Sie kommen vielmehr obendrein nicht umhin, sich in einer Art und Weise zu organisieren und so marktwirtschaftlich zu handeln, dass sie der Konkurrenz standhalten können.[195] Wo bislang häufig Geistliche oder Laien – oftmals auch ehrenamtlich – mit Führungsaufgaben betraut waren, wird es nicht selten notwendig werden, Personen mit einer betriebswirtschaftlichen Ausbildung oder

---

191 Winter, Kirche – (m)Macht – Diakonie, S. 23, 29.

192 Bohl, in: Forum Deutscher Stiftungen, Band 17, S. 41.

193 Bohl, in: Forum Deutscher Stiftungen, Band 17, S. 41; Rogge, Staatliche Finanzkontrolle freier Wohlfahrtspflege, S. 120.

194 Winter, Kirche – (m)Macht – Diakonie, S. 23, 29.

195 Bohl, in: Forum Deutscher Stiftungen, Band 17, S. 41; von Campenhausen / de Wall, Staatskirchenrecht, S. 169; Jäger, Diakonie als christliches Unternehmen, S. 83; Wiemeyer, Ökonomische Herausforderungen, S. 126; Gronemann, in: KuR 1996, S. 147; Winter, Kirche – (m)Macht – Diakonie, S. 23, 29.

jedenfalls mit einem gewissen ökonomischen Know-how für diese Tätigkeiten einzustellen.[196] Die administrativen Abläufe müssen effizienter ausgestaltet werden und bedürfen damit ebenfalls vielerorts des Einsatzes professioneller Fachkräfte.[197] Zudem erfordern die steigenden unternehmerischen Risiken[198] nicht selten eine kaufmännisch eingerichtete Buchhaltung, die es ermöglicht, jederzeit zu überprüfen, wo der jeweilige Verein finanziell steht.[199]
Auch wenn all diese Maßnahmen dazu beitragen mögen, die Marktverankerung und die Wirtschaftlichkeit einer Einrichtung zu steigern, so geht mit ihnen doch das Risiko einher, dass vor lauter Wirtschaftlichkeitsdenken und Marktorientierung das kirchliche Proprium verloren geht und die jeweilige – an sich ja kirchlich geprägte – Initiative ihre Glaubwürdigkeit verliert.[200]

2. Möglichkeiten zur Reaktion auf die veränderte Wirklichkeit

Angesichts der oben dargestellten Situation gibt es im Großen und Ganzen zwei mögliche Reaktionen auf die veränderte Wirklichkeit: entweder die betroffenen Vereine werden so umstrukturiert, dass sie bestens zu den gesetzlichen Vorgaben passen und sich am umkämpften Markt optimal behaupten können, oder sie werden mit ihrem bisherigen Status quo beibehalten. Welche Maßnahme die Richtige ist, kann nicht verallgemeinernd gesagt werden. Vielmehr hängt die Entscheidung von den Gegebenheiten und Besonderheiten des jeweiligen Einzelfalles ab und es gibt sicherlich stets gewichtige Gründe für und gegen beide Alternativen. Mithin muss in jedem einzelnen Fall eine gesonderte Betrachtung vorgenommen und die Frage der Reaktion auf die veränderte Wirklichkeit danach beantwortet werden, was in jedem einzelnen Fall sachgerecht und zweckdienlich ist.

a) Umstrukturierungen

Fällt die Entscheidung auf eine Umstrukturierung, bieten sich verschiedene Möglichkeiten, eine Unternehmung effizienter zu gestalten. So können etwa wirtschaftlich weniger lohnende Arbeitsbereiche, insbesondere, wenn sie in keinem direkten Zusammenhang mit dem kirchlichen Charakter der jeweiligen Un-

---

196 Bohl, in: Forum Deutscher Stiftungen, Band 17, S. 44; Glawatz, Diakonie, S. 75, 76.
197 Machanek, Verein, S. 17; Rogge, Staatliche Finanzkontrolle freier Wohlfahrtspflege, S. 113.
198 Gronemann, in: KuR 1996, S. 147.
199 R. Stein, in: Das Recht im Dienst einer diakonischen Kirche, S. 283.
200 Bohl, in: Forum Deutscher Stiftungen, Band 17, S. 45; Fleßa / Städtler-Mach, Konkurs der Nächstenliebe?, S. 33; Rogge, Staatliche Finanzkontrolle freier Wohlfahrtspflege, S. 111.

ternehmung stehen, kurzerhand ganz stillgelegt werden.[201] Kann oder möchte ein eingetragener rechtsfähiger Verein einen Teil seiner Tätigkeit und / oder einen Teil einer von ihm unterhaltenen Einrichtung nicht länger tragen, soll der betreffende Tätigkeitsbereich aber auch nicht vollständig aufgegeben werden, so besteht die Möglichkeit, den betreffenden Teil gemäß den Vorschriften der §§ 123 ff. UmwG von dem eingetragenen Verein abzuspalten und in eine Kapitalgesellschaft, etwa eine Gesellschaft mit beschränkter Haftung zu überführen.[202]

Diese Überführung in die Rechtsform einer GmbH kann nicht nur von Nöten sein, um die Voraussetzung einer selbständig wirtschaftende(n) Einrichtung im Sinne von § 71 Abs. 1 SGB XI zu erfüllen und damit entsprechend den Vorgaben des SGB XI tätig werden zu können. Auch die gesellschaftsrechtlichen Eigenheiten der Rechtsform der Gesellschaft mit beschränkter Haftung können, wie oben bereits aufgezeigt wurde,[203] zahlreiche Vorteile mit sich bringen, wenn es darum geht, eine Unternehmung möglichst wirtschaftlich zu gestalten:[204]

Das GmbHG gibt vor, wie die Kompetenzen innerhalb einer GmbH verteilt sind. Durch diese klare Definition der Aufgabenbereiche und dadurch, dass die betreffenden Positionen innerhalb einer GmbH in aller Regel mit entsprechendem Fachpersonal besetzt sind, können die Prozesse der Reaktion auf den Markt und der Entscheidungsfindung deutlich optimiert und beschleunigt werden und es können unnötige Verzögerungen aufgrund von Unklarheiten vermieden werden. Hinzu kommt, dass mit der Überführung eines Tätigkeitsbereichs, der ehemals zu einem kirchlichen Verein gehörte, in eine Kapitalgesellschaft, etwa eine GmbH, die Trennung der betreffenden Unternehmung von der Evangelischen Kirche in Deutschland und ihren Gliedkirchen manifestiert werden kann. Damit kann auch die Trennung von den arbeitsrechtlichen Rahmenbedingungen der verfassten evangelischen Kirchen in Deutschland vollzogen werden. Dies eröffnet einer entsprechenden Gesellschaft die Möglichkeit, ihre Personalausgaben möglichst effizient zu gestalten, ohne dabei etwa Vorgaben von Seiten der verfassten evangelischen Kirchen in Deutschland betreffend die Vergütung von Arbeitnehmern erfüllen zu müssen.[205]

b) Beibehaltung des Status quo

Dass die Argumente, die dafür sprechen, die kirchlichen Vereine, die im Bereich der Wohlfahrtspflege tätig sind bzw. auf diesem Gebiet Einrichtungen unterhalten, trotz der oben beschriebenen Entwicklungen in der bisher vorliegenden

---

201 Hanau / Thüsing, in: KuR 2002, S. 119; Richardi, in: FS Listl, S. 485.

202 Richardi, in: FS Listl, S. 485, 486.

203 S.o. Teil 1 B. III. 2. a).

204 Bauer, GmbH, S. 22, 23; von Campenhausen / de Wall, Staatskirchenrecht, S. 174; Glawatz, Diakonie, S. 15.

205 Winter, Kirche – (m)Macht – Diakonie, S. 23, 29, 30.

Form beizubehalten, nicht auf betriebswirtschaftlichen Erwägungen beruhen, liegt auf der Hand. Dennoch gibt es gewichtige Gründe dafür, im Einzelfall nicht von dem bisherigen Status quo abzurücken.
Wenn Vereine, die an sich den verfassten christlichen Kirchen, hier den evangelischen Kirchen in Deutschland nahe stehen, umgestaltet werden, wenn Teile solcher Vereine oder von ihnen getragener Einrichtungen in eine Kapitalgesellschaft, namentlich eine GmbH, überführt werden, so wird gleichzeitig nicht selten der ursprünglich einmal verfolgte Zweck aufgegeben. Die betreffende Initiative bleibt damit nicht automatisch eine kirchliche, sondern es besteht vielmehr das Risiko, dass sie ihre spezifische Zuordnung zur Kirche sowie alle damit verbundenen Vorteile rechtlicher und tatsächlicher Natur verliert.[206]
Es ist aber wichtig, um nicht zu sagen, unverzichtbar, dass gerade auch Vereinigungen und Einrichtungen, die den großen christlichen Kirchen, hier den evangelischen Kirchen in Deutschland nahe stehen, Aufgaben auf dem Gebiet der freien Wohlfahrtspflege übernehmen und erfüllen.[207] Die Tätigkeit im Bereich der freien Wohlfahrtspflege ist eine Form karitativer Betätigung, d.h. Ausdruck christlicher Nächstenliebe und als solche ureigenste Aufgabe jedes einzelnen Christen.[208] Darüber hinaus schaffen die kirchlichen Vereine mit ihrem Wirken Präsenz bei der Bevölkerung, was die evangelischen Kirchen in Deutschland angeht.[209]
Hinzu kommt, dass gerade auf dem Gebiet der Wohlfahrtspflege eine rein betriebs- und marktwirtschaftliche Betrachtung oftmals ins Leere geht. Die Fürsorge für in Not geratene Mitmenschen kann nicht ausnahmslos auf dem Prinzip von Leistung und Gegenleistungen beruhen und die Entscheidung, wem wann in welchem Umfang welche Hilfe zuteil werden soll, kann sich nicht ohne Ausnahme nach den Gesetzen der freien Marktwirtschaft richten. Denn gelebte christliche Nächstenliebe und damit auch die Arbeit, die die kirchlichen Vereine auf dem Gebiet der freien Wohlfahrtspflege leisten, fragt nicht zuvorderst danach, ob die jeweilige Handlung effizient ist und ob die Person, die sie in Anspruch nimmt, eine adäquate Gegenleistung erbringen kann.[210]
Es kann sicherlich nicht sachgerecht sein, wenn kirchliche Vereine bei ihrer Tätigkeit auf dem Gebiet der Wohlfahrtspflege jegliche Erwägungen betreffend die Wirtschaftlichkeit ihrer Initiative zurückstellen und ignorieren, dass eine gewisse Rentabilität ihrer Unternehmung entscheidender Faktor für ihren mittel- und langfristigen Bestand ist. Aber es muss auch in der heutigen Zeit Platz sein für Vorhaben, bei denen das kirchliche Proprium und der Grundgedanke christlicher

206 Glawatz, Diakonie, S. 57, 71; Winter, Kirche – (m)Macht – Diakonie, S. 23, 26, 27.
207 von Hase, in: Die Innere Mission 1960, S. 225; Müller, in: ZevKR 47, S. 475, 490.
208 Deutscher Caritasverband / Hüssler, Caritas und Pfarrgemeinde, S. 16; Geiger, Das Selbstverständnis katholischer Einrichtungen, S. 5.
209 Diakonisches Werk der EKD / Mletzko, Diakonie ist Kirche, S. 41, 46.
210 Glawatz, Diakonie, S. 33.

Nächstenliebe im Vordergrund stehen. Die kirchlichen Vereine müssen den „Spagat zwischen geistlichem Auftrag und wirtschaftlichen Notwendigkeiten bewältigen“[211]. Wenn ihnen dies gelingt, ist die „Daseinsberechtigung“ der kirchlichen Vereine auch in der heutigen Zeit unbedingt zu bejahen.

211 Winter, Kirche – (m)Macht – Diakonie, S. 23, 30.

Teil 2: Rechtliche Verhältnisse

A. Exkurs: Die Situation im katholischen Kirchenrecht[212]

I. Allgemeines

Das Recht der Vereine von Gläubigen ist für die katholische Kirche in Buch II, Teil I, Titel V des Codex Iuris Canonici 1983 (im Folgenden: CIC) unter der Überschrift „Vereine von Gläubigen" („de christefidelium consociationibus") geregelt. Neben den allgemeinen Bestimmungen („normae communes", Kapitel 1, Can. 298-311 CIC) werden dort Regelungen über öffentliche Vereine von Gläubigen („de christefidelium consociationibus publicus", Kapitel 2, Can. 313-320 CIC), über private Vereine von Gläubigen („de christefidelium consociationibus privatis", Kapitel 3, Can. 321-326 CIC) und besondere Bestimmungen über Laienvereine („normae speciales de laicorum consiciationibus", Kapitel 4, Can. 327-329 CIC) getroffen.
Die vorgenannten Regelungen haben ihre Grundlage in Can. 215 CIC. Diese Vorschrift, nach der es den Gläubigen unbenommen ist, Vereinigungen für Zwecke der Caritas oder der Frömmigkeit oder zur Förderung der christlichen Berufung in der Welt frei zu gründen und zu leiten und Versammlungen abzuhalten, um diese Zwecke gemeinsam zu verfolgen, beinhaltet erstmalig[213] eine positive Verankerung der Vereinsfreiheit im katholischen Kirchenrecht.[214] Bei der Ausübung ihrer Vereinsfreiheit sind die Gläubigen frei, sich zu entscheiden, in welches rechtliche Gewand sie ihr Vorhaben kleiden wollen, d.h. ob sie sich einer der im CIC vorgesehenen Gesellschaftsformen bedienen oder ihre Gruppeninitiative frei gestalten wollen.[215] Durch die systematische Stellung der Regelungen betreffend die Vereine von Gläubigen in Buch II des CIC („de populo Dei") ist klar gestellt, dass die Vereinsfreiheit im katholischen Kirchenrecht einem jeden Christen, d.h. auch Klerikern und Ordensleuten zusteht.[216]

---

212 Vgl. zur Rechtslage im katholischen Kirchenrecht nach dem CIC 1917 die Ausführungen bei Beil, Das kirchliche Vereinsrecht, und bei Bürgel, Katholische Kirche und ihre Vereinigungen.

213 Falterbaum, Caritas und Diakonie, S. 37.

214 Ruf, Das Recht der katholischen Kirche, S. 95; Schnizer, in: Handbuch des katholischen Kirchenrechts, S. 569.

215 Schnizer, in: Handbuch des katholischen Kirchenrechts, S. 569.

216 Schnizer, in: Handbuch des katholischen Kirchenrechts, S. 570.

Eine konkrete Definition des Begriffs des Vereins von Gläubigen enthält der CIC nicht.[217] Allerdings vermittelt die Umschreibung in Can. 298 § 1 CIC – wonach in den betreffenden Vereinen Gläubige, seien es Kleriker oder Laien, seien es Kleriker und Laien zusammen, in gemeinsamem Mühen bestrebt sind, ein Leben höherer Vollkommenheit zu pflegen oder den amtlichen Gottesdienst bzw. die christliche Lehre zu fördern oder andere Apostolatswerke, das heißt Vorhaben zur Evangelisierung, Werke der Frömmigkeit oder der Caritas, zu betreiben und die weltliche Ordnung mit ihrem Geist zu beleben –[218] einen deutlichen Eindruck davon, was die katholische Kirche und der CIC unter einem Verein von Gläubigen verstehen. Dieser Eindruck wird im Übrigen dadurch verstärkt, dass der CIC den Begriff des Vereins von Gläubigen immer dann verwendet, wenn er offensichtlich eine kirchliche Einrichtung in ihrer Eigenschaft als Verein von Gläubigen „von den Instituten geweihten Lebens und den Gesellschaften apostolischen Lebens unterscheiden will".[219]

Vor diesem Hintergrund ist unter einem Verein von Gläubigen im Sinne des Rechts der katholischen Kirche ein dauerhafter Zusammenschluss von Gleichgesinnten zu verstehen, die sich vereinen, um ein bestimmtes Ziel zu verfolgen, die zur Erreichung des Zieles notwendigen Mittel und Wege festzulegen und sich entsprechende Organe zu schaffen,[220] wobei es bei einem Verein von Gläubigen entscheidend auf dessen Mitglieder, deren gemeinsame Zielsetzung, seine strukturelle Unterstützung oder Organisation, die Mitwirkung der kirchlichen Autorität und auf eine gewisse Dauerhaftigkeit ankommt.[221]

Es gibt verschiedene Arten von Vereinen von Gläubigen.[222] So wird zwischen klerikalen und laikalen Vereinigungen, zwischen öffentlichen und privaten Vereinigungen und zwischen Vereinigungen mit und ohne Rechtspersönlichkeit unterschieden.[223] Des Weiteren sieht Can. 303 CIC die so genannten Dritten Orden vor, bei denen es sich um Vereine handelt, deren Mitglieder in der Welt am Geiste eines Ordensinstitutes teilhaben, unter der Oberleitung eben dieses Institutes ein apostolisches Leben führen und sich um christliche Vollkommenheit

---

217 Martínez Sistach, Vereine von Gläubigen, S. 39.

218 Ruf, Das Recht der katholischen Kirche, S. 95.

219 Martínez Sistach, Vereine von Gläubigen, S. 40; Ruf, Das Recht der katholischen Kirche, S. 95.

220 Rohde, in: AfkKR 2006, S. 32; Schnizer, in: Handbuch des katholischen Kirchenrechts, S. 564.

221 Schnizer, in: Handbuch des katholischen Kirchenrechts, S. 569, 570.

222 Eine Zusammenfassung verschiedener Auffassungen über eine Kategorisierung von Vereinen von Gläubigen findet sich bei Bürgel, Katholische Kirche und ihre Vereinigungen, S. 23, 24.

223 Beil, Das kirchliche Vereinsrecht, S. 29; Bürgel, Katholische Kirche und ihre Vereinigungen, S. 22; Eberle, Sozialstationen, S. 128; Falterbaum, Caritas und Diakonie, S. 38; Ruf, Das Recht der katholischen Kirche, S. 95, 96.

bemühen.[224] Von den Dritten Orden sind schließlich die frommen Vereine zur Ausübung von Werken der Frömmigkeit und der Nächstenliebe sowie Bruderschaften zur Förderung des öffentlichen Gottesdienstes zu unterscheiden.[225]
Die Vorschrift des Can. 304 CIC statuiert die Mindestanforderungen, die an alle öffentlichen und privaten Vereine von Gläubigen gestellt werden.[226] Sie müssen, egal welche Bezeichnung oder welchen Namen sie auch führen mögen, Statuten haben, in denen ihr Zweck, respektive ihr soziales Programm, ihr Sitz, ihre Leitung und erforderliche Mitgliedschaftsbedingungen zu regeln sind und in welchen unter Beachtung des Erfordernisses oder der Nützlichkeit von Zeit und Ort die Vorgehensweise zu bestimmen ist, Can. 304 § 1 CIC. Die Statuten müssen insbesondere die Organe eines Vereins, also diejenigen einzelnen Personen oder Gremien bezeichnen, die im Namen und im Auftrag des jeweiligen Vereins tätig werden.[227]
Ihre Bezeichnung oder ihren Namen haben sich die Vereine von Gläubigen entsprechend den zeitlichen und örtlichen Gebräuchen, vorzugsweise in Ableitung von dem von ihnen angestrebten Ziel selbst, auszuwählen, Can. 304 § 2 CIC. Wenn ein Verein einen Namen hat, der darauf schließen lässt, dass sein Zweck kirchlichen Zielen dient, gibt dies Anhaltspunkte für die Kirchlichkeit dieses Vereins. Allerdings ist ein Verein nur dann tatsächlich ein kirchlicher, wenn er von Seiten der kirchlichen Autorität anerkannt ist.[228]
Alle Vereine von Gläubigen unterliegen der Aufsicht der kirchlichen Autorität, wobei der Heilige Stuhl für die Aufsicht über jedwede Art von Vereinen von Gläubigen zuständig ist, während diözesane und innerhalb einer Diözese tätige Vereine von Gläubigen der Aufsicht des jeweiligen Ortsordinarius unterstehen, Can. 305 § 1, § 2 CIC. Im Rahmen ihrer Aufsicht hat die jeweils zuständige kirchliche Autorität dafür zu sorgen, dass in den Vereinen von Gläubigen die Unversehrtheit von Glaube und Sitte bewahrt wird, und darüber zu wachen, dass sich keine Missbräuche in die kirchliche Disziplin einschleichen, Can. 305 § 1 CIC.

Die Mitgliedschaft in einem Verein von Gläubigen richtet sich ausschließlich nach den Statuten des jeweiligen Vereins. So hat nach Can. 307 § 1 CIC die Aufnahme von Mitgliedern nach Maßgabe des Rechts und der Statuten eines jeden Vereins zu erfolgen, und keiner, der rechtmäßig einem Verein angehört, darf von diesem ausgeschlossen werden, es sei denn aus gerechtem Grund nach Maßgabe des Rechts und der Statuten des betreffenden Vereins von Gläubigen, Can. 308 CIC. Die Möglichkeit, Mitglied in einem Verein von Gläubigen zu

224 Ruf, Das Recht der katholischen Kirche, S. 96.
225 Beil, Das kirchliche Vereinsrecht, S. 88.
226 Schnizer, in: Handbuch des katholischen Kirchenrechts, S. 574.
227 Schnizer, in: Handbuch des katholischen Kirchenrechts, S. 575.
228 Rohde, in: AfkKR 2006, S. 32, 37.

sein, ist nicht auf einen einzigen solchen Verein beschränkt, sondern ein und dieselbe Person kann Mitglied in mehreren Vereinen sein, Can. 307 § 2 CIC. Dabei steht es auch Mitgliedern von Ordensinstituten frei, Vereinen von Gläubigen nach Maßgabe des eigenen Rechts mit Zustimmungen ihres Oberen beizutreten, Can. 307 § 3 CIC.

II. Öffentliche Vereine

1. Entstehung

Öffentliche Vereine („consociationes publicae") sind Vereine von Gläubigen, die von der zuständigen kirchlichen Autorität errichtet werden, Can. 301 § 3 CIC.

Die Gründung von Vereinen, die sich der Vermittlung der christlichen Lehre im Namen der Kirche oder der Förderung des amtlichen Gottesdienstes widmen oder die sich anderen Zielen zuwenden sollen, deren Verfolgung ihrer Natur nach der kirchlichen Autorität vorbehalten wird, ist ausschließlich der jeweils zuständigen kirchlichen Autorität vorbehalten, Can. 301 § 1 CIC. Dabei kann die zuständige kirchliche Autorität auch, wenn sie es für förderlich hält, Vereine von Gläubigen errichten, die direkt oder indirekt andere geistliche Zwecke erstreben sollen, deren Erreichung durch private Unternehmungen nicht genügend gesichert ist, Can. 301 § 3 CIC. Allerdings ist lediglich der juristische Akt der Errichtung öffentlicher Vereine der jeweils zuständigen kirchlichen Autorität vorbehalten.[229] Hingegen liegt der soziologische Ursprung öffentlicher Vereine häufig in der Initiative von privaten Gläubigen, die die jeweils zuständige kirchliche Autorität zum Anlass nimmt, einen öffentlichen Verein zu errichten.[230]

Ein jedes Dekret zur Errichtung eines öffentlichen Vereins von Gläubigen bedarf nach Can. 37, 51 CIC der Schriftform und nach Can. 474 CIC der Unterschrift des Ortsordinarius, vom dem es ausgeht. Es ist eine „Einladung an die Gläubigen, dem so rechtlich begonnenen Verein beizutreten".[231]

2. Zielsetzungen

Wie oben bereits angesprochen, können die in Can. 301 § 1 CIC genannten Ziele nur von öffentlichen Vereinen verfolgt werden. Daraus folgt, dass sich ein Verein von Gläubigen, der sich der Vermittlung der christlichen Lehre im Namen der Kirche oder der Förderung des amtlichen Gottesdienstes oder anderer

229 Ruf, Das Recht der katholischen Kirche, S. 97.

230 Martínez Sistach, Vereine von Gläubigen, S. 57, 58.

231 Schnizer, in: Handbuch des katholischen Kirchenrechts, S. 584.

Ziele, deren Verfolgung ihrer Natur nach der kirchlichen Autorität vorbehalten wird, zuwenden möchte, zwangsläufig als öffentlicher Verein konstituieren muss.
Allerdings bedeutet dies nicht, dass es die unterschiedlichen Zielsetzungen sind, die öffentliche Vereine von privaten Vereinen unterscheiden. Can. 301 § 2 CIC besagt, dass die zuständige kirchliche Autorität, wenn sie es für förderlich erachtet, auch Vereine von Gläubigen errichten kann, die direkt oder indirekt andere geistliche Zwecke erstreben sollen, deren Erreichung durch private Unternehmungen nicht genügend gesichert ist. Dies bedeutet, dass die jeweils zuständige kirchliche Autorität Vereine errichten kann, die an sich zulässigerweise auch als private Vereine von Gläubigen existieren könnten, bei denen die kirchliche Autorität dadurch, dass sie die Gründung des Vereins übernimmt, demselben jedoch eine „größere juristische und kirchliche Dichte“[232] verleiht.
Dementsprechend hängt die Frage, ob ein Verein von Gläubigen öffentlicher oder privater Natur ist, nicht von der Zielsetzung des jeweiligen Vereins ab, sondern davon, ob er von der zuständigen kirchlichen Autorität errichtet wurde oder nicht.[233]

3. Zuständige kirchliche Autorität

Die öffentlichen Vereine nehmen in deutlich größerem Maße an den Aufgaben der katholischen Kirche selbst teil als die privaten Vereine, auf die später noch näher eingegangen werden wird.[234] Konsequenterweise stehen öffentliche Vereine auch weitaus stärker unter dem Einfluss der jeweils zuständigen kirchlichen Autorität als die privaten Vereine.[235] Im Einzelnen sieht der CIC insoweit in Can. 314 vor, dass die Statuten jedweden öffentlichen Vereins, ihre Überarbeitung oder Änderung der Genehmigung der kirchlichen Autorität bedürfen, der die Errichtung des Vereins gemäß Can. 312 § 1 CIC zukommt. Darüber hinaus statuiert Can. 315 CIC eine Direktionsbefugnis, d.h. eine Weisungsgewalt der zuständigen kirchlichen Autorität und bestimmt, dass öffentliche Vereine von sich aus Unternehmungen beginnen können, die mit ihrer eigenen Zielsetzung im Einklang stehen, und dass die öffentlichen Vereine zwar nach Maßgabe der Statuten geleitet werden, jedoch unter der Oberleitung der in Can. 312 § 1 CIC genannten kirchlichen Autorität stehen.
Bei der Frage, welche kirchliche Autorität im Einzelfall zuständig ist, ist zwischen der Errichtung von öffentlichen Vereinen einerseits und der Aufsicht und Leitung von öffentlichen Vereinen andererseits zu differenzieren.

---

232 Martínez Sistach, Vereine von Gläubigen, S. 59.

233 Falterbaum, Caritas und Diakonie, S. 39; Martínez Sistach, Vereine von Gläubigen, S. 59.

234 S.u. Teil 2 A. III..

235 Eberle, Sozialstationen, S. 128; Rohde, in: AfkKR 2006, S. 32, 49.

a) Zuständigkeit für die Errichtung öffentlicher Vereine

Zuständige Autorität zur Errichtung von öffentlichen Vereinen ist nach Can. 312 § 1 CIC – soweit nicht das Errichtungsrecht aufgrund eines apostolischen Privilegs anderen vorbehalten ist:[236]

- der Heilige Stuhl für gesamtkirchliche und internationale Vereine,
- die Bischofskonferenz innerhalb ihres Zuständigkeitsgebiets für die nationalen Vereine, das heißt für solche, deren Tätigkeit aufgrund der Einrichtung selbst auf eine ganze Nation bezogen ist,
- der Diözesanbischof – aber nicht der Diözesanadministrator – in seinem jeweiligen Gebiet für die diözesanen Vereine.

b) Zuständigkeit für die Aufsicht und Leitung öffentlicher Vereine

Nach Can. 305 § 1 CIC unterliegen alle Vereine von Gläubigen der Aufsicht der zuständigen kirchlichen Autorität, die dafür zu sorgen hat, dass in ihnen die Unversehrtheit von Glaube und Sitte bewahrt wird, und die darüber zu wachen hat, dass sich keine Missbräuche in die kirchliche Disziplin einschleichen. Deshalb hat sie die Pflicht und das Recht, die öffentlichen Vereine nach Maßgabe des Rechtes und der Statuten zu beaufsichtigen.
Entsprechend Can. 305 § 2 S. 1 CIC unterliegen dabei Vereine jedweder Art, d.h. alle gesamtkirchlichen, internationalen und nationalen Vereine, der Aufsicht des Heiligen Stuhls, obschon dieser für die Errichtung der letztgenannten nicht zuständig war. Die Aufsicht über diözesane Vereine und solche Vereine, die innerhalb einer Diözese tätig sind, übt nach Can. 305 § 2 S. 2 CIC der Ortsordinarius aus.

4. Öffentliche Rechtspersönlichkeit

Durch dasselbe Dekret, durch das sie von der nach Maßgabe des Can. 312 CIC zuständigen kirchlichen Autorität errichtet werden, werden öffentliche Vereine und Zusammenschlüsse öffentlicher Vereine als juristische Personen begründet und erhalten, soweit erforderlich, einen Sendungsauftrag für die Ziele, die sie selbst im Namen der Kirche zu verwirklichen vorhaben, Can. 313 CIC.
Die Vorschrift des Can. 116 § 2 CIC unterscheidet zwischen öffentlichen juristischen Personen einerseits und privaten juristischen Personen andererseits. Dementsprechend ist die Rechtspersönlichkeit öffentlicher Vereine öffentlicher Natur.[237]

236 Ruf, Das Recht der katholischen Kirche, S. 97.

237 Martínez Sistach, Vereine von Gläubigen, S. 73.

Die eigene Rechtspersönlichkeit versetzt einen Verein von Gläubigen in die Lage, Träger eigener Rechte und Pflichten zu sein.[238] Im Falle öffentlicher Vereine dient sie außerdem dazu, ihnen „größere Stabilität zu verleihen und die Bereitstellung von Mitteln zu erleichtern, mit denen die gesteckten Ziele wirkungsvoller erreicht werden können".[239]

5. Mitgliedschaft[240]

Zu dem Mitgliederkreis eines Vereins von Gläubigen zählen nicht nur seine Gründer, sondern auch diejenigen Personen, die ihm nach seiner Gründung beigetreten sind.[241] Die Vorschrift des Can. 307 § 2 CIC räumt den Gläubigen darüber hinaus die Möglichkeit ein, Mitglied in mehreren Vereinen zu sein.
In Can. 316 CIC ist geregelt, unter welchen Voraussetzungen ein gläubiger Mensch Mitglied in einem öffentlichen Verein von Gläubigen werden oder bleiben kann.[242] Wer öffentlich den katholischen Glauben aufgegeben hat oder von der kirchlichen Gemeinschaft abgefallen ist oder mit der Verhängung bzw. der Feststellung der Exkommunikation bestraft ist, kann nicht mehr gültig in öffentliche Vereine von Gläubigen aufgenommen werden, Can. 316 § 1 CIC. Tritt dieser Fall für zunächst rechtmäßig aufgenommene Mitglieder eines öffentlichen Vereins von Gläubigen erst später ein, so sind die betreffenden Mitglieder nach vorausgegangener Ermahnung unter Einhaltung der Statuten aus dem Verein zu entlassen, Can. 316 § 2 CIC.
Auf diese Art und Weise soll die Kirchlichkeit öffentlicher Vereine geschützt werden.[243]

6. Leitungsämter

a) Vorsitzender

Falls die Statuten eines öffentlichen Vereins nichts anderes vorsehen, ist es Sache der jeweils zuständigen kirchlichen Autorität, den Vorsitzenden eines öffentlichen Vereins, sofern er von demselben öffentlichen Verein gewählt worden ist, zu bestätigen, oder, sofern er vorgeschlagen wird, ihn einzusetzen oder ihn kraft eigenen Rechts zu ernennen, Can. 317 § 1 S. 1 CIC.

---

238 Rohde, in: AfkKR 2006, S. 32, 51.

239 Martínez Sistach, Vereine von Gläubigen, S. 73.

240 Vgl. zu diesem Aspekt die Ausführungen betreffend die Stellungnahme der deutschen Bischöfe zu diesem Thema bei Rohde, in: AfkKR 2006, S. 32, 49.

241 Martínez Sistach, Vereine von Gläubigen, S. 73.

242 Ruf, Das Recht der katholischen Kirche, S. 98.

243 Rohde, in: AfkKR 2006, S. 32, 49.

Das bedeutet, die kirchliche Autorität hat drei verschiedene Möglichkeiten, bei der Bestellung des Vorsitzenden eines öffentlichen Vereins mitzuwirken.[244] So ist es erstens möglich, dass die Mitglieder eines öffentlichen Vereins zunächst seinen Vorsitzenden wählen und dieser dann durch die jeweils zuständige kirchliche Autorität bestätigt wird. Zweitens kann sich eine entsprechend qualifizierte Gruppe von Mitgliedern des öffentlichen Vereins das Wahlrecht vorbehalten und einen Vorsitzenden vorschlagen, der dann von der jeweils zuständigen kirchlichen Autorität eingesetzt wird. Drittens kann die jeweils zuständige kirchliche Autorität, wenn die Statuten eines öffentlichen Vereins dies vorsehen, dessen Vorsitzenden kraft eigenen Rechts ernennen. Welche kirchliche Autorität in den vorgenannten Situationen im Einzelfall zuständig ist, bestimmt sich nach Can. 312 § 1 CIC.

Die Kriterien, die ein Vereinsmitglied erfüllen muss, um zum Vorsitzenden eines öffentlichen Vereins ernannt werden zu können, ergeben sich aus den Statuten des jeweiligen öffentlichen Vereins.[245] Darüber hinaus regelt Can. 317 § 3 CIC, dass in nichtklerikalen Vereinen Laien das Amt des Vorsitzenden ausüben können, und Can. 317 § 4 CIC verbietet es Gläubigen, die in politischen Parteien eine leitende Stellung bekleiden, Vorsitzender eines nichtklerikalen Vereins von Gläubigen, dessen direktes Ziel die Ausübung des Apostolats ist, zu werden.

Die Amtszeit des Vorsitzenden richtet sich nach den Statuten des jeweiligen öffentlichen Vereins, in denen außerdem festgelegt wird, wie oft und in wie vielen aufeinander folgenden Amtsperioden ein Mitglied das Amt des Vorsitzenden bekleiden darf.[246]

Der Vorsitzende kann, sofern ein gerechter Grund hierfür vorliegt, von derjenigen Instanz, die ihn ernannt oder bestätigt hat, auch wieder aus seinem Amt entlassen werden.[247] Allerdings sind vor einer solchen Entlassung sowohl er als auch die Vorstandsmitglieder des betreffenden Vereins nach Maßgabe seiner jeweiligen Statuten anzuhören, Can. 318 § 2 CIC.

b) Kommissar

Wenn besondere Umstände vorliegen und schwerwiegende Gründe es erfordern, kann die jeweils zuständige kirchliche Autorität einen Kommissar bestellen, der den Verein in ihrem Namen zeitlich befristet zu leiten hat, Can. 318 § 1 CIC. Derart schwerwiegende Gründe liegen beispielsweise vor, wenn das Vereinsvermögen unzureichend verwaltet wird oder ein tief greifendes Zerwürfnis unter den Mitgliedern eines öffentlichen Vereins besteht.[248] Die Bestellung des Kom-

---

244 Martínez Sistach, Vereine von Gläubigen, S. 78; Ruf, Das Recht der katholischen Kirche, S. 98.

245 Martínez Sistach, Vereine von Gläubigen, S. 80.

246 Martínez Sistach, Vereine von Gläubigen, S. 80.

247 Ruf, Das Recht der katholischen Kirche, S. 98.

248 Martínez Sistach, Vereine von Gläubigen, S. 81.

missars soll in solchen Fällen dazu dienen, zu verhindern, dass der betreffende öffentliche Verein aufgelöst werden muss.[249]

c) Sonstige Ämter

Neben dem Amt des Vorsitzenden und ggf. des Kommissars sind in öffentlichen Vereinen von Gläubigen zudem noch weitere Ämter, beispielsweise das des stellvertretenden Vorsitzenden, des Schriftführers, des Schatzmeisters und des Beisitzers zu besetzen.[250] Die allgemeinen Bestimmungen im CIC betreffend die Vereine von Gläubigen verhalten sich nicht zu der Besetzung dieser Ämter. Allerdings weisen die besonderen Bestimmungen im CIC über die öffentlichen Vereine von Gläubigen den Inhabern dieser Ämter, die unter dem Oberbegriff „Vorstandsmitglieder" zusammengefasst werden, eigene Zuständigkeiten zu. Namentlich regelt Can. 317 § 1 CIC, dass die jeweils zuständige kirchliche Autorität vor der Ernennung eines Kaplans oder eines geistlichen Assistenten die Vorstandsmitglieder des betreffenden öffentlichen Vereins anhört, soweit dies der Sache förderlich ist. Darüber hinaus sind die Mitglieder des Vorstands eines öffentlichen Vereins vor der Entlassung des Vorsitzenden (Can. 318 § 2 CIC) und im Falle der Auflösung des betreffenden Vereins zwingend anzuhören (Can. 320 § 2 CIC).

7. Kaplan oder geistlicher Assistent

Aus der Vorschrift des Can. 317 § 1 CIC folgt, dass jeder öffentliche Verein von Gläubigen einen Kaplan oder geistlichen Assistenten haben muss. Während der Kaplan liturgische Aufgaben wahrnimmt, wird der geistliche Assistent im Namen der ihn sendenden kirchlichen Autorität im betreffenden öffentlichen Verein tätig.[251]

Welche kirchliche Autorität im Einzelnen für die Ernennung eines Kaplans oder eines geistlichen Assistenten zuständig ist, bestimmt sich nach Can. 312 CIC. Wie oben bereits angesprochen, kann die nach diesen Maßgaben zuständige kirchliche Autorität einen Kaplan oder geistlichen Assistenten einsetzen, ohne zuvor die Mitglieder des Vorstands des betreffenden Vereins anzuhören; nichtsdestotrotz sollte sie dies aber tun, wenn und soweit dies sachdienlich ist, Can. 317 § 1 CIC.

Wie lange ein Kaplan oder geistlicher Assistent im Amt bleibt, bestimmt sich nach den Statuten des jeweiligen öffentlichen Vereins. Denkbar ist es beispielsweise, einen Kaplan oder geistlichen Assistenten auf Zeit zu ernennen und die Ernennung zu wiederholen, wenn dies erforderlich sein sollte.[252]

---

249 Martínez Sistach, Vereine von Gläubigen, S. 81.

250 Martínez Sistach, Vereine von Gläubigen, S. 81.

251 Martínez Sistach, Vereine von Gläubigen, S. 82.

252 Martínez Sistach, Vereine von Gläubigen, S. 84.

8. Vermögensverwaltung

Nach Can. 1255 CIC besitzen öffentliche juristische Personen – und damit die öffentlichen Vereine von Gläubigen – die Fähigkeit, nach Maßgabe des Rechts Vermögen zu erwerben, zu besitzen, zu verwalten und zu veräußern. Sofern ein öffentlicher Verein von Gläubigen rechtmäßig Vermögen erworben hat, steht ihm das Eigentum an diesem Vermögen zu, Can. 1256 CIC. Allerdings müssen die Statuten des betreffenden öffentlichen Vereins das Recht, Vermögen zu erwerben, zu besitzen, zu verwalten und zu veräußern, vorsehen und dieses Recht muss entsprechend den Regelungen im CIC hinsichtlich der Vereine von Gläubigen ausgeübt werden.[253] Jedes Vermögen, das einer juristischen Person in der Kirche – also etwa auch einem öffentlichen Verein von Gläubigen – gehört, ist Kirchenvermögen, Can. 1257 § 1 CIC.

Soweit nichts anderes vorgesehen ist, verwalten rechtmäßig errichtete öffentliche Vereine von Gläubigen ihr Vermögen nach Maßgabe ihrer jeweiligen Statuten unter der Oberleitung der jeweils zuständigen kirchlichen Autorität selbst, wobei sie dieser zuständigen kirchlichen Autorität alljährlich Rechenschaft über die Vermögensverwaltung abzulegen haben, Can. 319 § 1 CIC. Dabei müssen sie der zuständigen kirchlichen Autorität auch über die Verwendung der gesammelten Spenden und Almosen zuverlässige Rechenschaft ablegen, Can. 319 § 2 CIC.

Gemäß Can. 1280 CIC muss jede juristische Person – d.h. auch jeder öffentliche Verein – einen Vermögensverwaltungsrat oder wenigstens zwei Ratgeber haben, welche den Verwalter des Vermögens des betreffenden Vereins bei der Erfüllung seiner Aufgabe unterstützen.

9. Änderung der Statuten

Öffentliche Vereine von Gläubigen müssen die Möglichkeit haben, ihre Statuten zu ändern und sie so an die sich im ständigen Wandel befindende Wirklichkeit anzupassen. Dementsprechend müssen die Statuten selbst Regelungen darüber enthalten, dass und unter welchen Bedingungen sie geändert werden können.[254] Die Überarbeitung der Statuten von öffentlichen Vereinen bedarf der Genehmigung der nach Maßgabe des Can. 312 § 1 CIC jeweils zuständigen kirchlichen Autorität, Can. 314 CIC. Das heißt, dass die jeweils zuständigen Organe öffentlicher Vereine eine Änderung der Statuten lediglich vorschlagen können, während deren Rechtswirksamkeit vom Genehmigungsdekret der jeweils zuständigen kirchlichen Autorität abhängt.[255]

---

253 Martínez Sistach, Vereine von Gläubigen, S. 85.

254 Martínez Sistach, Vereine von Gläubigen, S. 88.

255 Martínez Sistach, Vereine von Gläubigen, S. 89.

10. Auflösung des Vereins und Zuordnung des Vereinsvermögens

Da jeder öffentliche Verein von Gläubigen zugleich auch öffentliche juristische Person ist, sind für die Auflösung öffentlicher Vereine sowohl die Vorschriften betreffend die Vereine von Gläubigen als auch die Vorschriften betreffend die öffentlichen juristischen Personen maßgeblich.[256]
Öffentliche juristische Personen – und damit auch öffentliche Vereine von Gläubigen – sind ihrer Natur nach zeitlich unbegrenzt, Can. 120 § 1 CIC. Allerdings kann sich im Laufe der Existenz eines öffentlichen Vereins herausstellen, dass die von ihm verfolgten Ziele erreicht, nicht mehr erreichbar oder einfach nicht mehr zeitgemäß sind.[257] In derartigen Fällen kann es erforderlich werden, den betreffenden öffentlichen Verein aufzulösen.
Die Vorschrift des Can. 320 CIC sieht die Möglichkeit vor, öffentliche Vereine von Gläubigen aufzulösen. Als actus contrarius zur Errichtung öffentlicher Vereine ist hierfür ein Auflösungsdekret erforderlich, d.h. ein „singulärer administrativer Akt, dessen Urheber Träger der ausführenden Leitungsgewalt ist".[258]
Welche kirchliche Autorität im Einzelfall für die Auflösung eines öffentlichen Vereins zuständig ist, bestimmt ebenfalls Can. 320 CIC. Demnach können

- die vom Heiligen Stuhl errichteten Vereine nur von diesem,
- die von der Bischofskonferenz errichteten Vereine aus schwerwiegenden Gründen von ihr,
- die vom Diözesanbischof selbst und mit seiner Zustimmung kraft apostolischen Indultes von Ordensleuten errichteten Vereine von ihm

aufgelöst werden.
Schließlich erlöschen öffentliche juristische Personen – und damit öffentliche Vereine – aber ipso iure, wenn sie durch einen Zeitraum von 100 Jahren zu handeln aufgehört haben, Can. 120 § 1 CIC.
Was nach dem Erlöschen eines öffentlichen Vereins mit dessen Vermögen geschieht, ist in den Canones über die öffentlichen Vereine nicht geregelt. Dementsprechend ist zur Entscheidung über diese Frage auf die allgemeinen Vorschriften des CIC betreffend die juristische Person zurückzugreifen. Hier regelt Can. 123 CIC, dass die Zuordnung ihrer Güter und Vermögensrechte sowie der Verbindlichkeiten nach dem Erlöschen einer öffentlichen juristischen Person durch das Recht und die Statuten geregelt wird. Soweit die Statuten sich zu diesem Aspekt nicht verhalten, fallen die Güter und Vermögensrechte der unmittelbar höheren Person zu, immer unter Wahrung des Willens der Stifter und Spender sowie wohl erworbener Rechte.

---

256 Martínez Sistach, Vereine von Gläubigen, S. 89.

257 Martínez Sistach, Vereine von Gläubigen, S. 89.

258 Martínez Sistach, Vereine von Gläubigen, S. 90.

III. Private Vereine

1. Entstehung

Vereine von Gläubigen, die durch eine miteinander getroffene Privatvereinbarung zum Zwecke der Verfolgung kanonischer Ziele gegründet werden, werden als private kirchliche Vereine („consociationes privatae“) bezeichnet, auch wenn sie von der kirchlichen Autorität belobigt oder empfohlen worden sind, Can. 299 § 1, § 2 CIC.

Das heißt, der Gründungsakt eines Vereines von Gläubigen ist nicht etwa in einem Gesellschaftsvertrag zu erblicken, sondern in dem übereinstimmenden Willen der sich vereinigenden Gläubigen, die ein gemeinsames Interesse daran haben, ein gewisses Ziel oder gewisse Ziele mithilfe des zu gründenden Vereins von Gläubigen zu erreichen.[259]

Zu unterscheiden sind schlicht private Vereine, die auf eine förmliche Anerkennung durch die katholische Kirche verzichten, einerseits von den anerkannten privaten Vereinen, die gemäß Can. 299 § 3 CIC von der kirchlichen Autorität nach Überprüfung der Statuten anerkannt wurden, andererseits.[260]

Die Bezeichnung eines Vereins von Gläubigen als privater Verein darf nicht missverstanden werden. Das Adjektiv „privat“ soll lediglich herausstellen, dass jeder gläubige Mensch frei ist, einen Verein im Sinne des katholischen Kirchenrechts zu gründen. Dies ändert jedoch nichts daran, dass auch ein solcher privater Verein von Gläubigen stets gemeinschaftsbezogen ist und „der Verantwortung im Gewissen und der Wachsamkeit der Hierarchie“ unterliegt.[261]

2. Zielsetzungen

Wie oben bereits angesprochen, haben private Vereine von Gläubigen stets kirchliche Ziele i.S.d. Can. 298 § 1 CIC zu verfolgen.[262] Im Rahmen dieser ihnen von Can. 298 § 1 CIC eröffneten Möglichkeiten können sich private Vereine von Gläubigen nach ihrem Belieben ihr persönliches Ziel setzen, so dass die Praxis der Vereine der Gläubigen ein Bild verschiedenster Zielsetzungen und Zweckverfolgungen bietet.[263] Eine Grenze findet sich allerdings dort, wo „das Tun einer Unternehmung den von der Kirche gelehrten (Moral) oder aufgestellten (Recht) Verhaltensnormen direkt zuwiderläuft“.[264]

---

259 Martínez Sistach, Vereine von Gläubigen, S. 93.

260 Eberle, Sozialstationen, S. 128.

261 Schnizer, in: Handbuch des katholischen Kirchenrechts, S. 579.

262 Rohde, in: AfkKR 2006, S. 32, 38; Ruf, Das Recht der katholischen Kirche, S. 95; Schnizer, in: Handbuch des katholischen Kirchenrechts, S. 572.

263 Martínez Sistach, Vereine von Gläubigen, S. 95.

264 Rohde, in: AfkKR 2006, S. 32, 38.

3. Kirchliche Anerkennung

Kein privater Verein von Gläubigen wird in der Kirche anerkannt, wenn seine Statuten nicht von der zuständigen Autorität überprüft sind, Can. 299 § 3 CIC. Diese Überprüfung, auch als Rekognitio bezeichnet, ist ein antragsbedürftiger Hoheitsakt.[265] Sie dient der kirchlichen Autorität dazu, festzustellen, ob die Statuten des jeweiligen Vereins mit den Lehren der katholischen Kirche übereinstimmen, und mündet in einer Äußerung der kirchlichen Autorität darüber, ob der jeweilige Verein kirchlich authentisch ist oder nicht. Von dieser Entscheidung hängt es schließlich ab, ob ein Verein als privater in der katholischen Kirche anerkannt wird.[266]

Darüber hinaus steht es der kirchlichen Autorität auch zu, bei der Frage der Gewährung der Anerkennung darauf zu achten und dafür zu sorgen, dass eine Zersplitterung der Kräfte vermieden und die Ausübung ihres Apostolats auf das Gemeinwohl hingeordnet wird. Konkret bedeutet dies, dass die jeweils zuständige kirchliche Autorität vor der Anerkennung eines Vereins zu prüfen hat, ob in demselben Einzugsgebiet bereits ein Verein mit den gleichen Zielen besteht und ob, bejahendenfalls, die Möglichkeit besteht, dass sich der um Anerkennung ersuchende Verein dem bereits anerkannten Verein anschließt.[267]

Ist die Prüfung der Statuten eines um Anerkennung ersuchenden Vereins abgeschlossen, so sind drei Rechtsfolgen möglich. Erstens kann die jeweils zuständige kirchliche Autorität, wenn die dafür erforderlichen Voraussetzungen erfüllt sind, die Statuten anerkennen, womit der jeweilige Verein die Rechtsform eines privaten Vereins erlangt, Can. 299 § 3 CIC. Sofern die oben genannten Voraussetzungen für die Anerkennung der Statuten nicht erfüllt sind, kann die jeweils zuständige kirchliche Autorität zweitens eine entsprechende Änderung verlangen und für den Fall dieser Änderung die Anerkennung in Aussicht stellen. Und schließlich kann die jeweils zuständige kirchliche Autorität drittens, wenn die oben genannten Voraussetzungen für die Anerkennung der Statuten nicht erfüllt sind und der jeweilige Verein nicht bereit ist, eine entsprechende Änderung vorzunehmen, die Anerkennung ablehnen, Can. 299 § 3 CIC. In diesem Fall richtet sich das weitere Prozedere nach Can. 1732 bis 1739 CIC.[268]

Can. 299 § 2, § 3 CIC verhält sich nicht zu der Frage, welche kirchliche Autorität im Einzelfall zuständig ist, wenn es um die Anerkennung eines privaten Vereins von Gläubigen geht. Aufschluss über die Zuständigkeitsverteilung geben jedoch Can. 300 CIC und Can. 322 CIC, die hier heranzuziehen sind.[269] Nach den vorgenannten Vorschriften entscheidet

265 Schnizer, in: Handbuch des katholischen Kirchenrechts, S. 580.

266 Martínez Sistach, Vereine von Gläubigen, S. 98.

267 Martínez Sistach, Vereine von Gläubigen, S. 98.

268 Martínez Sistach, Vereine von Gläubigen, S. 99.

269 Martínez Sistach, Vereine von Gläubigen, S. 101.

- der Heilige Stuhl über die Anerkennung der Statuten gesamtkirchlicher und internationaler Vereine,
- die jeweilige nationale Bischofskonferenz über die Anerkennung der Statuten nationaler Vereine und
- der jeweilige Diözesanbischof über die Anerkennung der Statuten diözesaner Vereine.[270]

Wenn die Statuten eines Vereins von Gläubigen anerkannt wurden, bedeutet dies nicht, dass er sich gleichzeitig auch „katholisch" nennen darf. Hierfür ist vielmehr eine gesonderte Zustimmung der jeweils zuständigen Autorität notwendig, Can. 216, 300, 803 § 3, 808 CIC.[271]

4. Aufsicht

Wie oben bereits angemerkt, unterliegen alle, d.h. sowohl öffentliche als auch private Vereine von Gläubigen der Aufsicht der zuständigen kirchlichen Autorität, die dafür zu sorgen hat, dass in ihnen die Unversehrtheit von Glaube und Sitte bewahrt wird, und die darüber zu wachen hat, dass sich keine Missbräuche in die kirchliche Disziplin einschleichen, Can. 305 § 1 CIC. Nach Can. 305 § 2 CIC ist der Heilige Stuhl für die Aufsicht über Vereine jedweder Art zuständig und der Aufsicht des Ortsordinarius unterstehen die diözesanen Vereine sowie andere Vereine, insofern sie in der Diözese tätig sind.

5. Erwerb der privaten Rechtspersönlichkeit

Wenn ein privater Verein von Gläubigen nicht als juristische Person gebildet worden ist, kann er als solcher nicht Träger von Pflichten und Rechten sein.[272] Die in ihm zusammengeschlossenen gläubigen Personen können jedoch gemeinsam Verpflichtungen eingehen und wie Miteigentümer und Mitbesitzer Rechte und Vermögen erwerben oder besitzen. Diese Rechte und Pflichten können sie durch einen Beauftragten oder Vertreter ausüben, Can. 310 CIC.
Ein privater Verein von Gläubigen kann durch förmliches Dekret der jeweils zuständigen kirchlichen Autorität Rechtspersönlichkeit erwerben, Can. 322 § 1 CIC, sofern seine Statuten von der jeweils zuständigen kirchlichen Autorität gebilligt wurden, Can. 322 § 2 CIC. Nach Can. 114 § 3 CIC darf die zuständige Autorität der Kirche die Rechtspersönlichkeit nur solchen Gesamtheiten von Personen oder Sachen verleihen, die ein tatsächlich nutzbringendes Ziel verfol-

270 Martínez Sistach, Vereine von Gläubigen, S. 101, 102.

271 Hanau / Thüsing, in: KuR 2000, S. 165.

272 Ruf, Das Recht der katholischen Kirche, S. 99.

gen und nach Erwägung aller Umstände über die Mittel verfügen, die voraussichtlich zur Erreichung des festgesetzten Zieles genügen können.
Wie auch bei der Frage der Überprüfung der Statuten eines Vereins zum Zwecke seiner Anerkennung richtet sich die Frage, welche kirchliche Autorität im Einzelfall für die Entscheidung über die Billigung der Statuten zuständig ist, nach dem Territorium des jeweiligen Vereins, Can. 322 § 2 CIC i.V.m. Can. 312 § 1 CIC.

6. Mitgliedschaft[273]

Die Aufnahme von Mitgliedern in Vereine von Gläubigen hat nach Maßgabe des Rechts und der Statuten eines jeden Vereins zu erfolgen, Can. 307 § 1 CIC. Das heißt, die Entscheidung, ob sich ein gläubiger Mensch einem privaten Verein von Gläubigen anschließen kann, hängt allein von den Statuten des jeweiligen Vereins ab.[274] Dabei ist es den privaten Vereinen von Gläubigen – anders als den öffentlichen Vereinen von Gläubigen – nicht verwehrt, Gläubige aufzunehmen, die aus der katholischen Kirche ausgetreten sind oder aus einem sonstigen Grunde nicht mehr in voller Einheit mit den Lehren der katholischen Kirche stehen.[275]
Der Ausschluss eines Mitglieds aus einem Verein von Gläubigen richtet sich nach Can. 308 CIC, der besagt, dass ein Ausschluss nur möglich ist, wenn er aus gerechtem Grund nach Maßgabe des Rechts und der Statuten erfolgt. Dabei muss in den Statuten des jeweiligen privaten Vereins von Gläubigen genau festgelegt sein, welches Verfahren für den Ausschluss eines Mitglieds vorgesehen ist und welches Vereinsorgan hierfür zuständig ist.[276]

7. Leitungsämter und geistliche Berater

Private Vereine von Gläubigen bestellen sich frei den Vorsitzenden und die Amtsträger nach Maßgabe ihrer Statuten, Can. 324 § 1 CIC. Darüber hinaus können sich private Vereine von Gläubigen nach Wunsch frei unter den Priestern, die rechtmäßig in der Diözese ihren Dienst ausüben, einen geistlichen Berater wählen, der allerdings der Bestätigung des Ortsordinarius bedarf, Can. 324 § 2 CIC.
Das bedeutet, die privaten Vereine von Gläubigen haben zwar das Recht, aber nicht die Pflicht, einer kirchlichen Autorität ein Mitspracherecht bei der Entscheidung über die Besetzung der Ämter des Vorsitzenden und der Amtsträger

---

273 Vgl. zu diesem Aspekt die Ausführungen betreffend die Stellungnahme der deutschen Bischöfe zu diesem Thema bei Rohde, in: AfkKR 2006, S. 32, 49.

274 Martínez Sistach, Vereine von Gläubigen, S. 108.

275 Martínez Sistach, Vereine von Gläubigen, S. 108.

276 Martínez Sistach, Vereine von Gläubigen, S. 110, 111.

einzuräumen. Entscheiden sie sich gegen ein solches Mitspracherecht, können sie allein bestimmen, wer die vorgenannten Ämter bekleiden soll.[277] Allerdings müssen ihre jeweiligen Statuten genau bestimmen, wie der jeweilige Verein bei der Besetzung der betreffenden Ämter zu verfahren hat.[278]

8. Vermögensverwaltung

Private Vereine von Gläubigen verwalten ihr Vermögen frei gemäß den Vorschriften der Statuten. Hiervon bleibt allerdings das Recht der jeweils zuständigen kirchlichen Autorität unberührt, darüber zu wachen, dass das Vermögen zu den Vereinszwecken verwendet wird, Can. 325 § 1 CIC. Hinsichtlich der Verwaltung und Verwendung des Vermögens, das einem privaten Verein von Gläubigen zu frommen Zwecken geschenkt oder hinterlassen worden ist, untersteht der jeweilige private Verein von Gläubigen der Autorität des Ortsordinarius, Can. 325 § 2 CIC.

9. Änderung der Statuten

Auch wenn der CIC insoweit keine Regelungen enthält, steht es den privaten Vereinen von Gläubigen frei, ihre Statuten durch entsprechende Änderungen an ihre jeweiligen Bedürfnisse anzupassen, sofern ihre jeweiligen Statuten Regelungen darüber enthalten, dass eine Änderung überhaupt zulässigerweise erfolgen kann und wie eine solche Änderung zulässigerweise durchzuführen ist. Darüber hinaus sollte, wie bereits oben ausgeführt, in den Statuten geregelt sein, dass die Gültigkeit von Änderungen von der Mitwirkung der jeweils zuständigen kirchlichen Autorität abhängt.[279] Welche kirchliche Autorität im jeweiligen Einzelfall zuständig ist, ergibt sich aus Can. 312 CIC.

10. Erlöschen

Ein privater Verein von Gläubigen erlischt nach Maßgabe der Statuten.[280] Er kann aber auch von der jeweils zuständigen kirchlichen Autorität aufgelöst werden, wenn seine Tätigkeit zu einem schweren Schaden für die kirchliche Lehre bzw. Disziplin wird oder den Gläubigen zum Ärgernis gereicht, Can. 326 § 1 CIC. Rechtsfähige private Vereine von Gläubigen sind – ebenso wie alle öffentlichen Vereine von Gläubigen – private juristische Personen des Kirchenrechts i.S.d. Can. 120 CIC. Dementsprechend sind sie ihrer Natur nach grundsätzlich

277 Ruf, Das Recht der katholischen Kirche, S. 99.

278 Martínez Sistach, Vereine von Gläubigen, S. 111.

279 Martínez Sistach, Vereine von Gläubigen, S. 117.

280 Ruf, Das Recht der katholischen Kirche, S. 99; Schnizer, in: Handbuch des katholischen Kirchenrechts, S. 582.

zeitlich unbegrenzt. Allerdings erlöschen sie, wenn sie durch einen Zeitraum von 100 Jahren zu handeln aufgehört haben, Can. 120 § 1.
Auch wenn die Auflösung eines privaten Vereins durch Dekret der zuständigen kirchlichen Autorität unterschiedliche Rechtswirkungen bei nichtrechtsfähigen Vereinen einerseits und Vereinen mit Rechtspersönlichkeit andererseits entfaltet, so verbietet sie doch jedes weitere Agieren im Namen des Vereins und führt dazu, dass jede weitere Tätigkeit der Mitglieder des aufgelösten Vereins in deren persönlichen Verantwortungsbereich fällt.[281]
Über das Vermögen eines erloschenen Vereins ist nach Maßgabe der Statuten unter Wahrung wohlerworbener Rechte und des Willens der Spender zu verfügen, Can. 326 § 2 CIC.

B. Rechtsquellen

Wie eingangs bereits ausgeführt wurde,[282] verfügen die Evangelische Kirche in Deutschland und ihre Gliedkirchen nicht über ein zentrales Gesetzeswerk, das sich mit dem Codex Iuris Canonici vergleichen ließe. Dementsprechend gibt es auf Seiten der evangelischen Kirchen in Deutschland auch keine einheitliche, übergreifende Regelung betreffend die kirchlichen Vereinsbildungen.[283] Stattdessen enthalten die Grundordnung der Evangelischen Kirche in Deutschland (GO EKD) vom 13. Juli 1948[284] in ihrer Fassung vom 20. November 2003[285] und die Grundordnungen der einzelnen Landeskirchen nur vereinzelte Vorschriften, die sich mit diesem Aspekt befassen.[286]

I. Kirchenrechtliche Regelungen

1. Regelungen in den Grundordnungen

Wie oben bereits angesprochen,[287] findet sich in Art. 15 Abs. 2 GO EKD eine Vorschrift, die von zentraler Bedeutung für kirchliche Initiativen und damit auch für die kirchlichen Vereine ist, die hier untersucht werden. Die betreffende Regelung besagt:

281 Schnizer, in: Handbuch des katholischen Kirchenrechts, S. 582.
282 S.o. Teil 1 A.
283 Eberle, Sozialstationen, S. 142; Muckel, in: Handbuch des Staatskirchenrechts I, S. 830.
284 ABl. EKD 1948, S. 233 ff..
285 ABl. EKD 2004, S. 1 ff..
286 Muckel, in: Handbuch des Staatskirchenrechts I, S. 827, 830.
287 S.o. Teil 1 B. I. 5..

[1]Die Evangelische Kirche in Deutschland fördert die in ihrem Gesamtbereich arbeitenden Werke der Inneren Mission, ungeachtet deren Rechtsform. [2]Ihre Verbindung mit der Kirche und den Gemeinden sowie die freie Gestaltung ihrer Arbeit werden in Vereinbarungen und entsprechenden Richtlinien gesichert.

Des weiteren bestimmt beispielsweise Art. 100 der Grundordnung der Evangelischen Landeskirche in Baden (GO Baden) in der Fassung vom 28. April 2007[288] unter der amtlichen Überschrift „Weitere Dienste der Verkündigung“:

(2) Das Angebot einer christlichen Lebensorientierung und die Einladung zu eigenen Erfahrungen mit dem christlichen Glauben werden Kindern von Erzieherinnen und Erziehern in den Kindertagesstätten vermittelt.

(3) Soziale Dienste, durch die Menschen in unterschiedlichen Lebenssituationen konkrete Hilfe und christliche Orientierung für ihr Leben erfahren, werden angeboten durch Mitarbeitende in den Diakonischen Werken, den Sozialstationen und den Beratungsstellen der Kirchengemeinden und Kirchenbezirke.

2. Regelung im Evangelischen Kirchenvertrag Baden-Württemberg

Der Vertrag des Landes Baden-Württemberg mit der Evangelischen Landeskirche in Baden und mit der Evangelischen Landeskirche in Württemberg (Evangelischer Kirchenvertrag Baden-Württemberg – EvKiVBW) vom 17. Oktober 2007[289] enthält in Art. 12 eine Regelung zur Jugendarbeit und Erwachsenenbildung, die besagt:

(1) Die kirchliche Jugendarbeit steht unter staatlichem Schutz.

(2) Die Freiheit der Kirchen und ihrer Gliederungen, in der Erwachsenenbildung tätig zu sein, wird durch das Land gewährleistet.

(3) Die kirchliche Jugendarbeit und Erwachsenenbildung werden im Rahmen der allgemeinen staatlichen Förderung angemessen berücksichtigt.

und in Art. 13 eine Regelung betreffend die Diakonie, die bestimmt:

(1) Die Kirchen und ihre Gliederungen, zu denen auch die Diakonie der Kirchen gehört, nehmen in Erfüllung ihres Auftrags im Rahmen der Gewährleistung der Artikel 6 und 87 der Verfassung des Landes Baden-Württemberg Aufgaben der Gesundheits- und Wohlfahrtspflege wahr. Sie unterhalten Heime, Dienste und sonstige Einrichtungen für Betreuung und Beratung.

(2) Die Diakonischen Werke der evangelischen Kirchen in Baden und Württemberg haben Anteil an der Gewährleistung der Wohlfahrtspflege in Artikel 6 und 87 der Verfassung des Landes Baden-Württemberg.

---

288 GVBl. ELK Baden 2007, S. 52 ff..

289 GVBl. ELK Baden 2007, S. 174 ff..

(3) Die Kirchen und ihre Gliederungen sind berechtigt, in Erfüllung ihres Auftrags Aufgaben als anerkannte Träger der freien Kinder- und Jugendhilfe im Rahmen der für alle geltenden Gesetze wahrzunehmen.

(4) Sie werden bei ihrer Aufgabenerfüllung nach den Absätzen 1 bis 3 im Rahmen der allgemeinen staatlichen Förderung angemessen berücksichtigt.

(5) Der Vorrang der Aufgabenerfüllung durch die freien Träger der Wohlfahrtspflege ist von allen öffentlichen Stellen zu beachten.

3. Regelung in der Zuordnungsrichtlinie

Eine ganz wesentliche Rechtsquelle bei der Untersuchung der kirchlichen Vereinsbildungen, insbesondere bei der Erörterung des Verhältnisses zwischen den verfassten evangelischen Kirchen in Deutschland einerseits und den diakonischen Einrichtungen andererseits, ist die Richtlinie des Rates der Evangelischen Kirche in Deutschland nach Art. 15 Abs. 2 GO EKD über die Zuordnung diakonischer Einrichtungen zur Kirche – Zuordnungsrichtlinie – vom 8. Dezember 2007[290]. Diese Zuordnungsrichtlinie bestimmt in § 1:

(1) Diese Richtlinie regelt die Zuordnung rechtlich selbständiger diakonischer Einrichtungen zur Evangelischen Kirche in Deutschland, zu ihren Gliedkirchen und zu den gliedkirchlichen Zusammenschlüssen (Kirche).

(2) Die Zuordnung rechtlich selbständiger diakonischer Einrichtungen zur Evangelischen Kirche in Deutschland erfolgt auf der Grundlage dieser Richtlinie. Die Zuordnung zu den Gliedkirchen und gliedkirchlichen Zusammenschlüssen erfolgt nach deren Recht. Ihnen und ihren Landesverbänden der Diakonie wird empfohlen, die Zuordnung in ihrem Bereich nach Maßgabe dieser Richtlinie vorzunehmen.

Des weiteren regelt § 2 der Zuordnungsrichtlinie:

Grundlegende Kennzeichen diakonischer Werke und Einrichtungen als Wesens- und Lebensäußerungen der Kirche sind die Erfüllung eines kirchlichen Auftrags im Einklang mit dem Selbstverständnis der Kirche sowie die kontinuierliche Verbindung zur Kirche.

4. Ergebnis

Vor dem Hintergrund der genannten Zitate, die hier stellvertretend für die Gesamtheit der zahlreichen kirchenrechtlichen Regelungen im Gebiet der Evangelischen Kirche in Deutschland und in den einzelnen Evangelischen Landeskirchen stehen, zeigen sich zwei Tendenzen:
Was die kirchlichen Vereine im Allgemeinen angeht, hat sich der kirchliche Gesetzgeber bislang darauf beschränkt, die kirchlichen Vereine nur mittelbar zu

290 ABl. EKD 2007, S. 405 f..

thematisieren, indem er selektiv einzelne Bereiche ihrer Tätigkeit – beispielsweise ihre Funktion als Träger eines Kindergartens oder einer Sozialstation – geregelt hat.
Für diejenigen Vereine, die Mitglied im Diakonischen Werk der Evangelischen Kirche in Deutschland e.V. bzw. in einem Diakonischen Werk einer Evangelischen Landeskirche sind, hat der kirchliche Gesetzgeber dezidierte Regelungen – unter anderem im Kirchlichen Gesetz über die diakonische Arbeit in der Evangelischen Landeskirche in Baden (Diakoniegesetz) in der Fassung vom 1. Januar 2005[291] oder aber in der oben bereits dargestellten Zuordnungsrichtlinie – getroffen und die betreffenden Vereine insoweit unter einen besonderen Schutz gestellt.
Eine Kodifizierung, die sich konkret mit allen, d.h. nicht nur mit denjenigen Vereinen, die Mitglied im Diakonischen Werk der Evangelischen Kirche in Deutschland e.V. bzw. in einem Diakonischen Werk einer Evangelischen Landeskirche sind, sondern mit allen kirchlichen Vereinen auseinandersetzt, gibt es – anders als beispielsweise im Falle der staatlichen und kirchlichen Stiftungsgesetze[292] – nicht.
Dementsprechend wird das Verhältnis zwischen der Evangelischen Kirche in Deutschland und ihren Gliedkirchen einerseits und den kirchlichen Vereinen andererseits entweder von den Vorschriften, die zur Regelung eines Bereichs erlassen wurden, dessen sich auch der jeweilige Verein annimmt, oder von der Satzung des jeweiligen Vereins bestimmt.[293]

II. Staatliche Regelungen

Darüber hinaus werden, wenn es um kirchliche Vereine geht, auch immer wieder staatliche Regelungen relevant. So gelten beispielsweise, wenn eine Einrichtung als rechtsfähiger oder nichtrechtsfähiger privatrechtlicher Verein organisiert ist, hinsichtlich ihrer gesellschaftsrechtlichen Ausgestaltung die Vorschriften der §§ 21 bis 79 BGB.[294] Des Weiteren finden, je nachdem, welche Aufgabe die jeweilige Einrichtung im Einzelfall erfüllt, die staatlichen Bestimmungen,

---

291 GVBl. ELK Baden 2005, S. 89 ff.; vgl. im Übrigen zu den Diakoniegesetzen im Bereich der Evangelischen Kirche in Deutschland die Dokumentation bei A. Stein, Diakoniegesetze.

292 von Campenhausen / de Wall, Staatskirchenrecht, S. 276; Hofmann, in: ZevKR 12, S. 313, 332.

293 Muckel, in: Handbuch des Staatskirchenrechts I, S. 827, 830.

294 Vgl. zu der Frage, ob und inwieweit die Regelungen des staatlichen Vereinsrechts im Einzelnen auch für die hier behandelten kirchlichen Vereine gelten, die ausführlichen Darstellungen bei Herrmann, Kirchliche Hilfswerke, S. 171 ff., und bei Machanek, Verein, S. 80 ff..

die hinsichtlich der jeweiligen Tätigkeit – wie z.B. der Trägerschaft eines Kindergartens oder einer Sozialstation – ergangen sind, Anwendung. Außerdem fallen zahlreiche eingetragene rechtsfähige kirchliche Vereine unter die steuerrechtlichen Bestimmungen betreffend Vergünstigungen infolge Gemeinnützigkeit nach §§ 61 bis 68 Abgabenordnung (AO).
Schließlich stehen die kirchlichen Vereine unter gewissen Voraussetzungen, die im Folgenden noch erörtert werden, unter dem Schutz des Grundrechts aus Art. 4 GG und der durch Art. 140 GG in das Grundgesetz inkorporierten Art. 137 ff. WRV.

C. Die kirchlichen Vereine im Lichte des Grundgesetzes

Untersucht man die kirchlichen Vereine, so stellt sich die Frage, ob, inwieweit und unter welchen Voraussetzungen die betreffenden Vereine Schutz durch das Grundgesetz, insbesondere durch das Grundrecht in Art. 4 Abs. 1, Abs. 2 GG und durch die staatskirchenrechtlichen Gewährleistungen in Art. 140 GG i.V.m. Art. 137 Abs. 3 WRV sowie in Art. 140 GG i.V.m. Art. 138 Abs. 2 WRV erfahren.

Das Bundesverfassungsgericht hat sich in der Vergangenheit bereits mehrfach mit diesem Aspekt beschäftigt. Von besonderer Bedeutung für die vorliegende Untersuchung sind dabei vor allem zwei Entscheidungen.

I. Beschluss des Bundesverfassungsgerichts vom 16. Oktober 1968 – „Lumpensammler / Aktion Rumpelkammer“

Zum einen ist der Beschluss des Bundesverfassungsgerichts vom 16. Oktober 1968[295] zum so genannten „Lumpensammler-Fall“ bzw. zum Fall der so genannten „Aktion Rumpelkammer“ wichtig, wenn es darum geht, ob die kirchlichen Vereine durch Art. 4 Abs. 1, Abs. 2 GG geschützt werden. Insoweit hat das Bundesverfassungsgericht in seinem vorgenannten Beschluss ausgeführt:

> „Das Grundrecht der ungestörten Religionsausübung (Art. 4 Abs. 2 GG) ist an sich im Begriff der Glaubens- und Bekenntnisfreiheit (Art. 4 Abs. 1 GG) enthalten. Dieser Begriff umfaßt nämlich – (…) – nicht nur die innere Freiheit, zu glauben, d.h. einen Glauben zu bekennen, zu verschweigen, sich von dem bisherigen Glauben

295 Vgl. hierzu die Anmerkungen bei von Campenhausen / Erhardt, Kirche, Staat, Diakonie, S. 42.

loszusagen und einem anderen Glauben zuzuwenden, sondern ebenso die Freiheit des kultischen Handelns, des Werbens, der Propaganda. Insofern ist die ungestörte Religionsausübung nur ein Bestandteil der dem Einzelnen wie der religiösen oder weltanschaulichen Vereinigung zustehenden Glaubens- und Bekenntnisfreiheit.“[296]

Und weiter:

„Das Grundrecht aus Art. 4 Abs. 1 und 2 GG steht nicht nur Kirchen, Religions- und Weltanschauungsgemeinschaften zu, sondern auch Vereinigungen, die sich nicht die allseitige, sondern nur die partielle Pflege des religiösen oder weltanschaulichen Lebens ihrer Mitglieder zum Ziel gesetzt haben. Voraussetzung dafür ist aber, daß der Zweck der Vereinigung gerade auf die Erreichung eines solchen Zieles gerichtet ist. Das gilt ohne weiteres für organisatorisch oder institutionell mit Kirchen verbundene Vereinigungen wie kirchliche Orden, deren Daseinszweck eine Intensivierung der gesamtkirchlichen Aufgaben enthält.“[297]

Sowie:

„Bei der Würdigung dessen, was im Einzelfall als Ausübung von Religion und Weltanschauung zu betrachten ist, darf das Selbstverständnis der Religions- und Weltanschauungsgemeinschaften nicht außer Betracht bleiben. Zwar hat der religiös-neutrale Staat grundsätzlich verfassungsrechtliche Begriffe nach neutralen, allgemeingültigen, nicht konfessionell oder weltanschaulich gebundenen Gesichtspunkten zu interpretieren. Wo aber in einer pluralistischen Gesellschaft die Rechtsordnung gerade das religiöse oder weltanschauliche Selbstverständnis wie bei der Kultusfreiheit voraussetzt, würde der Staat die den Kirchen, den Religions- und Weltanschauungsgemeinschaften nach dem Grundgesetz gewährte Eigenständigkeit und ihre Selbständigkeit in ihrem eigenen Bereich verletzen, wenn er bei der Auslegung der sich aus einem bestimmten Bekenntnis oder einer Weltanschauung ergebenden Religionsausübung deren Selbstverständnis nicht berücksichtigen würde. Nach dem Selbstverständnis der Katholischen und Evangelischen Kirche umfaßt die Religionsausübung nicht nur den Bereich des Glaubens und des Gottesdienstes, sondern auch die Freiheit zur Entfaltung und Wirksamkeit in der Welt, wie es ihrer religiösen und diakonischen Aufgabe entspricht. Die tätige Nächstenliebe ist nach dem Neuen Testament eine wesentliche Aufgabe für den Christen und wird von der Katholischen wie der Evangelischen Kirche als kirchliche Grundfunktion verstanden.“[298]

296 BVerfGE 24, S. 236, 245, 246.
297 BVerfGE 24, S. 236, 246, 247.
298 BVerfGE 24, S. 236, 247, 248.

II. Beschluss des Bundesverfassungsgerichts vom 11. Oktober 1977 – „Goch“

Zum anderen hat das Bundesverfassungsgericht in seinem Beschluss vom 11. Oktober 1977 zum so genannten „Fall Goch“[299] wichtige Aussagen dazu gemacht, ob, inwieweit und unter welchen Voraussetzungen die kirchlichen Vereine am Selbstbestimmungsrecht der Religionsgesellschaften nach Art. 140 GG i.V.m. Art. 137 Abs. 3 S. 1 WRV partizipieren. Insoweit hat das Bundesverfassungsgericht ausgeführt:

> „Nach Art. 137 III WRV sind nicht nur die organisierte Kirche und die rechtlich selbständigen Teile dieser Organisation, sondern alle der Kirche in bestimmter Weise zugeordneten Einrichtungen ohne Rücksicht auf ihre Rechtsform Objekte, bei deren Ordnung und Verwaltung die Kirche grundsätzlich frei ist, wenn sie nach kirchlichem Selbstverständnis ihrem Zweck oder ihrer Aufgabe entsprechend berufen sind, ein Stück Auftrag der Kirche in dieser Welt wahrzunehmen und zu erfüllen. Insoweit gilt nichts anderes, als das Gericht in BVerfGE (…) und 24, 236 (247) im Zusammenhang mit der Auslegung des Art. 4 II GG erkannt hat. Das ergibt sich übrigens auch aus Art. 138 II WRV: Der Begriff „Religionsgesellschaft“ in Art. 137 III und derselbe Begriff in Art. 138 II WRV können keinen verschiedenen Inhalt haben. Art. 138 II WRV geht aber nach seinem klaren Wortlaut eindeutig davon aus, dass zu den Religionsgesellschaften auch „Anstalten, Stiftungen und sonstiges Vermögen“ gehören (…).“[300]

Und weiter:

> „Die Regelungs- und Verwaltungsbefugnis gem. Art. 137 III WRV stehen demnach der Kirche nicht nur hinsichtlich ihrer körperschaftlichen Organisation und ihrer Ämter zu, sondern auch hinsichtlich ihrer Vereinigungen, die sich nicht die allseitige, sondern nur die partielle Pflege des religiösen oder weltanschaulichen Lebens ihrer Mitglieder zum Ziel gesetzt haben. Voraussetzung dafür ist aber, daß der Zweck der Vereinigung gerade auf die Erreichung eines solchen Zieles gerichtet ist. Das gilt ohne weiteres für organisatorisch oder institutionell mit Kirchen verbundene Vereinigungen wie kirchliche Orden, deren Daseinszweck eine Intensivierung der gesamtkirchlichen Aufgaben enthält. Es gilt aber auch für andere selbständige oder unselbständige Vereinigungen, wenn und soweit ihr Zweck die Pflege oder Förderung eines religiösen Bekenntnisses oder die Verkündung des Glaubens ihrer Mitglieder ist. Maßstab für das Vorliegen dieser Voraussetzungen kann das Ausmaß der institutionellen Verbindung mit einer Religionsgemeinschaft oder die Art der mit der Vereinigung verfolgten Ziele sein.“[301]

---

299 Vgl. hierzu die Anmerkungen bei von Campenhausen / Erhardt, Kirche, Staat, Diakonie, S. 49.

300 BVerfG, in: ZevKR 23, S. 414, 421, 422.

301 BVerfG, in: ZevKR 23, S. 414, 422.

III. Zusammenfassung der Ergebnisse der Rechtsprechung

Vor dem Hintergrund der oben dargestellten Entscheidungen lässt sich die Frage, ob, inwieweit und unter welchen Voraussetzungen die kirchlichen Vereine durch Art. 4 Abs. 1, Abs. 2 GG, durch Art. 140 GG i.V.m. Art. 137 Abs. 3 WRV und durch Art. 140 GG i.V.m. Art. 138 Abs. 2 WRV geschützt werden, wie folgt beantworten:

1. Glaubens-, Gewissens- und Bekenntnisfreiheit, Art. 4 Abs. 1, Abs. 2 GG

Das Grundrecht der Religionsfreiheit in Art. 4 Abs. 1, Abs. 2 GG schützt nicht nur die Evangelische Kirche in Deutschland, ihre Gliedkirchen und die einzelnen Personen, die sich aufgrund einer religiösen Motivation in kirchlichen Vereinen engagieren. Auch die kirchlichen Vereine selbst stehen unter dem Schutz des einheitlichen Grundrechts der Religionsfreiheit in Art. 4 Abs. 1, Abs. 2 GG.[302]

Somit stehen auch den kirchlichen Vereinen die drei Gewährleistungen des einheitlichen Grundrechts[303] der Religionsfreiheit nach Art. 4 Abs. 1, Abs. 2 GG, also Glaubensfreiheit, Bekenntnisfreiheit und Religionsausübungsfreiheit, jeweils sowohl in positiver als auch in negativer Hinsicht, zu.[304] Eine Einschränkung des Schutzes, den die kirchlichen Vereine durch das Grundrecht der Religionsfreiheit gemäß Art. 4 Abs. 1, Abs. 2 GG genießen, ist nur durch verfassungsimmanente Schranken, d.h. etwa durch die Grundrechte oder sonstige mit Verfassungsrang ausgestattete Rechtswerte anderer, möglich. Kollidieren mehrere Verfassungsrechte, so sind diese gegeneinander abzuwägen und im Wege einer praktischen Konkordanz zu einem möglichst schonenden Ausgleich zu bringen.[305] Geht diese Abwägung im Einzelfall zum Nachteil des Grundrechts

302 Brenner, Diakonie im Sozialstaat, S. 57; Robbers, in: epd-Dokumentation 16/02, S. 19, 20; Hofmann, in: Schmidt-Bleibtreu / Hofmann / Hopfauf, Grundgesetz, Art. 4, Rn 18.

303 Jarass, in: Jarass / Pieroth, Grundgesetz, Art. 4, Rn 1; Pieroth / Schlink, Grundrechte, S. 124, 125; Kokott, in: Sachs, Grundgesetz, Art. 4, Rn 18.

304 Pieroth / Schlink, Grundrechte, S. 127; Kokott, in: Sachs, Grundgesetz, Art. 4, Rn 18, 27, 32; Hofmann, in: Schmidt-Bleibtreu / Hofmann / Hopfauf, Grundgesetz, Art. 4, Rn 24 ff..

305 Bauer, GmbH, S. 30; von Campenhausen / Christoph, in: DVBl 1985, S. 266, 267; Jarass, in: Jarass / Pieroth, Grundgesetz, Art. 4, Rn 27, 27a; Pieroth / Schlink, Grundrechte, S. 131; Kokott, in: Sachs, Grundgesetz, Art. 4, Rn 126; Hofmann, in: Schmidt-Bleibtreu / Hofmann / Hopfauf, Grundgesetz, Art. 4, Rn 5.

aus Art. 4 Abs. 1, Abs. 2 GG und damit zum Nachteil des jeweiligen kirchlichen Vereins aus, so ist die betreffende Beschränkung gerechtfertigt.

2. Kirchliches Selbstbestimmungsrecht, Art. 140 GG i.V.m. Art. 137 Abs. 3 WRV

a) Generelle Möglichkeit einer Teilhabe der kirchlichen Vereine am kirchlichen Selbstbestimmungsrecht i.S.v. Art. 140 GG i.V.m. Art. 137 Abs. 3 WRV

Anders als beim Grundrecht der Religionsfreiheit nach Art. 4 Abs. 1, Abs. 2 GG sind die kirchlichen Vereine nicht selbst Träger des Selbstbestimmungsrechts i.S.v. Art. 140 i.V.m. Art. 137 Abs. 3 WRV. Vielmehr betrifft die „lex regia des Staatskirchenrechts"[306] originär lediglich die Religionsgesellschaften, im hier untersuchten Fall also die verfassten evangelischen Kirchen in Deutschland, selbst.[307] Allerdings haben diese die Möglichkeit, unterschiedliche Initiativen an dem ihnen zustehenden kirchlichen Selbstbestimmungsrecht teilhaben zu lassen.[308] Somit können die kirchlichen Vereine einen abgeleiteten Anteil an dem den verfassten evangelischen Kirchen in Deutschland zustehenden Selbstbestimmungsrecht nach Art. 140 GG i.V.m. Art. 137 Abs. 3 WRV haben.[309]
In diesem Fall haben auch die kirchlichen Vereine das Recht, ihre Angelegenheiten selbständig zu ordnen und zu verwalten, und es werden auch ihre eigenständige Verwaltung sowie ihre Organisations-, Personal- und Finanzhoheit gewährleistet.[310]
Allerdings enthält die Bestimmung des Art. 140 GG i.V.m. Art. 137 Abs. 3 WRV einen ausdrücklichen Schrankenvorbehalt. Das Recht der Religionsgesellschaften zur selbständigen Ordnung und Verwaltung ihrer Angelegenheiten gilt lediglich innerhalb der Schranken des für alle geltenden Gesetzes. Unter diesem für alle geltenden Gesetz ist – entsprechend der derzeitigen herrschenden Mei-

---

306 Christoph, in: ZevKR 34, S. 406, 419; Ehlers, in: Sachs, Grundgesetz, Art. 140 GG / Art. 137 WRV, Rn 4.

307 Herrmann, Kirchliche Hilfswerke, S. 138; Winter, Die Kirche und ihr Diakonisches Werk, S. 238, 252; Winter, Kirche – (m)Macht – Diakonie, S. 23, 26; Winter, Kirchenautonomie und Privatautonomie, S. 48.

308 Herrmann, Kirchliche Hilfswerke, S. 138, 139; Winter, Die Kirche und ihr Diakonisches Werk, S. 238, 252; Winter, Kirchenautonomie und Privatautonomie, S. 48.

309 Brenner, Diakonie im Sozialstaat, S. 57, 62; von Campenhausen / Erhardt, Kirche, Staat, Diakonie, S. 50; von Campenhausen / de Wall, Staatskirchenrecht, S. 125; Herrmann, Kirchliche Hilfswerke, S. 138; Winter, Kirchenautonomie und Privatautonomie, S. 48.

310 Elgeti, in: ZevKR 34, S. 144, 147; Ehlers, in: Sachs, Grundgesetz, Art. 140 GG / Art. 137 WRV, Rn 6; Hofmann, in: Schmidt-Bleibtreu / Hofmann / Hopfauf, Grundgesetz, Art. 140, Rn 14.

nung nach langen kontroversen Diskussionen[311] – „dasjenige, aber nur dasjenige Gesetz, das zwingenden Erfordernissen des friedlichen Zusammenlebens von

---

311 Die Frage, welche Gesetze im Einzelnen zu diesem für alle geltenden Gesetz gehören, war lange Zeit Gegenstand intensiver und kontroverser Diskussionen im Bereich des Staats- und des Staatskirchenrechts (Elgeti, in: ZevKR 34, S. 144, 147; Ehlers, in: Sachs, Grundgesetz, Art. 140 GG / Art. 137 WRV, Rn 6; Hofmann, in: Schmidt-Bleibtreu / Hofmann / Hopfauf, Grundgesetz, Art. 140, Rn 14; vgl. im Übrigen zum Ganzen die ausführliche Darstellung bei Winter, Staatskirchenrecht, S. 180 ff..).
Nach der so genannten Heckel'schen Formel sollte unter dem für alle geltenden Gesetz dasjenige Gesetz zu verstehen sein, „das trotz grundsätzlicher Bejahung der kirchlichen Autonomie vom Standpunkt der Gesamtnation als sachlich notwendige Schranke der kirchlichen Freiheit anerkannt werden muss; m.a.W. jedes für die Gesamtnation als politische, Kultur- und Rechtsgemeinschaft unentbehrliche Gesetz, aber auch nur ein solches Gesetz" (Heckel, in: Verwaltungsarchiv 37, S. 280, 282).
Die so genannte Bereichsentscheidungslehre nahm eine Trennung zwischen rein innerkirchlichen Maßnahmen einerseits und solchen Maßnahmen, die diesen rein innerkirchlichen Bereich überschritten, andererseits vor. Dabei sollten rein innerkirchliche Maßnahmen nicht beschränkt werden können, während die Religionsgemeinschaften bei Maßnahmen, die über den rein innerkirchlichen Bereich hinausgingen, an das allgemeine Gesetz gebunden sein sollten (BVerfGE 18, S. 385 ff..).
In seinem Beschluss vom 21. September 1976 zum so genannten „Bremer Pastoren-Fall" (BVerfGE 42, S. 312 ff..) hat das Bundesverfassungsgericht die Schranke des für alle geltenden Gesetzes sodann wie folgt definiert:

> „Zu den „für alle geltenden Gesetzen" können nur solche Gesetze gerechnet werden, die für die Kirche dieselbe Bedeutung haben wie für den Jedermann. Trifft das Gesetz die Kirche nicht wie den Jedermann, sondern in ihrer Besonderheit als Kirche härter, ihr Selbstverständnis, insbesondere ihren geistig-religiösen Auftrag beschränkend, also anders als den normalen Adressaten, dann bildet es insoweit keine Schranke. Und zweitens: Eine Regelung, die keine unmittelbaren Rechtswirkungen in den staatlichen Zuständigkeitsbereich hat, bleibt eine innere Angelegenheit, auch dann, wenn sie dorthin mittelbare Auswirkungen hat."

Ob ein Gesetz im Einzelfall ein für alle geltendes Gesetz i.S.v. Art. 140 GG i.V.m. Art. 137 Abs. 3 S. 1 WRV ist oder nicht, sollte also nach der so genannten Jedermann-Formel und der so genannten Bereichsscheidungslehre beurteilt werden. In der Literatur ist diese Auffassung des Bundesverfassungsgerichts jedoch auf heftige Kritik gestoßen (Winter, Staatskirchenrecht, S. 182 ff. m.w.N..). Auch das Bundesverfassungsgericht selbst hat schließlich seine Rechtsansicht revidiert und in seinem Beschluss vom 25. März 1980 zum so genannten „St. Marien-Fall" (BVerfG, in: ZevKR 26, S. 80 ff.) ausgeführt:

> „Art. 137 III S. 1 WRV gewährleistet in Rücksicht auf das zwingende Erfordernis friedlichen Zusammenlebens von Staat und Kirchen sowohl das selbständige Ordnen und Verwalten der eigenen Angelegenheiten durch die Kirchen als auch den staatlichen Schutz anderer für das Gemeinwesen bedeutsamer Rechtsgüter. Dieser Wechselwirkung von Kirchenfreiheit und Schrankenzweck ist durch entsprechende Güterabwägung Rechnung zu tragen. Dabei ist jedoch dem Eigenverständnis der Kirchen, soweit es in dem Bereich der durch Art. 4 I GG als

Staat und Kirche in einem religiös und weltanschaulich neutralen Gemeinwesen entspricht,“[312] zu verstehen.

b) *Konkrete Voraussetzungen für eine Teilhabe der kirchlichen Vereine am kirchlichen Selbstbestimmungsrecht i.S.v. Art. 140 GG i.V.m. Art. 137 Abs. 3 WRV*

Auch wenn nach den obigen Erörterungen feststeht, dass grundsätzlich die Möglichkeit besteht, die kirchlichen Vereine am Selbstbestimmungsrecht i.S.v. Art. 140 GG i.V.m. Art. 137 Abs. 3 WRV partizipieren zu lassen, verhalten sich das Grundgesetz und die inkorporierten Kirchenrechtsartikel der Weimarer Reichsverfassung nicht dazu, unter welchen Voraussetzungen dies im Einzelnen der Fall ist.[313]

Das Bundesverfassungsgericht hat in seiner Entscheidung vom 11. Oktober 1977 zum „Fall Goch“[314] ausgeführt, dass Einrichtungen an der grundgesetzlichen Gewährleistung nach Art. 140 GG i.V.m. Art. 137 Abs. 3 WRV teilhaben,

---

unverletzlich gewährleisteten Glaubens- und Bekenntnisfreiheit wurzelt und sich in der durch Art. 4 II GG geschützten Religionsausübung verwirklicht, ein besonderes Gewicht beizumessen. (...) Daß diese Garantie nur „innerhalb der Schranken des für alle geltenden Gesetzes“ gegeben ist, besagt nicht, dass jegliche staatliche Rechtsetzung, sofern sie nur im Sinne eines klassischen Gesetzesbegriffes abstrakt und generell ist und aus weltlicher Sicht von der zu regelnden Materie her als vernünftig erscheint, ohne weiteres in den den Kirchen und ihren Einrichtungen zustehenden Autonomiebereich eingreifen könne. Unabhängig von seiner formalen Ausgestaltung trifft nämlich vielmehr jedes in diesem Sinne dem kirchlichen Selbstbestimmungsrecht Schranken ziehende Gesetz seinerseits auf eine ebensolche Schranke, nämliche auf die materielle Wertentscheidung der Verfassung, die über einen für die Staatsgewalt unantastbaren Freiheitsbereich hinaus die besondere Eigenständigkeit der Kirchen und ihrer Einrichtungen gegenüber dem Staat anerkennt. (...) Die Erkenntnis der wertsetzenden Bedeutung dieses Grundsatzes führt im Sinne einer Wechselwirkung dazu, dass über die formalen Maßstäbe des „für alle Geltens“ hinaus sich je nach der Gewichtung der Berührungspunkte staatlicher und kirchlicher Ordnung für die staatliche Rechtssetzungsbefugnis bestimmte materielle Grenzen ergeben.“

Nach dieser so genannten Wechselwirkungslehre ist bei der Erörterung, ob ein Gesetz im jeweiligen Einzelfall ein für alle geltendes Gesetz i.S.d. Art. 140 GG i.V.m. Art. 137 Abs. 3 S. 1 WRV ist, eine Güterabwägung zwischen dem Selbstbestimmungsrecht der Religionsgesellschaften einerseits und dem Schrankenzweck andererseits vorzunehmen. Gesetze, die sich gezielt gegen das Selbstbestimmungsrecht der Religionsgesellschaften richten, können von vornherein kein für alle geltendes Gesetz i.S.v. Art. 140 GG i.V.m. Art. 137 Abs. 3 S. 1 WRV sein (Winter, Staatskirchenrecht, S. 185 m.w.N..). Vor diesem Hintergrund hat sich das oben zusammengefasste Verständnis herausgebildet.

312 Hollerbach, in: Handbuch des Staatsrechts VI, S. 536.

313 Delbrück, in: ZevKR 40, S. 21, 32; Dütz, in: AuR 1979, Sonderheft I - „Kirche und Arbeitsrecht“, S. 2, 4, 5.

314 BVerfGE, in: ZevKR 23, S. 414 ff..

wenn sie „nach kirchlichem Selbstverständnis ihrem Zweck oder ihrer Aufgabe entsprechend berufen sind, ein Stück Auftrag der Kirche in dieser Welt wahrzunehmen und zu erfüllen“[315]. Voraussetzung hierfür ist nach der Rechtsprechung des Bundesverfassungsgerichts, dass der Zweck der jeweiligen Vereinigung auf die Erreichung eines religiösen Zieles gerichtet ist, was wiederum durch eine institutionelle Verbindung mit einer Religionsgemeinschaft oder die Art der jeweiligen verfolgten Ziele zum Ausdruck kommen kann.[316] Alles in allem hängt die Zuordnung einer Einrichtung zu einer Religionsgemeinschaft nach der Rechtsprechung des Bundesverfassungsgerichts folglich von

- einer religiösen Zwecksetzung und
- einer institutionellen Verbindung mit einer Religionsgemeinschaft oder der Verfolgung spezifischer religiöser Ziele

ab.[317] Was hierunter konkret zu verstehen ist, hat das Bundesverfassungsgericht jedoch nicht definiert.

Dem zu religiöser und weltanschaulicher Neutralität verpflichteten Staat steht eine solche Definition nicht zu.[318] Vielmehr sind es die Evangelische Kirche in Deutschland und ihre Gliedkirchen, die – in Bezug auf die hier untersuchten kirchlichen Vereine – berechtigt sind, zu bestimmen, was zu dem „privilegierten Rechtsbereich des Art. 137 Abs. 3 WRV“[319] gehört, und dementsprechend festzulegen, welche Voraussetzungen ein Verein erfüllen muss, um den evangelischen Kirchen in Deutschland zugeordnet zu sein und damit am kirchlichen Selbstverwaltungsrecht nach Art. 140 GG i.V.m. Art. 137 Abs. 3 WRV zu partizipieren.[320]

aa) Zuordnung vor der Zuordnungsrichtlinie

Lange Zeit, namentlich bis zum Ende des Jahres 2007, gab es auf Seiten der evangelischen Kirchen in Deutschland keine kirchenrechtliche Regelung, in der die Voraussetzungen für eine Zuordnung kirchlicher Initiativen zur Evangelischen Kirche in Deutschland bzw. zu ihren Gliedkirchen festgeschrieben gewesen wären. Auch ein förmliches Anerkennungsverfahren oder gar eine Art kirchliches Vereinsregister[321] kannten die Evangelische Kirche in Deutschland und ihre Gliedkirchen bis dahin nicht. Vielmehr mussten die maßgeblichen Kriterien

315 BVerfG, in: ZevKR 23, S. 414, 421, 422.

316 BVerfG, in: ZevKR 23, S. 414, 422.

317 Vgl. zum Ganzen die ausführliche Darstellung bei Glawatz, Diakonie, S. 53 ff..

318 Christoph, in: ZevKR 34, S. 406, 424; Herrmann, Kirchliche Hilfswerke, S. 141.

319 Herrmann, Kirchliche Hilfswerke, S. 142.

320 Stolleis, in: ZevKR 18, S. 188, 200.

321 Vgl. hierzu den Vorschlag von Pirson, in: ZevKR 16, S. 1, 22.

für eine solche Zuordnung aus vereinzelten Bestimmungen in verschiedenen kirchenrechtlichen Regelungen abgeleitet werden.
Zur Ermittlung der Voraussetzungen für eine Zuordnung von kirchlichen Initiativen zu den verfassten evangelischen Kirchen in Deutschland konnten insoweit beispielsweise die Kirchenverfassungen sowie sonstige vereinzelte Gesetze einiger deutscher Evangelischer Landeskirchen, die Bestimmungen über die Anerkennung von rechtlich selbständigen Einrichtungen als Einrichtungen der Kirche, als kirchliches Werk oder als Bestandteil der Kirche enthielten, herangezogen werden.[322] Insbesondere hinsichtlich solcher Vereine, die Mitglied im Diakonischen Werk der Evangelischen Kirche in Deutschland e.V. bzw. in einem Diakonischen Werk einer Evangelischen Landeskirche waren bzw. sind, fanden bzw. finden sich in Gesetzen Evangelischer Landeskirchen über die Diakonischen Werke Regelungen betreffend den rechtlichen Status dieser Vereine. Namentlich bestimmt das Diakoniegesetz Baden[323]

in § 2 Abs. 1:

> Neben den kirchlichen Körperschaften haben selbständige Rechtsträger diakonische Arbeit und diakonische Einrichtungen entwickelt, die die vom Evangelium gebotene Diakonie in besonderer Weise darstellen. Die Landeskirche weiß sich ihnen gegenüber in Beachtung ihrer Selbständigkeit zu Schutz und Fürsorge verpflichtet. Sie nimmt die Erkenntnisse und Erfahrungen dieser Rechtsträger auf, damit alle kirchliche Arbeit diakonisch bestimmt ist und die Einheit von Zeugnis und Dienst auch in der Diakonie gewahrt bleibt.

und in § 37 Abs. 1:

> Das Diakonische Werk der Evangelischen Landeskirche in Baden e.V. ist ein Verband, in dem Kirchengemeinden und Kirchenbezirke mit den anderen gemeinnützigen und rechtsfähigen Trägern diakonischer Werke und Einrichtungen unbeschadet ihrer Rechtsform zur gemeinsamen Wahrnehmung diakonischer Verantwortung zusammengeschlossen sind (...). Durch diesen Zusammenschluss erfahren die im Diakonischen Werk der Landeskirche angeschlossenen Werke und Einrichtungen und ihre Träger den Schutz und die Fürsorge der Landeskirche. Die Landeskirche wird durch das Diakonische Werk über die Aufgaben und Erfahrungen Diakonischer Arbeit, wie sie bei den freien Trägern und ihren Werken und Einrichtungen wahrgenommen und gesammelt werden, in Kenntnis gesetzt. Dies soll bestimmend und fördernd zur diakonischen Ausrüstung der Landeskirche beitragen.

Auf Basis der verschiedenen Regelungen, die sich mit der Zuordnung kirchlicher Initiativen zu den verfassten evangelischen Kirchen in Deutschland befassten, konnten schließlich die Kriterien ermittelt werden, die dafür sprachen, dass ein Verein den verfassten evangelischen Kirchen in Deutschland zuzuordnen

---

322 Bielitz, in: ZevKR 47, S. 56, 73, 74.

323 GVBl. ELK Baden 2005, S. 89 ff..

war und damit an deren Selbstbestimmungsrecht nach Art. 140 GG i.V.m. Art. 137 Abs. 3 WRV partizipierte. Dabei gelangte man zu folgendem Ergebnis:

Auch wenn der Begriff des „Auftrags der Kirche in dieser Welt“ auf Seiten der evangelischen Kirchen entsprechend dem Gedanken des allgemeinen Priestertums aller Gläubigen verhältnismäßig breit ausgelegt werden dürfte,[324] reichte es für die gewünschte Zuordnung jedenfalls nicht aus, wenn ein Verein erklärte, religiöse Ziele im Sinne der evangelischen Kirchen in Deutschland zu erfüllen.[325] Denn die Evangelische Kirche in Deutschland und ihre Gliedkirchen mussten davor geschützt werden, dass sich ihnen Vereine aufdrängten, die solche Tätigkeiten entfalteten, die vermeintlich im Sinne der verfassten evangelischen Kirchen in Deutschland waren, deren Überzeugungen de facto jedoch diametral entgegen standen.[326]
Auch in den Fällen, in denen sich kirchliche Initiativen, im vorliegenden Fall etwa kirchliche Vereine, lediglich unter Vorbehalten den Vorgaben von Seiten der Evangelischen Kirche in Deutschland bzw. von Seiten der jeweils zuständigen Deutschen Evangelischen Landeskirche unterwarfen, ging damit das Risiko einher, dass der jeweilige kirchliche Verein gerade nicht am kirchlichen Selbstbestimmungsrecht der verfassten evangelischen Kirchen in Deutschland partizipierte und sich mithin gerade nicht auf Art. 140 GG i.V.m. Art. 137 Abs. 3 WRV berufen konnte.[327]
Vielmehr konnte ein Verein nur dann als den evangelischen Kirchen in Deutschland nahe stehend qualifiziert werden, wenn er

- eine spezifisch religiöse Zwecksetzung verfolgte,
- institutionell mit der verfassten Kirche verbunden war und
- auf diese Art und Weise die Gewähr dafür bot, dass die Aktivitäten des betreffenden Vereins im Einklang mit dem Bekenntnis der evangelischen Kirchen in Deutschland standen.[328]

Dabei reichte es nicht aus, dass die erforderliche institutionelle Verbindung mit den verfassten evangelischen Kirchen in Deutschland lediglich für kurze Zeit bestand, sondern diese enge Verknüpfung musste auf Dauer gewährleistet

---

324 Achilles, in: ZevKR 33, S. 184, 189.

325 Bauer, GmbH, S. 53; Hofmann, in: Schmidt-Bleibtreu / Hofmann / Hopfauf, Grundgesetz, Art. 4, Rn 19.

326 von Campenhausen / de Wall, Staatskirchenrecht, S. 125, 126; Classen, Religionsfreiheit und Staatskirchenrecht, S. 88; Machanek, Verein, S. 62.

327 Winter, Kirchenautonomie und Privatautonomie, S. 50.

328 Bauer, GmbH, S. 45; Eberle, Sozialstationen, S. 59; Dütz, in: FS Stahlhacke, S. 104; Richardi, in: FS Listl, S. 412; Weth / Werb, in: NZA 1998, S. 118, 120; vgl. i.Ü. zum Ganzen die ausführliche Darstellung bei Glawatz, Diakonie, S. 53 ff..

sein.[329] Allerdings hieß dies nicht, dass der jeweilige Verein in den Verwaltungsaufbau der verfassten Kirche eingegliedert sein musste. Vielmehr war für die Frage der Kirchlichkeit eines Vereins ausreichend, wenn die verfassten evangelischen Kirchen in Deutschland gewisse Einfluss- und Aufsichtsmöglichkeiten hatten und so kontrollieren konnten, dass der jeweilige Verein seine Tätigkeit im Einklang mit den Grundsätzen und Überzeugungen der verfassten Kirchen ausübte.[330]

bb) Zuordnung seit der Zuordnungsrichtlinie

Mit der Bekanntmachung der Richtlinie des Rates der Evangelischen Kirche in Deutschland über die Zuordnung diakonischer Einrichtungen zur Kirche – Zuordnungsrichtlinie – vom 8. Dezember 2007[331] wurde von Seiten der verfassten evangelischen Kirchen in Deutschland erstmals ein Regelungswerk zur Verfügung gestellt, das genaue Bestimmungen über Voraussetzungen und Verfahren der Zuordnung einer rechtlich selbständigen diakonischen Einrichtung zur Evangelischen Kirche in Deutschland, zu ihren Gliedkirchen und zu den gliedkirchlichen Zusammenschlüssen trifft.
Allerdings beantwortet die Zuordnungsrichtlinie nicht nur die Frage nach der Zuordnung diakonischer Einrichtungen zur Kirche, sondern sie wirft auch einige neue Fragen auf. Im Folgenden sollen diese Fragen erörtert werden und es soll versucht werden, eine Antwort auf sie zu finden.

(1) Frage 1: Ist die Zuordnungsrichtlinie verbindlich?

Zunächst einmal stellt sich die Frage, ob und inwieweit die Zuordnungsrichtlinie und die in ihr enthaltenen Regelungen Verbindlichkeit für jeden Fall der Zuordnung einer diakonischen Einrichtung zu den verfassten evangelischen Kirchen in Deutschland entfalten oder nicht.
In der Zuordnungsrichtlinie heißt es einleitend:

> Der Rat der Evangelischen Kirche in Deutschland *empfiehlt* mit der Zustimmung der Kirchenkonferenz, die Zuordnung diakonischer Einrichtungen zur Kirche nach Maßgabe der nachfolgenden Richtlinie vorzunehmen. (Hervorhebung hinzugefügt)

Der Wortlaut der Präambel der Zuordnungsrichtlinie, namentlich die Wahl des Wortes „empfiehlt“, legt den Schluss nahe, dass keine Verpflichtung besteht, die Zuordnung diakonischer Einrichtungen zu den verfassten evangelischen Kirchen in Deutschland nach der Zuordnungsrichtlinie vorzunehmen.[332] Allerdings ist in

329 Glawatz, Diakonie, S. 60.

330 Eberle, Sozialstationen, S. 60; Dütz, in: FS Stahlhacke, S. 104; Winter, Kirche – (m)Macht – Diakonie, S. 23, 26; Winter, Staatskirchenrecht, S. 172.

331 ABl. EKD 1007, S. 405 f..

332 Vgl. hierzu die Ausführungen, bei Christoph, in: ZevKR 54, S. 354, 356.

diesem Zusammenhang die Vorschrift des § 2 der Zuordnungsrichtlinie zu berücksichtigen, die besagt:

> Die Zuordnung rechtlich selbständiger diakonischer Einrichtungen zur Evangelischen Kirche in Deutschland erfolgt auf der Grundlage dieser Richtlinie. Die Zuordnung zu den Gliedkirchen und gliedkirchlichen Zusammenschlüssen erfolgt nach deren Recht. Ihnen und ihren Landesverbänden der Diakonie wird empfohlen, die Zuordnung in ihrem Bereich nach Maßgabe dieser Richtlinie vorzunehmen.

Im Hinblick auf die Verbindlichkeit der Zuordnungsrichtlinie ist also zu differenzieren: Für die Zuordnung von diakonischen Einrichtungen zur Evangelischen Kirche in Deutschland ist die Anwendung der Zuordnungsrichtlinie zwingend vorgeschrieben. Bei der Zuordnung diakonischer Einrichtungen zu den Gliedkirchen und gliedkirchlichen Zusammenschlüssen besteht hingegen lediglich eine entsprechende Empfehlung von Seiten des Rates der Evangelischen Kirche in Deutschland.

Allerdings bezieht sich die Empfehlung, die der Rat der Evangelischen Kirche in Deutschland in § 2 Abs. 2 der Zuordnungsrichtlinie ausspricht, nur auf die Frage, ob die Zuordnung einer diakonischen Einrichtung zu den Gliedkirchen und gliedkirchlichen Zusammenschlüssen überhaupt nach den Maßgaben der Zuordnungsrichtlinie erfolgen soll. Entscheidungsfreiheit besteht also lediglich im Hinblick auf das „Ob" der Anwendung der Zuordnungsrichtlinie. Hingegen erlaubt der Wortlaut der Präambel der Zuordnungsrichtlinie es nicht, diese Wahl auch auf das „Wie" der Anwendung der Zuordnungsrichtlinie auszudehnen. Wenn also im konkreten Einzelfall die Entscheidung getroffen wird, die Zuordnung einer diakonischen Einrichtung zu einer Gliedkirche bzw. zu einem gliedkirchlichen Zusammenschluss vorzunehmen, dann sind die einzelnen Vorgaben dieser Zuordnungsrichtlinie als bindend anzusehen.

(2) Frage 2: In welchem Verhältnis stehen § 3 Abs. 2 und § 3 Abs. 3 der Zuordnungsrichtlinie zueinander?

Nach § 3 Abs. 1 der Zuordnungsrichtlinie erfolgt die Zuordnung durch eine förmliche Entscheidung, wobei allerdings kein Rechtsanspruch auf eine kirchliche Zuordnung besteht. Zu klären ist insoweit, wer im jeweiligen Fall darüber entscheidet, ob eine diakonische Einrichtung der Evangelischen Kirche in Deutschland bzw. ihren Gliedkirchen zugeordnet wird oder nicht.
Die Zuordnungsrichtlinie bestimmt in § 3 Abs. 2:

> Im Regelfall trifft der Landesverband der Diakonie als Werk der Kirche für diese die kirchliche Zuordnungsentscheidung durch Aufnahme der betreffenden Einrichtung als Mitglied. Dies gilt entsprechend für das Diakonische Werk der EKD.

Außerdem regelt § 3 Abs. 3 der Zuordnungsrichtlinie:

> Darüber hinaus kann eine Zuordnung durch oder aufgrund kirchengesetzlicher Regelung sowie durch Vereinbarung zwischen Kirche und diakonischer Einrichtung im Einzelfall erfolgen. Der jeweilige Landesverband der Diakonie ist rechtzeitig in die Entscheidungsfindung einzubeziehen. Dies gilt entsprechend für das Diakonische Werk der EKD, soweit die EKD eine Zuordnungsentscheidung trifft.

Insgesamt gibt es also mehrere Möglichkeiten, wie die Zuordnung einer diakonischen Einrichtung zu den verfassten evangelischen Kirchen in Deutschland vorgenommen werden kann:

- durch eine Zuordnungsentscheidung des Diakonischen Werks der Evangelischen Kirche in Deutschland e.V. oder des Diakonischen Werks der jeweiligen Landeskirche durch Aufnahme der jeweiligen Initiative in den Kreis ihrer Mitglieder,
- durch oder aufgrund einer entsprechenden kirchenrechtlichen Regelung,
- durch Vereinbarung zwischen den verfassten evangelischen Kirchen in Deutschland und der jeweiligen diakonischen Einrichtung.

Es stellt sich die Frage, in welchem Verhältnis die vorgenannten möglichen Verhaltensweisen zueinander stehen. Insofern geben der Wortlaut und die Systematik der betreffenden Vorschrift Aufschluss.
Die Regelung in § 3 Abs. 3 der Zuordnungsrichtlinie wird mit den Worten „darüber hinaus“ eingeleitet. Diese Formulierung lässt auf den ersten Blick vermuten, § 3 Abs. 3 der Zuordnungsrichtlinie stünde gleichrangig neben § 3 Abs. 2 der Zuordnungsrichtlinie und normiere weitere Möglichkeiten für die Zuordnung diakonischer Einrichtungen zu den verfassten evangelischen Kirchen in Deutschland, die schlichtweg eine Alternative zu den in § 3 Abs. 2 der Zuordnungsrichtlinie vorgesehenen Zuordnungsmöglichkeiten böten.
Diese Betrachtung würde jedoch zu kurz greifen. Vielmehr ist der vollständige Wortlaut von § 3 Abs. 2 und § 3 Abs. 3 der Zuordnungsrichtlinie zu berücksichtigen und die Formulierungen in den beiden Absätzen sind im gegenseitigen Kontext auszulegen. Auf diese Art und Weise fällt schnell auf, dass § 3 Abs. 2 der Zuordnungsrichtlinie durch die Worte „im Regelfall“ eingeleitet wird. Darüber hinaus spricht § 3 Abs. 3 der Zuordnungsrichtlinie von der Möglichkeit einer „Vereinbarung zwischen Kirche und diakonischer Einrichtung *im Einzelfall*“ (Hervorhebung hinzugefügt). Folglich statuiert die Vorschrift des § 3 Abs. 2 der Zuordnungsrichtlinie den Regelfall der Zuordnung diakonischer Einrichtungen zu den verfassten evangelischen Kirchen in Deutschland, während § 3 Abs. 3 der Zuordnungsrichtlinie insoweit Ausnahmeregelungen für den Einzelfall enthält. Die grammatikalische Auslegung der Regelungen in § 3 Abs. 2 und § 3 Abs. 3 der Zuordnungsrichtlinie führt mithin zu dem Ergebnis, dass die Ent-

scheidung darüber, ob eine diakonische Einrichtung der Evangelischen Kirche in Deutschland bzw. ihren Gliedkirchen zugeordnet wird, vom Diakonischen Werk der Evangelischen Kirche in Deutschland e.V. bzw. von dem jeweiligen Werk der Evangelischen Landeskirche durch die Aufnahme der jeweiligen Einrichtung in den Kreis ihrer Mitglieder getroffen wird. Hingegen kann die Zuordnung lediglich in Ausnahmefällen durch eine entsprechende kirchengesetzliche Regelung oder durch eine Vereinbarung zwischen den verfassten evangelischen Kirchen in Deutschland und der jeweiligen diakonischen Einrichtung erfolgen.
Dieses Regel-Ausnahme-Verhältnis wird auch durch die Systematik der Vorschrift des § 3 der Zuordnungsrichtlinie untermauert. Die verschiedenen Möglichkeiten, wie die Zuordnung einer diakonischen Einrichtung zu der Evangelischen Kirche in Deutschland bzw. zu ihren Gliedkirchen erfolgen kann, sind nicht etwa in einem Absatz dargestellt, sondern – offensichtlich bewusst – in zwei getrennten Absätzen geregelt. Dabei wird die Alternative der Zuordnung durch die Aufnahme der jeweiligen diakonischen Einrichtung als Mitglied des Diakonischen Werks der Evangelischen Kirche in Deutschland e.V. bzw. des Diakonischen Werks der jeweiligen Landeskirche systematisch vor den anderen beiden möglichen Vorgehensweisen geregelt. Durch diese systematische Vorrangstellung wird die vorrangige Geltung von § 3 Abs. 2 der Zuordnungsrichtlinie zum Ausdruck gebracht.

(3) Frage 3: Genügen die Vorgaben in § 4 der Zuordnungsrichtlinie den Anforderungen der Rechtsprechung?

Gemäß § 2 der Zuordnungsrichtlinie sind grundlegende Kennzeichen diakonischer Werke und Einrichtungen als Wesens- und Lebensäußerungen der Kirche die Erfüllung eines kirchlichen Auftrags im Einklang mit dem Selbstverständnis der Kirche sowie die kontinuierliche Verbindung zur Kirche. Ob ein Werk oder eine Einrichtung diese Kennzeichen erfüllt, bemisst sich anhand einer Gesamtschau der Zuordnungsvoraussetzungen in § 4 der Zuordnungsrichtlinie, § 3 Abs. 4 der Zuordnungsrichtlinie.
In diesem Zusammenhang stellt sich die Frage, ob die Voraussetzungen, die § 4 der Zuordnungsrichtlinie für die Zuordnung einer diakonischen Einrichtung zu den verfassten evangelischen Kirchen in Deutschland aufstellt, den Anforderungen der Rechtsprechung entsprechen.
Wie oben[333] bereits ausgeführt, ist das Bundesverfassungsgericht seit seiner Goch-Entscheidung[334] aus dem Jahre 1977 der Auffassung, dass Einrichtungen an dem kirchlichen Selbstbestimmungsrecht gemäß Art. 140 GG i.V.m. Art. 137 Abs. 3 WRV partizipieren können, wenn sie „nach kirchlichem Selbstverständnis ihrem Zweck oder ihrer Aufgabe entsprechend berufen sind, ein Stück Auf-

333 S.o. Teil 2 C. III. 2. b).
334 BVerfG, in: ZevKR 23, S. 414 ff..

trag der Kirche in dieser Welt wahrzunehmen und zu erfüllen"[335]. Voraussetzung hierfür ist nach der Rechtsprechung des Bundesverfassungsgerichts, dass der Zweck der jeweiligen Vereinigung auf die Erreichung eines religiösen Zieles gerichtet ist, was wiederum durch eine institutionelle Verbindung mit einer Religionsgemeinschaft oder die Art der jeweiligen verfolgten Ziele zum Ausdruck kommen kann.[336] Alles in allem hängt die Zuordnung einer Einrichtung zu einer Religionsgemeinschaft nach der Rechtsprechung des Bundesverfassungsgerichts folglich davon ab, dass sie

- eine spezifisch religiöse Zwecksetzung verfolgt,
- institutionell mit der verfassten Kirche verbunden ist und
- auf diese Art und Weise die Gewähr dafür bietet, dass ihre Aktivitäten im Einklang mit dem Bekenntnis der evangelischen Kirchen in Deutschland stehen.[337]

Dabei reicht es nicht aus, wenn die erforderliche institutionelle Verbindung mit den verfassten evangelischen Kirchen in Deutschland lediglich für kurze Zeit besteht, sondern diese enge Verknüpfung muss auf Dauer gewährleistet sein.[338] Auch wenn dies nicht bedeutet, dass die jeweilige Einrichtung bzw. der jeweilige Verein in den Verwaltungsaufbau der verfassten Kirchen eingegliedert sein muss, so bedarf es doch gewisser Einfluss- und Aufsichtsmöglichkeiten der verfassten evangelischen Kirchen in Deutschland, damit diese kontrollieren können, ob bzw. dass die jeweilige Einrichtung bzw. der jeweilige Verein seine Tätigkeit im Einklang mit ihren Grundsätzen und Überzeugungen ausübt.[339]
Die Vorschrift des § 4 der Zuordnungsrichtlinie enthält unter der Überschrift „Zuordnungsvoraussetzungen" folgende Regelungen:

> (1) Diakonische Einrichtungen erfüllen die kirchlich-diakonischen Zwecke und Aufgaben, die jeweils in der Satzung verankert sind. (…)
>
> (2) Die kontinuierliche Verbindung von diakonischer Einrichtung und Kirche wird gewährleistet durch
>
> a. Personen, die aufgrund eines kirchlichen Auftrags in der Einrichtung als geborene oder gewählte Organmitglieder mitwirken,
>
> b. Mitwirkung des Diakonischen Werkes der EKD bzw. des Landesverbandes der Diakonie oder der Kirche bei Satzungsänderungen und

335 BVerfG, in: ZevKR 23, S. 414, 421, 422.

336 BVerfG, in: ZevKR 23, S. 414, 422.

337 Bauer, GmbH, S. 45; Eberle, Sozialstationen, S. 59; Dütz, in: FS Stahlhacke, S. 104; Richardi, in: FS Listl, S. 412; Weth / Werb, in: NZA 1998, S. 118, 120; vgl. i.Ü. zum Ganzen die ausführliche Darstellung bei Glawatz, Diakonie, S. 53 ff..

338 Glawatz, Diakonie, S. 60.

339 Eberle, Sozialstationen, S. 60; Dütz, in: FS Stahlhacke, S. 104; Winter, Kirche – (m)Macht – Diakonie, S. 23, 26; Winter, Staatskirchenrecht, S. 172.

c. die erklärte Bereitschaft, das einschlägige kirchliche Recht anzuwenden.

(3) Die Gemeinwohlorientierung diakonischer Einrichtungen wird sichergestellt. (...).

(4) Die Erfüllung eines kirchlichen Auftrags im Einklang mit dem Selbstverständnis der Kirche kann insbesondere erkennbar werden durch (...).

(5) Die institutionelle Verbindung von diakonischer Einrichtung und Kirche kann insbesondere erkennbar werden durch (...).

Die Zuordnungsvoraussetzungen nach § 4 der Zuordnungsrichtlinie sind damit nicht deckungsgleich mit den oben genannten Kriterien, nach denen die Rechtsprechung des Bundesverfassungsgerichts die Zuordnung einer Einrichtung zu einer Religionsgemeinschaft beurteilt.
Einerseits benennt die Zuordnungsrichtlinie mit der in ihrem § 4 Abs. 3 geregelten Gemeinwohlorientierung eine weitere, über die Anforderungen der Rechtsprechung des Bundesverfassungsgerichts hinausgehende Voraussetzung für die Zuordnung einer diakonischen Einrichtung zu den verfassten evangelischen Kirchen in Deutschland.[340]
Andererseits bleibt § 4 Abs. 2 der Zuordnungsrichtlinie mit seinen Bestimmungen zur Gewährleistung der kontinuierlichen Verbindung von diakonischer Einrichtung und Kirche hinter den Vorgaben des Bundesverfassungsgerichts für die Zuordnung einer Initiative zu einer Religionsgemeinschaft zurück. Zwar scheinen die Kriterien, die insoweit in § 4 Abs. 2 der Zuordnungsrichtlinie genannt werden, namentlich

- die Mitwirkung von Personen als geborene oder gewählte Organmitglieder aufgrund eines kirchlichen Auftrags,
- die Mitwirkung des Diakonischen Werkes der EKD bzw. des jeweiligen Landesverbandes der Diakonie oder der Kirche bei Satzungsänderungen und
- die erklärte Bereitschaft zur Anwendung des kirchlichen Rechts,

dem zu entsprechen, was ausgehend von der Goch-Entscheidung des Bundesverfassungsgerichts[341] seit dem Jahr 1977 entwickelt wurde. Bei genauerer Betrachtung fällt jedoch auf, dass die Zuordnungsrichtlinie in ihrem § 4 Abs. 2 darauf verzichtet, die Gewährleistung der kontinuierlichen Verbindung von diakonischer Einrichtung und Kirche davon abhängig zu machen, dass die verfassten evangelischen Kirchen in Deutschland die Möglichkeit haben müssten, in einer Art und Weise Einfluss zu nehmen und Aufsicht auszuüben, dass sie kontrollie-

340 Anderer Ansicht ist insoweit Christoph, in: ZevKR 54, S. 354, 356. Er vertritt – gegen die amtliche Überschrift von § 4 der Zuordnungsrichtlinie: „Zuordnungsvoraussetzungen" – die Auffassung, § 4 Abs. 3 der Zuordnungsrichtlinie habe „für die Zuordnungsproblematik keine Bedeutung", ohne diese Einschätzung zu begründen.

341 BVerfG, in: ZevKR 23, S. 414 ff..

ren könnten, ob und inwieweit die jeweilige Einrichtung bzw. der jeweilige Verein seine Tätigkeit im Einklang mit ihren Grundsätzen und Überzeugungen ausübt. Die Bestimmungen in § 4 Abs. 2 lit. a., lit. b. der Zuordnungsrichtlinie setzen hier geringere Anforderungen an. Denn die Tatsache, dass Personen mit kirchlichem Auftrag, das Diakonische Werk der Evangelischen Kirche in Deutschland e.V. oder das Diakonische Werk einer evangelischen Landeskirche oder aber die verfassten evangelischen Kirchen in Deutschland in einem Verein mitwirken, bedeutet noch nicht, dass der Evangelischen Kirche in Deutschland bzw. ihrer jeweiligen Gliedkirche die Möglichkeit zur Einflussnahme und damit zur Aufsicht in einem Maße garantiert wäre, dass sie die Tätigkeit und das Wirken des jeweiligen Vereins maßgeblich mitbestimmen könnten. Vielmehr ist es angesichts der Bestimmungen in § 4 Abs. 2 lit. a, lit. b. der Zuordnungsrichtlinie gerade nicht ausgeschlossen, dass Personen mit einem kirchlichen Auftrag, das Diakonische Werk der Evangelischen Kirche in Deutschland e.V. oder das Diakonische Werk einer evangelischen Landeskirche oder aber die verfassten evangelischen Kirchen in Deutschland schlichtweg überstimmt werden und sich die Tätigkeit und das Wirken der jeweiligen Initiative im Einzelfall in eine Richtung entwickelt, die nicht gänzlich im Einklang mit der Evangelischen Kirche in Deutschland und ihren Überzeugungen steht.

(4) Frage 4: Gilt die Zuordnungsrichtlinie auch für solche kirchlichen Vereine, die nicht Mitglied in einem Diakonischen Werk sind?

Nachdem mit der Zuordnungsrichtlinie seit Ende 2007 ein Regelungswerk für die Zuordnung diakonischer Einrichtungen zur Evangelischen Kirche in Deutschland und zu deren Gliedkirchen vorliegt, stellt sich die Frage, ob die betreffenden Regelungen auch Geltung für Initiativen entfalten, die nicht Mitglied im Diakonischen Werk der Evangelischen Kirche in Deutschland e.V. bzw. im Diakonischen Werk einer Evangelischen Landeskirche sind.

Es sind durchaus Argumente denkbar, die dafür sprechen, die Zuordnungsrichtlinie auch auf solche Einrichtungen anzuwenden, die den verfassten evangelischen Kirchen in Deutschland zugeordnet werden sollen, ohne dabei Mitglied in einem Diakonischen Werk zu sein. Immerhin könnten auf diese Art und Weise die Unsicherheiten und Unklarheiten, die das Fehlen konkreter Regelungen über die Zuordnung solcher Einrichtungen zur Evangelischen Kirche in Deutschland bzw. zu ihren Gliedkirchen mit sich bringt, überwunden werden.

Allerdings ist die Reichweite der Zuordnungsrichtlinie nicht unter Gesichtspunkten der Zweckmäßigkeit, sondern nach den geltenden juristischen Auslegungsmethoden zu ermitteln. Dabei fällt auf, dass der Wortlaut der Zuordnungsrichtlinie eindeutig ist. Schon ihrem Namen nach handelt es sich bei der Zuordnungsrichtlinie um eine „Richtlinie (…) zur Zuordnung *diakonischer* Einrichtungen zur Kirche“ (Hervorhebung hinzugefügt). Darüber hinaus besagt § 1 der

Zuordnungsrichtlinie unter der amtlichen Überschrift „Geltungsbereich“ eindeutig:

> Diese Richtlinie regelt die Zuordnung rechtlich selbständiger *diakonischer* Einrichtungen zur Evangelischen Kirche in Deutschland, zu ihren Gliedkirchen und zu den gliedkirchlichen Zusammenschlüssen. (Hervorhebung hinzugefügt).

Die Zuordnungsrichtlinie bezieht sich also ausweislich ihres Wortlautes ausschließlich auf diakonische, d.h. auf solche Einrichtungen, die Mitglied im Diakonischen Werk der Evangelischen Kirche in Deutschland e.V. bzw. im Diakonischen Werk einer Evangelischen Landeskirche sind oder werden. Für Vereinigungen, die kein entsprechendes Mitglied sind, gilt die Zuordnungsrichtlinie mithin nicht.

Auch eine analoge Anwendung der Zuordnungsrichtlinie auf solche Einrichtungen kommt nicht in Betracht. Denn eine Regelungslücke an sich reicht für eine Analogiebildung noch nicht aus. Vielmehr muss die jeweilige Regelungslücke auch planwidrig sein. Genau dies ist hier jedoch nicht der Fall. Es gibt keinerlei Anhaltspunkte dafür, dass der Rat der Evangelischen Kirche in Deutschland mit der Zuordnungsrichtlinie auch eine Regelung für diejenigen Einrichtungen treffen wollte, die kein Mitglied in einem Diakonischen Werk sind, und dies lediglich übersehen hat. Vielmehr ist davon auszugehen, dass die Zuordnungsrichtlinie bewusst nur auf diakonische Einrichtungen bezogen hat.
Dementsprechend beurteilt sich die Zuordnung von Einrichtungen, die nicht Mitglied im Diakonischen Werk der Evangelischen Kirche in Deutschland e.V. oder im Diakonischen Werk einer Evangelischen Landeskirche sind, zu den verfassten evangelischen Kirchen in Deutschland nicht nach den Vorgaben der Zuordnungsrichtlinie,[342] sondern nach den oben[343] dargestellten allgemeinen Anforderungen.

3. Kirchengutsgarantie, Art. 140 GG i.V.m. Art. 138 Abs. 2 WRV

Schutzsubjekte der Kirchengutsgarantie sind gemäß dem Wortlaut von Art. 140 GG i.V.m. Art. 138 Abs. 2 WRV die Religionsgesellschaften und religiösen Vereine. Dabei ist der Begriff des Vereins nicht in seiner gesellschaftsrechtlichen Bedeutung zu verstehen. Vielmehr umfasst die Kirchengutsgarantie unabhängig von ihrer jeweiligen Organisationsform alle Untergliederungen von Religionsgesellschaften und all diejenigen Vereinigungen, die mit den von ihnen verfolgten Zielen und mit ihren Tätigkeiten lediglich einem bestimmten Teil des

---

342 Christoph, in: ZevKR 54, S. 354, 358.

343 S.o. Teil 2 C. III. 2. b) aa).

Bekenntnisses der jeweiligen Religionsgesellschaft dienen.[344] Entsprechend der Entscheidung des Bundesverfassungsgerichts im so genannten „Lumpensammler-Fall“ gehören zu diesen religiösen Vereinen auch solche Vereinigungen, die sich nicht die allseitige, sondern nur die partielle Pflege des religiösen oder weltanschaulichen Lebens ihrer Mitglieder zum Ziel gesetzt haben, und damit auch die Protagonisten der vorliegenden Untersuchung.

Das bedeutet, dass die Gewährleistung in Art. 140 GG i.V.m. Art. 138 Abs. 2 WRV auch für die kirchlichen Vereine und ihre vermögenswerten Rechte gilt. Anders als im Falle von Art. 140 GG i.V.m. Art. 137 Abs. 3 WRV leiten die betreffenden Vereine ihren verfassungsrechtlichen Schutz aber gerade nicht lediglich von den verfassten evangelischen Kirchen in Deutschland ab. Vielmehr wird das Eigentum der kirchlichen Vereine an ihren für Kultus-, Unterrichts- und Wohltätigkeitszwecke bestimmten Anstalten, Stiftungen und sonstigen Vermögen direkt durch die Kirchengutsgarantie in Art. 140 GG i.V.m. Art. 138 Abs. 2 WRV gewährleistet. Die kirchlichen Vereine sind selbst Träger des verfassungsmäßigen Rechts in Art. 140 GG i.V.m. Art. 138 Abs. 2 WRV. Auf diese Art und Weise soll der Schutz, den das einheitliche Grundrecht der Religionsfreiheit in Art. 4 Abs. 1, Abs. 2 GG und das kirchliche Selbstbestimmungsrecht in Art. 140 GG i.V.m. Art. 138 Abs. 2 WRV gewähren, auch im Hinblick auf seine sächlichen Grundlagen gesichert und eine Säkularisation oder säkularisationsähnliche Maßnahmen von Seiten des Staates verhindert werden.[345]

Allerdings ist die Gewährleistung in Art. 140 GG i.V.m. Art. 138 Abs. 2 WRV nicht grenzenlos. Die Kirchengutsgarantie setzt lediglich gewisse vermögenswerte Rechte voraus, begründet diese jedoch nicht. Dementsprechend dürfen die kirchlichen Vereine, die den Schutz durch Art. 140 GG i.V.m. Art. 138 Abs. 2 WRV genießen, nicht davon ausgehen, dass ihre vermögenswerten Rechte wie gehabt fortbestehen, sondern sie müssen davon ausgehen, dass sie sich – etwa aus Gründen, die dem jeweiligen vermögenswerten Recht selbst inne wohnen – durchaus verändern können.[346] Davon abgesehen, wird die Gewährleistung in Art. 140 GG i.V.m. Art. 138 Abs. 2 WRV durch die Schranke des für alle geltenden Gesetzes eingegrenzt. Denn da der Zweck der Kirchengutsgarantie darin liegt, unter anderem das kirchliche Selbstbestimmungsrecht zu untermauern, muss die Garantie in Art. 140 GG i.V.m. Art. 138 Abs. 2 WRV parallel zu derjenigen in Art. 140 GG i.V.m. Art. 137 Abs. 3 WRV verlaufen und sich inner-

344 Ehlers, in: Sachs, Grundgesetz, Art. 140 GG / Art. 138 WRV, Rn 8.

345 Jarass, in: Jarass / Pieroth, Grundgesetz, Art. 140 GG / Art. 138 WRV, Rn 3; Ehlers, in: Sachs, Grundgesetz, Art. 140 GG / 138 WRV, Rn 6; Marx, in: Handbuch des Staatskirchenrechts II, S. 118.

346 Jarass, in: Jarass / Pieroth, Grundgesetz, Art. 140 GG / Art. 138 WRV, Rn 4; C. Meyer, in: Handbuch des Staatskirchenrechts II, S. 94; Ehlers, in: Sachs, Grundgesetz, Art. 140 GG / Art. 138 WRV, Rn 9.

halb der gleichen Schranken bewegen wie das kirchliche Selbstbestimmungsrecht.[347]

D. Einfluss- und Aufsichtsmöglichkeiten der verfassten Kirche

Wie oben dargelegt, wird die Entscheidung darüber, ob ein Verein als kirchlich einzustufen und damit den evangelischen Kirchen in Deutschland zuzuordnen ist, jedenfalls unter anderem davon abhängig gemacht, ob die verfassten evangelischen Kirchen in Deutschland gewisse Einfluss- und Aufsichtsmöglichkeiten erhalten, um auf diese Art und Weise zu kontrollieren und sicherzustellen, dass die oben dargestellten Voraussetzungen für die Kirchlichkeit eines Vereins auf Dauer erfüllt sind und bleiben.

Vom Grundsatz her haben die verfassten evangelischen Kirchen in Deutschland durchaus gewisse Befugnisse, die es ihnen ermöglichen, auf ihre Gruppierungen und Einrichtungen Einfluss zu nehmen.[348] In praktischer Hinsicht sind ihnen jedoch weitestgehend die Hände gebunden, denn je selbständiger ein Verein im jeweiligen Einzelfall ist und je mehr er sich in organisatorischer und gesellschaftsrechtlicher Hinsicht von den verfassten evangelischen Kirchen in Deutschland abgrenzt, desto geringer werden deren Möglichkeiten, überwachend und leitend einzugreifen.[349]

Ob es in rein tatsächlicher Hinsicht wünschenswert wäre, wenn der Evangelischen Kirche in Deutschland und ihren Gliedkirchen Rechte zustünden, die es ihnen ermöglichten, in großem Maße Einfluss auf die ihnen nahe stehenden Vereine auszuüben, ist eine Frage.[350] Eine andere Frage – der im Rahmen der vorliegenden juristischen Erörterung vorrangig nachzugehen ist – ist diejenige nach der rechtlichen Zulässigkeit derartiger Einflussrechte. Gerade bei Initiativen, die – wie die Protagonisten der hiesigen Untersuchung – in der Rechtsform des eingetragenen Vereins ausgestaltet sind, ist es problematisch, ob derartige Beschränkungen nicht angesichts des Grundsatzes der Vereinsautonomie rechtswidrig sein könnten.

347 Ehlers, in: Sachs, Grundgesetz, Art. 140 GG / Art. 138 WRV, Rn 10.

348 Broll, Steuerung kirchlicher Wohlfahrtspflege, S. 354.

349 Broll, Steuerung kirchlicher Wohlfahrtspflege, S. 354.

350 Wolff, Der drittbestimmte Verein, S. 243.

I. Der Grundsatz der Vereinsautonomie im Allgemeinen

In den gesetzlichen Bestimmungen, die sich mit dem Recht der Vereine auseinandersetzen, sucht man vergebens nach einer Vorschrift, die ausdrücklich den Grundsatz der Vereinsautonomie festlegt.[351] Vielmehr handelt es sich bei dem Grundsatz der Vereinsautonomie – ähnlich wie bei dem Grundsatz der Privatautonomie – um ein Rechtsinstitut, das inzwischen als „elementares Strukturprinzip des staatlichen Vereinsrechts“[352] in weiten Teilen anerkannt ist, dessen rechtliche Herleitung im Einzelnen allerdings umstritten ist.[353] Teilweise wird die Meinung vertreten, der Grundsatz der Vereinsautonomie sei der Vorschrift des § 40 BGB zu entnehmen. Eine andere Ansicht geht davon aus, der Grundsatz der Vereinsautonomie folge aus dem allgemeinen Rechtsgedanken, dass sich niemand durch Rechtsgeschäft seiner rechtlichen Handlungsfähigkeit entäußern könne. Teile der Rechtsprechung begründen den Grundsatz der Vereinsautonomie wiederum mit einer Gesamtanalogie zu den vereinsrechtlichen Regelungen des BGB. Schließlich wird teilweise argumentiert, der Grundsatz der Vereinsautonomie sei Ausfluss des Grundrechts der Vereinigungsfreiheit nach Art. 9 Abs. 1 GG.[354]
Kern der Vereinsautonomie sind die Befugnisse des jeweiligen Vereins zur eigenen Normsetzung und zur eigenen Verwaltung.[355] Durch den Grundsatz der Vereinsautonomie soll die Freiheit des jeweiligen Vereins, namentlich seiner Mitgliederversammlung,[356] bei der Satzungsgestaltung geschützt und die Ausübung dieser Freiheit gesichert werden.[357]

Nach § 25 BGB wird die Verfassung eines rechtsfähigen Vereins durch die Vereinssatzung bestimmt. Der jeweilige Verein kann frei darüber entscheiden, wie er seine innere Ordnung gestalten möchte, und ist insoweit lediglich den zwingenden Vorschriften des Vereinsrechts, den öffentlichrechtlichen Vor-

---

351 Flume, in: JZ 1992, S. 238, 239; Muckel, in: Handbuch des Staatskirchenrechts I, S. 827, 832.

352 Muckel, in: Handbuch des Staatskirchenrechts I, S. 827, 832.

353 Bauer, GmbH, S. 80; Herrmann, Kirchliche Hilfswerke, S. 156.

354 Bauer, GmbH, S. 80; Reuter, in: MüKo BGB, § 40, Rn 3; Ellenberger, in: Palandt, BGB, § 25, Rn 7. Vgl. im Übrigen im Hinblick auf die unterschiedlichen Ansichten zur Herleitung und Begründung des Grundsatzes der Vereinsautonomie die ausführliche Darstellung bei Herrmann, Kirchliche Hilfswerke, S. 156-161.

355 Herrmann, Kirchliche Hilfswerke, S. 153, 154.

356 Herrmann, Kirchliche Hilfswerke, S. 154, 155.

357 Dütz, in: FS Herschel, S. 57; Flume, Vereinsautonomie, S. 97; Flume, in: JZ 1992, S. 238, 239; Ellenberger, in: Palandt, BGB, § 25, Rn 7; K. Schmidt, Gesellschaftsrecht, S. 83; Schockenhoff, in: NJW 1992, S. 1013.

schriften des Vereinsgesetzes sowie den Schranken nach §§ 134, 138 BGB unterworfen.[358] Dabei hat der jeweilige Verein, namentlich seine Mitgliederversammlung, auch die Möglichkeit, Kompetenzen auf andere Vereinsorgane oder auf außen stehende Dritte zu übertragen.[359] Allerdings zieht der Grundsatz der Vereinsautonomie dieser Möglichkeit der Übertragung von Kompetenzen eine Grenze, um den jeweiligen Verein und seine Mitglieder vor einer Einflussnahme von außen zu schützen, die zu einer vollständigen Aufgabe der Selbständigkeit des jeweiligen Vereins führen würde.[360]

II. Geltung des Grundsatzes der Vereinsautonomie für kirchliche Vereine

Ob und inwieweit der oben dargestellte Grundsatz der Vereinsautonomie auch für solche rechtsfähigen Vereine, die einer verfassten Kirche zuzuordnen sind, und damit für die hier untersuchten kirchlichen Vereine gilt, ist umstritten.[361] Innerhalb dieses Meinungsstreites können im Wesentlichen drei Auffassungen ausgemacht werden:

1. Strenge Geltung des Grundsatzes der Vereinsautonomie

Die Anhänger einer teilweise vertretenen Ansicht halten streng am Grundsatz der Vereinsautonomie fest und lassen keine Ausnahmen im Hinblick auf kirchliche Vereine und Religionsgemeinschaften, denen sie nahe stehen, zu. Als Begründung für diese strikte Sichtweise geben die Vertreter dieser Meinung an, die Mitgliederversammlung sei das einzige autonome Organ eines rechtsfähigen Vereins, das zwar seine Zuständigkeit bei der Ausübung dieser Autonomie im Einzelfall auf andere Organe des jeweiligen Vereins übertragen, seine Autonomie jedoch nicht vollständig aufgeben könne. Vor diesem Hintergrund verbiete es sich nicht nur, Satzungsänderungen oder etwa einen Auflösungsbeschluss von der Zustimmung von Nichtmitgliedern abhängig zu machen, sondern solchen Nichtmitgliedern dürften erst recht keine unmittelbaren Gestaltungsrechte eingeräumt werden.[362]

---

358 Dütz, in: FS Herschel, S 56, 67; Ellenberger, in: Palandt, BGB, § 25, Rn 7.

359 Herrmann, Kirchliche Hilfswerke, S. 154, 155.

360 Herrmann, Kirchliche Hilfswerke, S. 154, 155; K. Schmidt, Gesellschaftsrecht, S. 83.

361 Vgl. zum Ganzen: Schockenhoff, in: NJW 1992, S. 1013 ff..

362 Hadding, in: Soergel, BGB, vor § 21, Rn 79.

2. Strenge Nichtgeltung des Grundsatzes der Vereinsautonomie

Einer anderen teilweise vertretenen Ansicht zur Folge soll den verfassten Kirchen ein umfangreiches, ja geradezu grenzenloses Recht zustehen, auf Vereine, die ihnen zuzuordnen sind, Einfluss zu nehmen. Dabei sollen sie sogar berechtigt sein, selbst eine Satzungsänderung zu beschließen oder einen Verein aufzulösen.[363]
Derartige Einflussrechte zu Gunsten der verfassten Kirchen verstoßen massiv gegen den Grundsatz der Vereinsautonomie, was die Anhänger der hier vertretenen Auffassung auch nicht bestreiten.[364] Ihrer Ansicht nach ist dies jedoch unproblematisch, da der Grundsatz der Vereinsautonomie für kirchliche Vereine nicht gelten soll. Argumentativ stützen sich die Anhänger dieser Meinung auf das kirchliche Selbstbestimmungsrecht nach Art. 140 GG i.V.m. Art. 137 Abs. 3 WRV. Sie betonen, dass hiernach jede Religionsgesellschaft das Recht hat, ihre Angelegenheiten selbständig zu ordnen und zu verwalten, und dass dieses Recht nur durch die Schranke des für alle geltenden Gesetzes begrenzt werden kann. Der Grundsatz der Vereinsautonomie sei jedoch gerade kein solches für alle geltendes Gesetz, da er sich lediglich auf die innere Ordnung der betreffenden Vereine bezöge und diese gerade Gegenstand des kirchlichen Selbstbestimmungsrechts nach Art. 140 GG i.V.m. Art. 137 Abs. 3 WRV sei.[365]

3. Differenzierung zwischen genereller Geltung des Grundsatzes der Vereinsautonomie und Ausnahmen im Hinblick auf kirchliche Vereine

Zwischen diesen beiden extremen Positionen hat sich eine vermittelnde Ansicht herausgebildet. Die Vertreter dieser differenzierenden Auffassung gehen davon aus, dass der Grundsatz der Vereinsautonomie grundsätzlich auch für kirchliche Vereine gilt, dass jedoch bei derartigen Vereinen Ausnahmen von dem Grundsatz der Vereinsautonomie gemacht werden können. Demzufolge liegt die Kompetenz für Änderungen der Satzung oder andere wesentliche Entscheidungen, beispielsweise die Auflösung eines Vereins, bei der Mitgliederversammlung. Wenn und soweit die Tätigkeit und das Ziel eines Vereins, also ihre spezifisch kirchliche Ausrichtung, es sachlich rechtfertigen, ja im Einzelfall gar erforderlich machen, soll es jedoch zulässig sein, derartige Beschlüsse und wichtige Entscheidungen von der Zustimmung der Religionsgemeinschaft, der der jeweilige

363 Reichert, Handbuch des Vereins- und Verbandsrechts, Rn 2953.

364 Reichert, Handbuch des Vereins- und Verbandsrechts, Rn 2953.

365 BayObLG, in: NJW 1980, S. 1756, 1757; OLG Köln, in: NJW 1992, S. 1048, 1050; Machanek, Verein, S. 149, 150.

Verein nahe steht, abhängig zu machen oder die betreffende Religionsgemeinschaft zu ermächtigen, den Vorstand des Vereins zu bestellen.[366]

4. Stellungnahme

Vor dem Hintergrund des oben dargestellten Meinungsstreites stellt sich nun die Frage, ob und, bejahendenfalls, welcher der vertretenen Auffassungen der Vorzug zu geben ist.

a) Beschluss des Bundesverfassungsgerichts vom 5. Februar 1991 – „Baha'i"

Hilfe bei dieser Entscheidung scheint auf den ersten Blick die Rechtsprechung des Bundesverfassungsgerichts zu leisten. In seinem Beschluss vom 5. Februar 1991 zum so genannten „Baha'i-Fall" hat sich das Bundesverfassungsgericht dazu geäußert, ob und inwieweit bei der Auslegung und Anwendung vereinsrechtlicher Vorschriften die Besonderheiten und Eigenarten religiöser Vereinigungen zu berücksichtigen sind. Insoweit hat es ausgeführt:

> „Das Vereinsrecht des Bürgerlichen Gesetzbuchs läßt es zu, besonderen Anforderungen an die innere Organisation Rechnung zu tragen, die sich aus der Eigenart von religiösen Vereinen ergeben, die Teilgliederung einer Religionsgesellschaft sind oder mit ihr in besonderer Verbindung stehen."[367]

Und weiter:

> „Dieser Grundsatz der Vereinsautonomie ist im Vereinsrecht des BGB nicht ausdrücklich festgelegt; er wird vielmehr durch Rechtsprechung und Lehre der Gesamtheit der Vorschriften entnommen, die die Konstituierung und Organisation des Vereins sowie die Wahrnehmung der Vereinsangelegenheiten auf den Willen der Vereinsmitglieder zurückführen und als darin vorausgesetzt angesehen. Sein Ziel ist es, der Privatautonomie vergleichbar, den Charakter des Vereins als eines vornehmlich zur Willensbestimmung und -betätigung seiner Mitglieder getragenen Personenverbandes zu wahren. Es gehört zu dieser Autonomie, den mit ihr ausgestatteten Einrichtungen das Recht einzuräumen, sich die ihren Zwecken entsprechende Organisation selbst zu geben und diese frei zu bestimmen, soweit dem nicht zwingende Vorschriften oder dem Wesen der entsprechenden Institution zu entnehmende Grundsätze entgegenstehen. In der Rechtsprechung wird hervorgehoben, daß diese Autonomie auch in der Weise ausgeübt werden kann, daß das Selbstverwaltungsrecht des Vereins satzungsmäßig beschränkt wird; auch eine solche Beschränkung stellt die

366 Dütz, in: FS Herschel, S. 73-76; Waldner / Schweyer /Wörle-Himmel, Der eingetragene Verein, Rn 136.

367 BVerfGE 83, S. 341, 356.

> Ausübung von Autonomie dar; es bedeutete daher eine Beschneidung von Autonomie, wenn solche Regelungen für unzulässig erklärt würden."[368]

Sowie:

> „Hiernach läßt es das Vereinsrecht zu, bei einem religiösen Verein, der sich als Teilgliederung einer Religionsgesellschaft konstituiert, Einschränkungen der autonomen Auflösungs-, Anschließungs- oder Betätigungsbefugnis nicht als mit der Vereinsautonomie unvereinbare Fremdbestimmung von außen anzusehen, sofern sie der Sicherung der Einordnung in die größere Religionsgemeinschaft im Rahmen der bestehenden religionsrechtlichen Verknüpfung – etwa der Wahrung der Identität der Glaubenslehre und grundlegender glaubensbedingter Lebensführungspflichten – dienen und sich darauf begrenzen. Bei solcher Begrenzung der Eingriffsbefugnisse einer hierarchisch übergeordneten Instanz, die für sich nur eine Art Lehramt und entsprechende Jurisdiktionsbefugnisse beansprucht, bleibt noch ein hinreichender Bestand an Selbstbestimmung und Selbsttätigkeit des Vereins gewahrt."[369]

Das Bundesverfassungsgericht vertritt also offensichtlich zu der Frage, ob und inwieweit der Grundsatz der Vereinsautonomie für kirchliche Vereine gilt sowie ob und inwieweit den Religionsgesellschaften, denen die betreffenden Vereine zuzuordnen sind, Einflussmöglichkeiten auf die betreffenden Vereine eingeräumt werden können, die gleichen Ansichten wie die oben geschilderte dritte Gruppe. An sich könnte man damit die oben geschilderte dritte Meinung als höchstrichterlich bestätigt ansehen und die Erörterung zu diesem Aspekt mithin an diesem Punkt abbrechen.

b) *Schranke des für alle geltenden Gesetzes, Art. 140 GG i.V.m. Art. 137 Abs. 3 S. 1 GG*

Dies wäre jedoch reichlich voreilig. Bei der vorliegenden Untersuchung geht es um die Frage, ob und inwieweit es zulässig ist, den verfassten evangelischen Kirchen in Deutschland Einfluss- und Aufsichtsrechte in Bezug auf kirchliche Vereine einzuräumen, bzw. ob und inwieweit derartige Einfluss- und Aufsichtsrechte gegen den Grundsatz der Vereinsautonomie verstoßen.[370]

Die kirchlichen Vereine haben ein Interesse daran, ihre innere Ordnung so zu gestalten und sich, insbesondere aber ihr Verhältnis zu den verfassten evangelischen Kirchen in Deutschland, so zu organisieren, dass sie an dem kirchlichen Selbstbestimmungsrecht nach Art. 140 GG i.V.m. Art. 137 Abs. 3 WRV, das den verfassten evangelischen Kirchen in Deutschland zusteht, teilhaben können. Wie oben[371] bereits aufgezeigt wurde, ist es hierfür erforderlich, dass sie den

---

368 BVerfGE 83, S. 341, 358, 359.

369 BVerfGE 83, S. 341, 360, 361.

370 Schockenhoff, in: NJW 1992, S. 1013, 1016.

371 S.o. Teil 2 C. III. 2. b).

verfassten evangelischen Kirchen in Deutschland eine gewisse Einflussnahme ermöglichen, durch die sicher gestellt werden soll, dass die Kriterien für eine Zuordnung zu den verfassten evangelischen Kirchen in Deutschland dauerhaft erfüllt sind. Diese Möglichkeit würde den betreffenden Vereinen dann genommen werden, wenn der Grundsatz der Vereinsautonomie einer solchen Satzungsgestaltung entgegenstehen würde.[372]

Das kirchliche Selbstbestimmungsrecht trifft hier also auf den Grundsatz der Vereinsautonomie. Vor diesem Hintergrund stellt sich die Frage, ob dem kirchlichen Selbstbestimmungsrecht der verfassten evangelischen Kirchen in Deutschland nach Art. 140 GG i.V.m. Art. 137 Abs. 3 WRV, an dem die kirchlichen Vereine partizipieren, Vorrang einzuräumen ist oder ob das kirchliche Selbstbestimmungsrecht durch den Grundsatz der Vereinsautonomie beschränkt wird. Das kirchliche Selbstbestimmungsrecht nach Art. 140 GG i.V.m. Art. 137 Abs. 3 WRV steht den Religionsgesellschaften – und von ihnen abgeleitet den kirchlichen Vereinen – lediglich innerhalb der Schranken des für alle geltenden Gesetzes zu. Dies bedeutet, dass es den kirchlichen Vereinen dann versagt wäre, sich durch eine entsprechende Satzungsgestaltung unter den Schutz von Art. 140 GG i.V.m. Art. 137 Abs. 3 S. 1 WRV zu stellen, wenn es sich bei dem Grundsatz der Vereinsautonomie um ein für alle geltendes Gesetz handeln würde.

Diesen entscheidenden Aspekt hat das Bundesverfassungsgericht in seinem Beschluss vom 5. Februar 1991 zum „Fall Baha'i" nicht erörtert. Somit darf die Frage, ob und inwieweit der Grundsatz der Vereinsautonomie auch für die kirchlichen Vereine gilt bzw. ob und inwieweit die verfassten evangelischen Kirchen in Deutschland Einfluss auf die ihnen zugeordneten Vereine nehmen dürfen, nicht mit einem bloßen Hinweis auf die vorgenannte Entscheidung des Bundesverfassungsgerichts beantwortet werden, sondern es ist vielmehr der vom Bundesverfassungsgericht außer Acht gelassene Punkt zu erörtern, ob und inwieweit der Grundsatz der Vereinsautonomie ein allgemeines Gesetz i.S.v. Art. 140 GG i.V.m. Art. 137 Abs. 3 WRV ist und mithin das kirchliche Selbstbestimmungsrecht einschränkt.

aa) Definition der Schranke des für alle geltenden Gesetzes

Entsprechend der oben[373] dargestellten Definition ist unter dem für alle geltenden Gesetz i.S.v. Art. 140 GG i.V.m. Art. 137 Abs. 3 WRV dasjenige Gesetz zu verstehen, das für ein friedliches Zusammenleben von Staat einerseits und Kirche andererseits erforderlich ist.[374] Folglich ist der Grundsatz der Vereinsautonomie dann als ein für alle geltendes Gesetz gemäß Art. 140 GG i.V.m. Art. 137 Abs. 3 S. 1 WRV zu betrachten, wenn seine Geltung für ein friedliches Zusam-

372 Bauer, GmbH, S. 83; Muckel, in: Handbuch des Staatskirchenrechts I, S. 827, 837, 838.

373 S.o. Teil 2 C. III. 2. a).

374 Hollerbach, in: Handbuch des Staatsrechts VI, S. 536.

menleben zwischen Staat und Kirche unerlässlich ist. Andersherum gewendet ist also danach zu fragen, ob das friedliche Zusammenleben von Staat und Kirche verletzt werden würde, wenn der Grundsatz der Vereinsautonomie hinsichtlich der kirchlichen Vereine keine Geltung entfalten würde.
Die Beantwortung dieser Frage hängt zunächst einmal entscheidend davon ab, ob die Anwendung bzw. die Einschränkung des Grundsatzes der Vereinsautonomie in Bezug auf kirchliche Vereine überhaupt einen Einfluss auf den staatlichen Rechtskreis hat.[375] Es ist also von Einzelfall zu Einzelfall danach zu differenzieren, was die Satzung des jeweiligen Vereins genau vorsieht, wem welche Einfluss- und Aufsichtsrechte eingeräumt werden und inwieweit der jeweilige Verein dadurch seine Selbständigkeit einschränkt.[376]

(1) Teilnahme eines kirchlichen Vereins am allgemeinen Rechtsverkehr

Soweit es darum geht, wie ein kirchlicher Verein im allgemeinen Rechtsverkehr auftritt, ist es für das friedliche Miteinander von Staat und Kirche unerlässlich, dass sich der allgemeine Rechtsverkehr auf die Vorschriften des Vereinsrechts und die Regelungen der Satzung des jeweiligen Vereins verlassen kann. Es wäre für ihn nicht hinnehmbar, wenn Dritte, namentlich die Evangelische Kirche in Deutschland und ihre Gliedkirchen, das Recht hätten, in einer Art und Weise auf kirchliche Vereine Einfluss zu nehmen, die es ihnen ermöglichen würde, in die Rechtsbeziehungen des jeweiligen Vereins nach außen einzugreifen. Folglich ist der Grundsatz der Vereinsautonomie in diesen Fällen ein für alle geltendes Gesetz nach Art. 140 GG i.V.m. Art. 137 Abs. WRV mit der Folge, dass er auch für kirchliche Vereine Geltung entfaltet und das kirchliche Selbstbestimmungsrecht, an dem sie partizipieren, entsprechend einschränkt.

(2) Rein innerkirchliche Angelegenheiten

Anders verhält es sich hingegen, soweit es lediglich um die inneren Angelegenheiten eines kirchlichen Vereins und seine Beziehung zur verfassten Kirche, hier also der Evangelischen Kirche in Deutschland und ihren Gliedkirchen geht. In diesem Fall ist der staatliche Rechtskreis nicht betroffen und es ist mithin für das friedliche Zusammenleben von Staat und Kirche nicht erforderlich, dass der Grundsatz der Vereinsautonomie zur Anwendung kommt. Dementsprechend ist der Grundsatz der Vereinsautonomie in diesen Fällen auch nicht als für alle geltendes Gesetz i.S.v. Art. 140 GG i.V.m. Art. 137 Abs. 3 WRV zu betrachten. Er entfaltet dann mithin keine Wirkung für kirchliche Vereine und schränkt das

---

375 Bauer, GmbH, S. 82, 83; Herrmann, Kirchliche Hilfswerke, S. 173; Muckel, in: Handbuch des Staatskirchenrechts I, S. 827, 836, 837.

376 Vgl. zu den unterschiedlichen Möglichkeiten eines Einflussrechts auf einen kirchlichen Verein und die Auswirkungen auf seine Selbständigkeit die ausführliche Darstellung bei Herrmann, Kirchliche Hilfswerke, S. 164-168.

kirchliche Selbstbestimmungsrecht, an dem sie teilhaben, in diesen Fällen nicht ein.

Dies bedeutet allerdings nicht, dass kirchliche Vereine den verfassten evangelischen Kirchen in Deutschland im Hinblick auf rein innerkirchliche Angelegenheiten unbegrenzte Einfluss- und Aufsichtsrechte einräumen könnten. Nach den oben[377] dargelegten Grundsätzen des Vereinsrechts werden die Geschicke eines Vereins maßgeblich von seinen Mitgliedern und deren Willen gelenkt. Würde dieser Grundsatz zu Gunsten einer Einflussnahme der Evangelischen Kirche in Deutschland bzw. ihrer Gliedkirchen auf einen kirchlichen Verein ausgehöhlt, würde es sich bei der jeweiligen Gruppierung realiter nicht mehr um einen Verein handeln, dessen Mitglieder einen gemeinsamen Zweck verfolgen und sich dementsprechend auf das Grundrecht nach Art. 9 Abs. 1 GG berufen können. Dies kann nicht sachgerecht sein.

Das Recht, den verfassten Kirchen, hier der Evangelischen Kirche in Deutschland und ihren Gliedkirchen, Einfluss auf kirchliche Vereine einzuräumen, muss dementsprechend dort auf eine Grenze stoßen, wo die Möglichkeiten des jeweiligen Vereins auf Selbstbestimmung und Selbstverwaltung so sehr zurückgedrängt werden, dass es sich an sich gar nicht mehr um einen selbständigen rechtsfähigen Verein, sondern um eine bloße Verwaltungsstelle oder ein bloßes Sondervermögen der verfassten evangelischen Kirchen handelt.[378]

bb) Ergebnis

Zusammenfassend lässt sich festhalten, dass der Grundsatz der Vereinsautonomie es den kirchlichen Vereinen verbietet, den verfassten evangelischen Kirchen in Deutschland Einflussrechte einzuräumen, wenn die Teilnahme des jeweiligen kirchlichen Vereins am allgemeinen Rechtsverkehr betroffen ist. Sofern es um rein innerkirchliche Angelegenheiten und die Beziehung eines kirchlichen Vereins zu der Evangelischen Kirche in Deutschland bzw. zu ihren Gliedkirchen geht, ist der jeweilige kirchliche Verein hingegen berechtigt, der Evangelischen Kirche in Deutschland und ihren Gliedkirchen die Möglichkeit einer Einflussnahme einzuräumen.[379] Dieses Einflussnahmerecht stößt jedoch dort an Grenzen, wo eine kirchliche Gruppierung de facto nicht mehr ein von dem Willen seiner Mitglieder getragener Verein, sondern eine bloße Verwaltungsstelle oder ein bloßes Sondervermögen der verfassten Kirche ist.

---

377 S.o. Teil 1 B. III. 1..

378 Herrmann, Kirchliche Hilfswerke, S. 162, 162; Muckel, in: Handbuch des Staatskirchenrechts I, S. 827, 839.

379 Vgl. zu vereinsrechtlichen Ausgestaltungsmöglichkeiten des Fremdeinflusses die ausführliche Darstellung bei Herrmann, Kirchliche Hilfswerke, S. 177-204.

III. Exkurs: Einflussnahme der verfassten evangelischen Kirchen in Deutschland auf die Namensgebung kirchlicher Vereine

Im Zusammenhang mit den Rechten und Möglichkeiten der Evangelischen Kirche in Deutschland und ihrer Gliedkirchen, auf die ihnen zugeordneten kirchlichen Vereine Einfluss nehmen zu dürfen, stellt sich die spezielle Frage, ob und inwieweit die verfassten evangelischen Kirchen in Deutschland berechtigt sind, einem kirchlichen Verein zu verbieten, einen bestimmten Namen zu führen.
In der Praxis kann dies beispielsweise dann relevant werden, wenn ein kirchlicher Verein – etwa um der Kirchlichkeit der betreffenden Initiative und der Zuordnung zu den verfassten evangelischen Kirchen in Deutschland Ausdruck zu verleihen – einen Namen wählt, in dem unter anderem der Name der örtlichen Kirchengemeinde enthalten ist. Dann kann es – auch wenn die Zuordnung eines Vereins zur Evangelischen Kirche in Deutschland bzw. zu ihren Gliedkirchen nicht nur erwünscht, sondern erforderlich ist, damit der jeweilige Verein als kirchlicher Verein anerkannt werden kann[380] – vorkommen, dass die verfassten evangelischen Kirchen, namentlich etwa die betreffende Kirchengemeinde, Einwände gegen die Namenswahl hat, weil Verwechslungen und Missverständnisse befürchtet werden.

Insoweit sind zwei Konstellationen zu unterscheiden:

1. Mitspracherecht der verfassten evangelischen Kirchen in Deutschland bei der Namenswahl

Zum einen erscheint es denkbar, der Evangelischen Kirche in Deutschland bzw. ihren Gliedkirchen von vornherein ein Mitspracherecht bei der Namenswahl des jeweiligen kirchlichen Vereins einzuräumen. Fraglich ist allerdings, ob dies angesichts des Grundsatzes der Vereinsautonomie zulässig wäre.
Wie oben im Einzelnen dargelegt, verbietet der Grundsatz der Vereinsautonomie den kirchlichen Vereinen, den verfassten evangelischen Kirchen in Deutschland Einflussrechte einzuräumen, wenn die Teilnahme des jeweiligen kirchlichen Vereins am allgemeinen Rechtsverkehr betroffen ist. Allerdings sind kirchliche Vereine berechtigt, der Evangelischen Kirche in Deutschland und ihren Gliedkirchen die Möglichkeit einer Einflussnahme einzuräumen, sofern es um rein innerkirchliche Angelegenheiten und die Beziehung eines kirchlichen Vereins zu der Evangelischen Kirche in Deutschland bzw. zu ihren Gliedkirchen geht. Dieses Einflussnahmerecht stößt nur dort an Grenzen, wo eine kirchliche Gruppierung de facto nicht mehr ein von dem Willen seiner Mitglieder getragener

380 S.o. Teil 2 C. III. 2 b).

Verein, sondern eine bloße Verwaltungsstelle oder ein bloßes Sondervermögen der verfassten Kirche ist.

Auf den ersten Blick scheint es sich bei denkbaren Differenzen zwischen einem kirchlichen Verein einerseits und den verfassten evangelischen Kirchen in Deutschland andererseits über den Namen eines kirchlichen Vereins um eine rein innerkirchliche Angelegenheit zu handeln, so dass man kurzerhand zu dem Ergebnis gelangen könnte, kirchliche Vereine könnten der Evangelischen Kirche in Deutschland bzw. ihren Gliedkirchen das Recht einräumen, bei ihrer Namenswahl mitzubestimmen. Allerdings ist zu berücksichtigen, dass ein kirchlicher Verein unter seinem jeweiligen Namen am Rechtsverkehr teilnimmt. Er tritt mit seinem jeweiligen Namen in der Öffentlichkeit auf und der jeweilige Name ist sein Erkennungsmerkmal. Die Wahl und vor allem die Änderung des Namens eines kirchlichen Vereins wirken damit nicht nur im rein innerkirchlichen Bereich, sondern haben durchaus auch Auswirkungen auf den allgemeinen Rechtsverkehr.

Nach den oben entwickelten Grundsätzen[381] wäre es folglich nicht mit dem Grundsatz der Vereinsautonomie zu vereinbaren und dementsprechend unzulässig, wenn der Evangelischen Kirche in Deutschland bzw. ihren Gliedkirchen das Recht eingeräumt werden würde, die Wahl des Namens eines kirchlichen Vereins zu beeinflussen.

2. Rechte der verfassten evangelischen Kirchen in Deutschland aufgrund ihres eigenen Namensrechts

Die Evangelische Kirche in Deutschland und ihre Gliedkirchen können jedoch unter Umständen aufgrund ihres eigenen Namensrechts gegen die Wahl des Namens für einen kirchlichen Verein vorgehen. Die Vorschrift des § 12 BGB bestimmt unter der amtlichen Überschrift „Namensrecht“:

> [1]Wird das Recht zum Gebrauch eines Namens dem Berechtigten von einem anderen bestritten oder wird das Interesse des Berechtigten dadurch verletzt, dass ein anderer unbefugt den gleichen Namen gebraucht, so kann der Berechtigte von dem anderen Beseitigung der Beeinträchtigung verlangen. [2]Sind weitere Beeinträchtigungen zu besorgen, so kann er auf Unterlassung klagen.

a) Tatbestandsvoraussetzungen und Rechtsfolgen von § 12 BGB

Die vorgenannte Regelung betrifft nicht nur den bürgerlichen Namen eines Menschen,[382] sondern unter anderem auch den Namen juristischer Personen des privaten[383] und des öffentlichen Rechts[384] im Privatrechtsverkehr.[385] Dement-

381 S.o. Teil 2 D. II. 4. b) bb).

382 Bayreuther, in: MüKo BGB, § 12, Rn 22; Ellenberger, in: Palandt, BGB, § 12, Rn 5.

383 Bayreuther, in: MüKo BGB, § 12, Rn 32 ff..

sprechend können sich sowohl die kirchlichen Vereine als auch die Evangelische Kirche in Deutschland und ihre Gliedkirchen in ihrer Eigenschaft als Körperschaften des öffentlichen Rechts auf § 12 BGB berufen.[386]
Entsprechend dem oben wiedergegebenen Wortlaut von § 12 BGB kann das darin verankerte Namensrecht durch die unberechtigte Namensanmaßung eines Dritten verletzt werden. Dies ist der Fall, wenn ein anderer den betreffenden Namen unbefugt und rechtswidrig für sich oder einen Dritten gebraucht, wodurch eine Zuordnungsverwirrung eintritt und schutzwürdige Interessen des Berechtigten verletzt werden.[387] Bei Körperschaften des öffentlichen Rechts, d.h. auch bei der Evangelischen Kirche in Deutschland und ihren Gliedkirchen, ist bereits dann von einer Interessenverletzung auszugehen, wenn der jeweilige Namensträger durch die Verwendung seines Namens in eine Beziehung zu einer Einrichtung gesetzt wird, mit der er nichts zu tun hat, weil in diesem Fall der Eindruck entsteht, er habe der Verwendung zugestimmt.[388]
Sind die Voraussetzungen von § 12 S. 1 BGB bzw. von § 12 S. 2 BGB erfüllt, so hat der verletzte Träger des betreffenden Namens einen Anspruch auf Beseitigung bzw. auf Unterlassung. Der Unterlassungsanspruch setzt die Besorgnis weiterer Beeinträchtigungen voraus und ist auf das Verbot für die Zukunft gerichtet. Die Entscheidung darüber, wie die Verwechslungsgefahr beseitigt werden soll, steht allerdings dem jeweiligen Verletzer, d.h. dem unbefugten Verwender des betreffenden Namens, zu.[389]

b) Rechte der verfassten evangelischen Kirchen in Deutschland aus § 12 BGB in Bezug auf den vorliegenden Fall

Nachdem die allgemeinen tatbestandlichen Voraussetzungen und die Rechtsfolgen von § 12 S. 1 BGB und § 12 S. 2 BGB kurz dargestellt wurden, bleibt nun zu erörtern, ob die Evangelische Kirche in Deutschland und ihre Gliedkirchen für den Fall, dass ein kirchlicher Verein ihre Namen oder Bestandteile ihrer Namen in seinem Namen verwendet, einen Anspruch auf Beseitigung und / oder Unterlassung aus § 12 BGB ableiten kann.[390]
Wie oben dargelegt, hängt die Anwendung von § 12 S. 1 BGB und § 12 S. 2 BGB unter anderem davon ab, dass sich durch die Verwendung des jeweiligen

384 Bayreuther, in: MüKo BGB, § 12, Rn 37 ff..

385 Jauernig, in: Jauernig, BGB, § 12, Rn 3; Ellenberger, in: Palandt, BGB, § 12, Rn 9.

386 Bayreuther, in: MüKo BGB, § 12, Rn 39.

387 Jauernig, in: Jauernig, BGB, § 12, Rn 3; Ellenberger, in: Palandt, BGB, § 12, Rn 23.

388 Bayreuther, in: MüKo BGB, § 12, Rn 218.

389 Ellenberger, in: Palandt, BGB, § 12, Rn 37.

390 Zu der von dieser Thematik zu unterscheidenden Frage, welche allgemeinen Anforderungen – etwa nach § 57 Abs. 1, Abs. 2 BGB – an den Namen eines Vereins gestellt werden, vgl. die ausführliche Darstellung bei Knof, in: Beuthien, Münchener Handbuch des Gesellschaftsrechts – Band 5, S. 293 ff..

Namens eine so genannte Zuordnungsverwirrung ergibt. Somit kommt es für die Entscheidung der Frage nach einem Beseitigungs- und / oder Unterlassungsanspruch der verfassten evangelischen Kirchen in Deutschland maßgeblich darauf an, ob sich der jeweilige kirchliche Verein durch die jeweilige umstrittene Namensverwendung in eine Beziehung zu den verfassten evangelischen Kirchen in Deutschland setzt, die diese nicht möchten.

Ob dies im Einzelfall zu bejahen oder zu verneinen ist, beurteilt sich wiederum danach, ob es sich bei dem jeweiligen Verein um einen kirchlichen Verein handelt oder nicht. Wie oben[391] darstellt, kann es sich bei einem Verein nur dann um einen kirchlichen, den evangelischen Kirchen in Deutschland nahe stehenden Verein handeln, wenn er der Evangelischen Kirche in Deutschland bzw. ihren Gliedkirchen zugeordnet ist. Die Zuordnung von Vereinen zu den verfassten evangelischen Kirchen in Deutschland richtet sich wiederum danach, ob diese Vereine „nach kirchlichem Selbstverständnis ihrem Zweck oder ihrer Aufgabe entsprechend berufen sind, ein Stück Auftrag der Kirche in dieser Welt wahrzunehmen und zu erfüllen“[392].

Es sind also die Evangelische Kirche in Deutschland und ihre Gliedkirchen selbst, die nach ihrem eigenen Selbstverständnis bestimmen, unter welchen Voraussetzungen ihnen eine Initiative zugeordnet sein soll. Wenn aber eine solche Initiative, im vorliegenden Fall namentlich ein Verein, die Anforderungen, die an die Zuordnung zu den verfassten evangelischen Kirchen in Deutschland gestellt werden, erfüllt, so müssen die verfassten evangelischen Kirchen in Deutschland es auch hinnehmen, dass der jeweilige Verein diese Zuordnung in der Öffentlichkeit – etwa durch einen entsprechenden Namensbestandteil – manifestiert.

c) Ergebnis

Wenn und soweit ein Verein die Anforderungen, die die Evangelische Kirche in Deutschland und ihre Gliedkirchen an eine Teilhabe am kirchlichen Selbstbestimmungsrecht nach Art. 140 GG i.V.m. Art. 137 Abs. 3 WRV und damit an eine Zuordnung stellen, erfüllt, so ist nicht erkennbar, mit welchem Recht sich die verfassten evangelischen Kirchen darauf berufen können sollten, der betreffende Verein setze sich öffentlich in eine Beziehung zu ihnen, die sie nicht hinnehmen wollten.

Konsequenterweise können die Evangelische Kirche in Deutschland und ihre Gliedkirchen auch nicht mit einer solchen Argumentation dagegen vorgehen, wenn ein kirchlicher, ihnen zugeordneter Verein ihren Namen oder einen Teil ihres Namens in seinem eigenen Namen verwendet. In diesen Fällen steht den verfassten evangelischen Kirchen in Deutschland weder ein Beseitigungsan-

---

391 S.o. Teil 2 C III. 2. b) bb).

392 BVerfGE, in: ZevKR 23, S. 414, 421.

spruch nach § 12 S. 1 BGB noch ein Unterlassungsanspruch nach § 12 S. 2 BGB zu.

E. Mitgliedschaft

I. Allgemeines

Die Mitgliedschaft in einem Verein kann auf unterschiedliche Arten und Weisen erworben werden. So werden zum einen diejenigen Personen, die die Gründung eines Vereins vornehmen, dessen Mitglieder.[393] Darüber hinaus ist es denkbar, dass eine Person, auch wenn sie nicht an der Errichtung eines Vereins mitgewirkt hat, qua Satzung so genanntes geborenes Mitglied des betreffenden Vereins ist.[394] Schließlich besteht die Möglichkeit, einem Verein durch einen entsprechenden konstitutiven Vertrag beizutreten und so Mitglied in dem betreffenden Verein zu werden.[395]
Nach § 56 BGB soll die Eintragung eines Vereins in das Vereinsregister nur dann erfolgen, wenn der betreffende Verein mindestens sieben Mitglieder hat. Der rechtsfähige, vor allem der eingetragene rechtsfähige Verein lebt von und mit seinen Mitgliedern. Es kann ihn ausschließlich als Körperschaft geben. Ein Ein-Mann-Gebilde nach dem Vorbild der Ein-Mann-GmbH ist weder vom Gesetz vorgesehen noch in tatsächlicher Hinsicht vorstellbar.[396]

Abgesehen von den vorgeschilderten Aspekten der Möglichkeiten des Erwerbs einer Vereinsmitgliedschaft und der Mindestmitgliederzahl des eingetragenen rechtsfähigen Vereins kommt es im Zusammenhang mit der Mitgliedschaft in den kirchlichen Vereinen immer wieder zu rechtlichen Problemstellungen[397], auf die es eine Antwort zu finden gilt.

---

393 Machanek, Verein, S. 125.

394 Machanek, Verein, S. 123.

395 Machanek, Verein, S. 123.

396 Bielitz, in: ZevKR 47, S. 56, 71.

397 Zu diesen Problemstellungen im Zusammenhang mit der Mitgliedschaft in einem kirchlichen Verein gehört die Frage, ob und, bejahendenfalls, unter welchen Prämissen ein Minderjähriger, der bereits religionsmündig ist, wirksam die Mitgliedschaft in einem kirchlichen Verein erwerben kann. Gemäß der Vorschrift des § 104 Nr. 1 BGB sind Kinder, die das siebente Lebensjahr noch nicht vollendet haben, geschäftsunfähig. Minderjährige, die das siebente Lebensjahr vollendet haben, sind in ihrer Geschäftsfähigkeit beschränkt, § 106 BGB.
Dies bedeutet, dass ein Minderjähriger zu einer Willenserklärung, durch die er nicht lediglich einen rechtlichen Vorteil erlangt, der Einwilligung seines gesetzlichen Vertreters bedarf, § 107 BGB. Lediglich dann, wenn ein Minderjähriger die vertragsgemäße

Leistung mit Mitteln bewirkt, die ihm zu diesem Zweck oder zur freien Verfügung von dem Vertreter oder mit dessen Zustimmung überlassen worden sind, gilt ein von einem Minderjährigen ohne Zustimmung des gesetzlichen Vertreters geschlossener Vertrag als von Anfang an wirksam, § 110 BGB. Vor dem Hintergrund dieser rechtlichen Regelungen betreffend die Geschäftsfähigkeit bzw. die Geschäftsunfähigkeit und die beschränkte Geschäftsfähigkeit Minderjähriger kann es zu rechtlichen Problemen kommen, wenn es um die Frage geht, ob und, wenn ja, unter welchen Voraussetzungen ein Minderjähriger Mitglied in einem kirchlichen Verein sein kann (Machanek, Verein, S. 123, 124).
Den Mitgliedern in einem Verein obliegen regelmäßig bestimmte Pflichten. Dementsprechend ist der Erwerb einer Vereinsmitgliedschaft in der Regel nicht lediglich rechtlich vorteilhaft (J. Schmitt, in: MüKo BGB, § 107, Rn 28; Ellenberger, in: Palandt, BGB, § 107, Rn 2). Ein Minderjähriger benötigt daher, um wirksam einem Verein beitreten zu können, die Einwilligung seiner gesetzlichen Vertreter (Jauernig, in: Jauernig, BGB, § 107, Rn 3; J. Schmitt, in: MüKo BGB, § 107, Rn 19).
Diese Situation scheint erst einmal unproblematisch zu sein, ist es doch grundsätzlich möglich, dass der Beitritt zu einem Verein durch einen Vertreter erklärt wird (Machanek, Verein, S. 123). Schwierigkeiten ergeben sich aber dann, wenn der gesetzliche Vertreter eines Minderjährigen, der Mitglied in einem kirchlichen Verein werden möchte, die entsprechende Einwilligung verweigert. Denn in derartigen Fällen stellt sich die Frage, ob es rechtens ist, wenn der gesetzliche Vertreter seine Einwilligung nicht erteilt und dadurch verhindert, dass der betreffende Minderjährige Mitglied in dem betreffenden Verein wird, oder ob der Minderjährige nicht vielmehr ein Recht darauf hat, dass sein gesetzlicher Vertreter die gewünschte Einwilligung erteilt.
Es sind nämlich nicht nur Erwachsene, sondern auch Kinder und Jugendliche ab einem gewissen Alter religionsmündig. So bestimmt § 5 des Gesetzes über die religiöse Kindererziehung (RelKErzG) vom 15. Juli 1921 in seiner ab dem 1. September 2009 geltenden Fassung (RGBl. 1921, S. 939, zuletzt geändert durch Art. 63 Gesetz vom 17. Dezember 2008, BGBl. 2008, S. 2586, 2728):

> Nach Vollendung des vierzehnten Lebensjahrs steht dem Kinde die Entscheidung darüber zu, zu welchem religiösen Bekenntnis es sich halten will. Hat das Kind das zwölfte Lebensjahr vollendet, so kann es nicht gegen seinen Willen in einem anderen Bekenntnis als bisher erzogen werden.

Die vorgenannte Regelung enthält eine einfachgesetzliche Ausprägung des einheitlichen Grundrechts der Religionsfreiheit. Dabei trägt sie insbesondere dem Umstand Rechnung, dass nicht nur Erwachsene, sondern auch Kinder und Jugendliche Träger des Grundrechts aus Art. 4 Abs. 1, Abs. 2 GG sind (Jarass, in: Jarass / Pieroth, GG, Art. 19, Rn 13; Hofmann, in: Schmidt-Bleibtreu / Hofmann / Hopfauf, GG, Art. 19, Rn 6).
Dem Wortlaut von § 5 RelKErzG lässt sich unschwer entnehmen, dass es einem mindestens 14 Jahre alten Minderjährigen nicht verwehrt werden kann, Mitglied in einer Religionsgemeinschaft zu werden. Fraglich ist allerdings, ob § 5 RelKErzG auch dann eine entsprechende Geltung entfaltet, wenn es nicht um die Mitgliedschaft in einer Religionsgemeinschaft an sich, sondern um die Mitgliedschaft in einem einer Religionsgemeinschaft zuzuordnenden Verein, in dem hier untersuchten Fall also in einem kirchlichen Verein geht.

II. Mitgliedschaft von Pfarrern

Im Zusammenhang mit der Mitgliedschaft von evangelischen Pfarrern in kirchlichen Vereinen stellen sich beispielsweise zwei Fragen, die aus unterschiedlichen Interessenlagen entspringen: Zum einen ist zu diskutieren, ob und, beja-

---

Die Mitgliedschaft in einem solchen Verein ist Religionsausübung, d.h. Ausdruck eines bestimmten Bekenntnisses und als solcher durch das einheitliche Grundrecht der Religionsfreiheit in Art. 4 Abs. 1, Abs. 2 GG geschützt (Pieroth / Schlink, Grundrechte, S. 127; Kokott, in: Sachs, Grundgesetz, Art. 4, Rn 18, 27, 32; Hofmann, in: Schmidt-Bleibtreu / Hofmann / Hopfauf, Grundgesetz, Art. 4, Rn 24). Dies bedeutet jedoch nicht, dass religionsmündige Minderjährige aus Art. 4 Abs. 1, Abs. 2 GG einen Anspruch auf Erteilung der Einwilligung zum Beitritt zu einem kirchlichen Verein gegen ihre gesetzlichen Vertreter, also in der Regel gegen ihre Eltern, ableiten könnten.
Zum einen sind die gesetzlichen Vertreter, also in der Regel die Eltern eines religionsmündigen Minderjährigen, überhaupt nicht Adressaten des einheitlichen Grundrechts der Religionsausübung aus Art. 4 Abs. 1, Abs. 2 GG. Folglich liegt kein Eingriff in den Schutzbereich von Art. 4 Abs. 1, Abs. 2 GG vor, wenn einem religionsmündigen Minderjährigen, der einem kirchlichen Verein beitreten möchte, die hier nach § 107 BGB erforderliche Einwilligung seines gesetzlichen Vertreters, also zumeist seiner Eltern, nicht erteilt wird.
Hinzu kommt, dass die Vorschrift des § 5 RelKErzG nicht so verstanden werden kann, dass sie neben der Freiheit zur Entscheidung für oder gegen ein bestimmtes Bekenntnis auch die Freiheit schützen würde, sich entsprechend diesem Bekenntnis zu engagieren, namentlich einem dem betreffenden Bekenntnis nahe stehenden Verein beizutreten. Der Schutz, den die Vorschrift des § 5 RelKErzG religionsmündigen Minderjährigen im Hinblick auf ihre Entscheidung für oder gegen ein bestimmtes Bekenntnis bietet, hängt nicht etwa davon ab, ob es dem betreffenden religionsmündigen Minderjährigen gleichzeitig auch möglich ist, die jeweilige Religion, zu der er sich bekennt, auch innerhalb eines Vereins, der der jeweiligen Religionsgemeinschaft nahe steht, auszuüben. Vielmehr lässt sich der Schutz, den die Vorschrift des § 5 RelKErzG religionsmündigen Minderjährigen bietet, auch gewährleisten, ohne dass gleichzeitig die Ausübung der Religion, für oder gegen die sich ein religionsmündiger Minderjähriger entscheidet, sichergestellt wird. Ein argumentum a maiore ad minus, demzufolge § 5 RelKErzG auch die Religionsausübung schützen müsse, wenn es schon die Entscheidung für oder gegen ein Bekenntnis schützt, lässt sich daher gerade nicht erkennen.
Auch in dem Fall, in dem ein religionsmündiger Minderjähriger einem kirchlichen Verein beitreten möchte, gelten dementsprechend die Vorschriften der § 106 BGB i.V.m. §§ 107 bis 112 BGB. Das bedeutet, dass ein religionsmündiger Minderjähriger nur dann seinen Beitritt zu einem solchen Verein erklären kann, wenn sein gesetzlicher Vertreter seine Zustimmung hierzu erteilt, § 107 BGB, es sei denn, der betreffende religionsmündige Minderjährige ist in der Lage, die Verpflichtungen, die ihm aus der Mitgliedschaft in dem betreffenden Verein erwachsen, mit Mitteln zu bewirken, die ihm zu diesem Zweck oder zu seiner freien Verfügung von seinem gesetzlichen Vertreter oder mit dessen Zustimmung von einem Dritten überlassen worden sind, § 110 BGB.

hendenfalls, unter welchen Voraussetzungen evangelische Pfarrer Mitglied in kirchlichen Vereinen werden können bzw. ob und, bejahendenfalls, unter welchen Voraussetzungen ihnen dies von Seiten der Evangelischen Kirche in Deutschland bzw. ihrer Gliedkirchen untersagt werden kann. Zum anderen ist zu erörtern, ob und, bejahendenfalls, unter welchen Voraussetzungen die verfassten evangelischen Kirchen in Deutschland evangelische Pfarrer zur Mitgliedschaft in einem kirchlichen Verein verpflichten können, wenn sie hieran ein entsprechendes Interesse haben.

1. Berechtigung von evangelischen Pfarrern zur Mitgliedschaft in einem kirchlichen Verein

Auf den ersten Blick scheint nichts dagegen zu sprechen, wenn ein evangelischer Pfarrer Mitglied in einem kirchlichen Verein wird oder sogar ein besonderes Amt in einem derartigen Verein übernimmt. Bei genauerem Hinsehen wird jedoch deutlich, dass es durchaus problematisch sein kann, wenn sich ein evangelischer Pfarrer nicht ausschließlich seiner Aufgabe als Gemeindepfarrer widmet, sondern daneben noch eine zusätzliche andere Aufgabe übernimmt.
Hierfür hat insbesondere der Beschluss des Bundesverfassungsgerichts vom 21. September 1976 zum so genannten „Bremer Pastoren-Fall" sensibilisiert, in dem der entscheidende Senat ausgeführt hat:

> „Es gehört also zu den ganz wesentlichen Anliegen der Kirche, daß der Pfarrer sich seinem frei gewählten Dienst in der Kirche ungeteilt widmet und nicht neben dem kirchlichen Amt des Pfarrers das für die Gesellschaft sehr wichtige und nicht minder Zeit und Kraft raubende Amt im öffentlichen Leben des verfaßten Staates als Abgeordneter in einem Landes- oder im Bundesparlament ausübt und daß der Pfarrer nicht parteipolitische Aktivität entwickelt, die innerhalb der Gemeinde je nach Nähe des Gemeindemitglieds zu der einen oder anderen politischen Partei Zustimmung oder Ablehnung erfährt und damit in der Regel Spannung in die Gemeinde hineinträgt."[398]

Im vorgenannten Fall ging es im Wesentlichen um die Frage, ob und inwieweit es rechtens ist, wenn nach § 1 Abs. 1 des Kirchengesetzes über die Rechtsstellung der in eine staatliche gesetzgebende Körperschaft gewählten Angehörigen des kirchlichen Dienstes (BremKG) vom 28. März 1973[399] ein Pfarrer oder Kirchenbeamter der Bremischen Evangelischen Kirche, wenn er in den Deutschen Bundestag oder in die gesetzgebende Körperschaft eines Landes gewählt wird, für die Dauer dieses Mandats als beurlaubt gilt. Der Sachverhalt lag also an sich anders als bei der vorliegenden Fragestellung, bei der es darum geht, ob und in-

398 BVerfGE 42, S. 312, 336.
399 ABl. EKD 1973, S. 966.

wieweit es zulässig ist, wenn sich ein evangelischer Pfarrer neben seiner Tätigkeit als Gemeindepfarrer als Mitglied in einem kirchlichen Verein engagiert.

Die grundsätzlichen Aussagen der Entscheidung des Bundesverfassungsgerichts vom 21. September 1976 zum „Bremer Pastoren-Fall" lassen sich aber auch auf die hiesigen Untersuchungen übertragen. Auch wenn ein evangelischer Pfarrer neben seiner Aufgabe als Gemeindepfarrer in einem kirchlichen Verein tätig wird, besteht die Gefahr, dass ihm nicht mehr genug Freiraum bleibt, um sich seinen Aufgaben in seiner Gemeinde zu widmen. Außerdem ist es auch in einem solchen Fall nicht ausgeschlossen, dass es zu Spannungen innerhalb der Gemeinde kommt, weil sich etwa ein Teil der Gemeindemitglieder mit dem betreffenden Verein identifizieren kann, ein anderer aber nicht, oder weil sich ein Teil der Gemeindemitglieder benachteiligt fühlt, weil der Gemeindepfarrer Mitglied in einem Verein ist, nicht aber in einem anderen, in dem sie selbst auch Mitglieder sind.
Es ist also nicht gänzlich unproblematisch, wenn sich ein evangelischer Pfarrer zusätzlich zu seiner Aufgabe in der Gemeinde in einem kirchlichen Verein als Mitglied oder gar als Amtsträger engagiert. Dementsprechend ist es auch nicht alleine seine Entscheidung, ob er eine solche Betätigung übernehmen möchte.
Für den Bereich der Evangelischen Landeskirche in Baden sieht dementsprechend beispielsweise § 25 des Pfarrdienstgesetzes der Evangelischen Landeskirche in Baden (PfDG Baden) vom 22. Oktober 1998 in der Fassung vom 24. April 2009[400] folgende Regelung vor:

> (1) Eine Nebenbeschäftigung darf nur angenommen werden, wenn sie mit der gewissenhaften Ausübung des Dienstes und der Würde des Amtes zu vereinbaren ist.
>
> (2) [1]Zur Annahme einer solchen Tätigkeit, auch wenn sie unentgeltlich ausgeübt wird, bedarf es der vorherigen Zustimmung des Evangelischen Oberkirchenrates. [2]Die Zustimmung ist jederzeit widerruflich.
>
> (3) [1]Absatz 2 gilt nicht für
>
> 1. (…)
>
> 2. die Übernahme von Ämtern in (…) Vereinen, deren Bestrebungen ausschließlich kirchlichen, wohltätigen, erzieherischen oder beruflichen Zwecken dienen.
>
> [2]Die Übernahme einer derartigen Betätigung ist dem Evangelischen Oberkirchenrat anzuzeigen. [3]Der Evangelische Oberkirchenrat kann eine solche Tätigkeit untersagen, wenn dadurch die ordnungsgemäße Ausübung des Pfarrdienstes beeinträchtigt wird.
>
> (4) (…)

400 GVBl. ELK Baden 2009, S. 66 ff..

Die kirchlichen Vereine, die Gegenstand der vorliegenden Untersuchung sind, verfolgen im allgemeinen, wie oben dargestellt wurde,[401] kirchliche, wohltätige, erzieherische oder berufliche Zwecke. Damit ist das Engagement eines Pfarrers im Gebiet der Evangelischen Landeskirche in Baden als Mitglied oder gar Amtsträger in einem solchen Verein nach § 25 Abs. 3 Nr. 2 S. 1 i.V.m. § 25 Abs. 2 PfDG Baden erst einmal nicht von der Zustimmung des Evangelischen Oberkirchenrats abhängig. Der jeweilige Pfarrer, der sich neben seiner Aufgabe als Gemeindepfarrer in einem solchen Verein betätigen möchte, ist jedoch nach § 25 Abs. 3 S. 2 PfDG Baden verpflichtet, diese Tätigkeit bzw. die Übernahme eines solchen Amts dem Evangelischen Oberkirchenrat anzuzeigen. Dieser hat wiederum nach § 25 Abs. 2. S. 3 PfDG Baden die Möglichkeit, dem jeweiligen Pfarrer sein Engagement in dem jeweiligen Verein zu untersagen, wenn dadurch die ordnungsgemäße Ausübung des Pfarrdienstes beeinträchtigt wird.

Damit trägt die Evangelische Landeskirche in Baden den oben geschilderten Problemen Rechnung. Der Evangelische Oberkirchenrat in Baden kann den Differenzen, die sich ergeben können, wenn sich ein Gemeindepfarrer zusätzlich zu seiner Aufgabe in der Gemeinde in einem kirchlichen Verein betätigt, begegnen, indem er, wenn sie tatsächlich eintreten sollten, das Engagement des jeweiligen Pfarrers in dem jeweiligen Verein untersagt.

2. Verpflichtung von evangelischen Pfarrern zur Mitgliedschaft in kirchlichen Vereinen

Im Gegensatz zu dem gerade eben geschilderten Szenario kann sich jedoch auch die Frage stellen, ob und inwieweit es den verfassten evangelischen Kirchen in Deutschland möglich ist, evangelische Pfarrer zur Mitgliedschaft in einem kirchlichen Verein zu verpflichten.

a) Erfordernis einer institutionellen Verbindung

aa) allgemeine Grundsätze der Zuordnung von Vereinen zu den verfassten evangelischen Kirchen in Deutschland

Wie oben[402] bereits ausgeführt wurde, ist eines der allgemeinen Kriterien, von denen die Zuordnung eines Vereins zur Evangelischen Kirche in Deutschland bzw. zu ihren Gliedkirchen abhängig gemacht wird, die institutionelle Verbindung zwischen dem jeweiligen Verein und den verfassten evangelischen Kirchen in Deutschland.

---

401 S.o. Teil 1 B. II. 1..

402 S.o. Teil 2 C. III. 2. b) aa).

bb) Zuordnung von diakonischen Vereinen zu den verfassten evangelischen Kirchen in Deutschland nach der Zuordnungsrichtlinie

Im Hinblick auf diejenigen Vereine, die Mitglied im Diakonischen Werk der Evangelischen Kirche in Deutschland e.V. bzw. im Diakonischen Werk einer Evangelischen Landeskirche sind, finden sich darüber hinaus zu diesem Aspekt spezielle Regelungen in der Richtlinie des Rates der Evangelischen Kirche in Deutschland über die Zuordnung diakonischer Einrichtungen zur Kirche – Zuordnungsrichtlinie – vom 8. Dezember 2007[403]. So bestimmt § 2 der Zuordnungsrichtlinie:

> Grundlegende Kennzeichen diakonischer Werke und Einrichtungen als Wesens- und Lebensäußerungen der Kirche sind die Erfüllung eines kirchlichen Auftrags im Einklang mit dem Selbstverständnis der Kirche sowie die kontinuierliche Verbindung zur Kirche. (…)

Darüber hinaus regelt § 3 Abs. 4 der Zuordnungsrichtlinie:

> Ob ein Werk oder eine Einrichtung die Kennzeichen nach § 2 dieser Richtlinie erfüllt, bemisst sich anhand einer Gesamtschau der Zuordnungsvoraussetzungen in § 4 dieser Richtlinie.

§ 4 Abs. 2 der Zuordnungsrichtlinie besagt schließlich:

> Die kontinuierliche Verbindung von diakonischen Einrichtungen und Kirche wird gewährleistet durch
>
> a) Personen, die aufgrund eines kirchlichen Auftrags in der Einrichtung als geborene oder gewählte Organmitglieder mitwirken,
>
> b) Mitwirkung des Diakonischen Werkes der EKD bzw. des Landesverbandes der Diakonie oder der Kirche bei Satzungsänderungen und
>
> c) die erklärte Bereitschaft, das einschlägige kirchliche Recht anzuwenden.

Die Mitwirkung von Personen aufgrund eines kirchlichen Auftrages als geborene oder gewählte Organmitglieder, die § 4 Abs. 2 lit. a) der Zuordnungsrichtlinie als Kriterium der kontinuierlichen Verbindung von diakonischen Einrichtungen und Kirche nennt, ist dabei nicht als eines von drei alternativen Kriterien zu verstehen. Vielmehr bringt § 4 Abs. 2 lit. b) der Zuordnungsrichtlinie durch das Wort „und“ zum Ausdruck, dass die kontinuierliche Verbindung von diakonischen Einrichtungen und Kirche nur dann gewährleistet ist, wenn die Kriterien nach § 4 Abs. 2 lit. a), lit. b) *und* lit. c) kumulativ vorliegen. Die kontinuierliche Verbindung von diakonischen Einrichtungen und Kirche hängt also stets davon ab, dass Personen aufgrund eines kirchlichen Auftrags in der Einrichtung als geborene oder gewählte Organmitglieder mitwirken.

---

403 ABl. EKD 2007, S. 405 f..

b) Interesse der verfassten evangelischen Kirchen in Deutschland an der Mitgliedschaft von Pfarrern in kirchlichen Vereinen

Wenn und soweit die Evangelische Kirche in Deutschland und ihre Gliedkirchen ein Interesse daran haben, dass ihnen eine Einrichtung, im vorliegend untersuchten Fall ein entsprechender Verein zugeordnet wird, so müssen sie vor dem Hintergrund der oben erörterten Gegebenheiten auch ein Interesse daran haben, dass in dem betreffenden Verein Personen aufgrund eines kirchlichen Auftrages als geborene oder gewählte Organmitglieder mitwirken.

Angesichts des weit gefassten Wortlautes von § 4 Abs. 2 lit. a) der Zuordnungsrichtlinie lässt sich die betreffende Regelung nicht derart eingrenzen, dass als Personen, die durch ihre Mitwirkung aufgrund eines kirchlichen Auftrages als geborene oder gewählte Organmitglieder zur Gewährleistung der kontinuierlichen Verbindung von diakonischer Einrichtung und Kirche beitragen, nur evangelische Pfarrer in Betracht kämen. Allerdings kann umgekehrt davon ausgegangen werden, dass evangelische Pfarrer jedenfalls als Personen im Sinne von § 4 Abs. 2 lit. a) der Zuordnungsrichtlinie in Betracht kommen. Obendrein können die verfassten evangelischen Kirchen in Deutschland ein besonderes Interesse daran haben, dass gerade ein evangelischer Pfarrer einen kirchlichen Auftrag gemäß § 4 Abs. 2 lit. a) der Zuordnungsrichtlinie erhält, da ein evangelischer Pfarrer als Repräsentant der Amtskirche in ganz besonderem Maße für eine Verknüpfung zwischen der Evangelischen Kirche in Deutschland bzw. ihren Gliedkirchen einerseits und der diakonischen Einrichtung, hier einem entsprechenden Verein, andererseits sorgt.

Entsprechendes gilt im Hinblick auf diejenigen kirchlichen Vereine, die den verfassten evangelischen Kirchen in Deutschland zugeordnet sind, ohne Mitglied in einem Diakonischen Werk zu sein oder zu werden.

c) Möglichkeit der Verpflichtung von Pfarrern zur Mitgliedschaft in kirchlichen Vereinen

Somit stellt sich die Frage, ob und inwieweit die verfassten evangelischen Kirchen in Deutschland berechtigt sind, einen evangelischen Pfarrer zur Mitgliedschaft in einem kirchlichen Verein zu verpflichten.

Für den Bereich der Evangelischen Landeskirche in Baden geben insoweit wiederum die Regelungen im kirchlichen Gesetz über den Pfarrdienst der Evangelischen Landeskirche in Baden (PfDG Baden)vom 22. Oktober 1998 in der Fassung vom 24. April 2009[404] Aufschluss.

Dort findet sich in Abschnitt 1, Teil 1, Abs. 6 unter der amtlichen Überschrift „Grundsätze" folgende Regelung:

> (...) An Entschließungen des Ältestenkreises und des Kirchengemeinderates und an Weisungen der Dekanin bzw. des Dekans sowie der Kirchenleitung haben sie (An-

404 GVBl. ELK Baden 2009, S. 66 ff..

> merkung: Pfarrerinnen und Pfarrer) sich im Rahmen der kirchlichen Ordnung zu halten (…).

Des weiteren bestimmt § 16 PFDG Baden:

> [1]Pfarrerinnen und Pfarrer sind unbeschadet ihrer Dienstverpflichtung gegenüber der Gemeinde, in die sie berufen sind, der gesamten Kirche zum Dienst verpflichtet. [2]Nach dem Maße ihrer Leistungsfähigkeit können ihnen vom Evangelischen Oberkirchenrat oder vom Bezirkskirchenrat Dienste zugewiesen werden, die nicht zu ihrer Stelle gehören. (…)

Die Pfarrer im Gebiet der Evangelischen Landeskirche in Baden sind also verpflichtet, Weisungen entsprechend den oben zitierten Grundsätzen Folge zu leisten. Sieht nun die Satzung eines kirchlichen Vereins vor, dass ein Organ der Evangelischen Landeskirche in Baden – also etwa der jeweils zuständige Dekan oder der Evangelische Oberkirchenrat – das Recht hat, Mitglieder für den jeweiligen kirchlichen Verein zu benennen, und benennt das betreffende Organ einen Pfarrer als Mitglied des jeweiligen kirchlichen Vereins, so ist der betreffende Pfarrer verpflichtet, dieser Weisung zu gehorchen und Mitglied des jeweiligen kirchlichen Vereins zu werden.

III. Anforderungen an die Eigenschaften der Mitglieder

Die kirchlichen Vereine haben nicht selten ein Interesse daran, gewisse Anforderungen an ihre Mitglieder zu stellen. Namentlich wird für eine Mitgliedschaft in einem solchen Verein häufig die Mitgliedschaft in der Evangelischen Kirche in Deutschland bzw. in ihren Gliedkirchen vorausgesetzt. In diesem Zusammenhang ist jedoch fraglich, ob derartige Vorgaben in rechtlicher Hinsicht zulässig sind oder ob nicht vielmehr auch andere Personen einen Anspruch darauf haben, in den betreffenden Verein aufgenommen zu werden.

Einerseits gewährt das kirchliche Selbstbestimmungsrecht nach Art. 140 GG i.V.m. Art. 137 Abs. 3 WRV, an dem die kirchlichen Vereine partizipieren, diesen Vereinen die Freiheit, selbst zu bestimmen, wen sie als Mitglieder aufnehmen wollen und welche Voraussetzungen ihre Mitglieder erfüllen müssen.[405] Andererseits dürfte der Wunsch, Mitglied in einem kirchlichen Verein zu werden, regelmäßig einem religiösen Bekenntnis entspringen, damit eine Art von Religionsausübung sein und folglich unter dem Schutz des einheitlichen Grundrechts aus Art. 4 Abs. 1, Abs. 2 GG stehen. Somit stellt sich die Frage, wie das Spannungsverhältnis zwischen der Gewährleistung aus Art. 140 GG i.V.m.

405 Machanek, Verein, S. 126, 127.

Art. 137 Abs. 3 WRV einerseits und Art. 4 Abs. 1, Abs. 2 GG andererseits zu einem möglichst schonenden Ausgleich gebracht werden kann.
Die Religionsausübungsfreiheit ist lediglich eine Ausprägung der Bekenntnisfreiheit.[406] Zwar setzt eine Religionsausübung die Entscheidung für einen bestimmten Glauben bzw. für ein bestimmtes Bekenntnis voraus. Die Glaubens- und Bekenntnisfreiheit kann jedoch unabhängig davon gewährleistet werden, ob nun der jeweilige Gläubige und Bekennende einer Religion als Mitglied in einen kirchlichen Verein aufgenommen wird, oder nicht. Dies gilt umso mehr, wenn man bedenkt, dass es für ihn unter Umständen auch andere Möglichkeiten gibt, seine Religion auszuüben.[407]

Somit lässt sich aus dem einheitlichen Grundrecht der Glaubensfreiheit nach Art. 4 Abs. 1, Abs. 2 GG kein Anspruch darauf herleiten, Mitglied in einem kirchlichen Verein zu werden.

F. Verschiedene Möglichkeiten einer Kooperation

I. Vereinsbildungen allein im Bereich der evangelischen Kirche

Wie bereits oben aufgezeigt,[408] gibt es zahlreiche kirchliche Vereine. Die vorliegende Arbeit ist bei ihren Untersuchungen bislang allein von derartigen Konstellationen ausgegangen, d.h. von Vereinen, die sich allein auf den Bereich der Evangelischen Kirche in Deutschland und ihrer Gliedkirchen beziehen.
Allerdings stellt sich die Frage, inwieweit neben diesen „rein evangelischen“ Vereinsbildungen Möglichkeiten einer Kooperation bestehen, wobei nicht nur der Aspekt einer überkonfessionellen Kooperation zwischen Vereinsbildungen aus dem Bereich der evangelischen Kirchen einerseits und aus dem Bereich der katholischen Kirche andererseits, sondern auch der Aspekt einer Kooperation zwischen Kirche und Staat immer wieder Gegenstand von Diskussionen ist. Denn eine solche Zusammenarbeit ist nicht nur ratsam, wenn es der Kirche darum geht, Präsenz zu zeigen und Kräfte zu bündeln, sondern sie erscheint zudem vielfach auch aus wirtschaftlichen Gründen sinnvoll.[409]

---

406 Pieroth / Schlink, Grundrechte, S. 126, 127; Kokott, in: Sachs, Grundgesetz, Art. 4, Rn 18, 27, 32.

407 Machanek, Verein, S. 127, 128.

408 S.o. Teil 1 B. II..

409 Falterbaum, Caritas und Diakonie, S. 104; Glawatz, Diakonie, S. 132; Krämer, in: ZevKR 41, S. 66, 71.

Der Brisanz dieser Thematik soll auch in der vorliegenden Untersuchung Rechnung getragen werden, so dass an dieser Stelle erörtert werden soll, ob, inwieweit und unter welchen Voraussetzungen Kooperationen in der oben angesprochenen Form möglich sind, vor welchen Problemen derartige Kooperationen stehen und wo sie an Grenzen stoßen.

II. Kooperation über die Konfessionen hinweg

Seit inzwischen nahezu einem Jahrhundert gibt es in Deutschland durchaus erfolgreiche konfessionsübergreifende, ja konfessionsverbindende Kooperationen, zu denen neben der Bahnhofsmission auch die so genannte Telefonseelsorge und nicht zuletzt verschiedene Projekte aus dem Bereich der Hospizarbeit zählen.[410]

1. Begriff der Ökumene

Bei einer Betrachtung der Möglichkeiten und Grenzen von ökumenischen, die protestantische und die katholische Konfession verbindenden Kooperationen ist zunächst zu klären, was überhaupt unter einer ökumenischen Kooperation zu verstehen ist. Die bloße Zusammenarbeit von verschiedenen Vereinsbildungen aus dem Bereich der evangelischen Kirchen in Deutschland einerseits und dem Bereich der katholischen Kirche andererseits stellt zwar eine überkonfessionelle Kooperation dar, ist jedoch noch nicht automatisch als Ökumene zu verstehen.[411] Diese ist erst dann gegeben, wenn eine überkonfessionelle Vereinsbildung „die Annäherung und Einigung der getrennten christlichen Kirchen und kirchlichen Gemeinschaften zum Ziel hat sowie der gemeinsamen Aufgabe der Christen gegenüber der Welt dient“[412].

2. Rechtsformen einer ökumenischen Kooperation

Wenn tatsächlich eine ökumenische Kooperation im Sinne der vorgenannten Definition gegeben ist, stellt sich des Weiteren die Frage, wie diese ökumenische Kooperation im Einzelfall ausgestaltet ist. Denn es existiert zwar keine eigene Rechtsform für ökumenische Trägerschaften,[413] jedoch gibt es verschiede-

410 Falterbaum, Caritas und Diakonie, S. 104-105; Ludemann / Negwer, Rechtsformen, S. 153, 154.

411 Bauer, GmbH, S. 129.

412 Bauer, GmbH, S. 129.

413 Ludemann / Negwer, Rechtsformen, S. 155.

ne Formen einer Kooperation, die sich stark unterscheiden, was die Enge der Verbindung der beiden Konfessionen angeht.

a) *Kooperationsvereinbarung*

Als schwächste Form einer ökumenischen Kooperation bietet sich die so genannte Kooperationsvereinbarung an. Rechtlich handelt es sich bei ihr um ein Dauerschuldverhältnis besonderer Art[414], das eine Regelung zum Inhalt hat, wonach Angehörige bzw. Vereinsbildungen unterschiedlicher Konfessionen zusammenarbeiten, wobei sie jedoch jeweils eigenständig bleiben.[415]
Bei Kooperationen dieser Art ist es nicht von Nöten, einen gesonderten, eigens ökumenischen Rechtsträger zu schaffen. Dementsprechend bieten Kooperationsvereinbarungen die Möglichkeit einer wenig bürokratischen, dafür aber umso flexibleren Zusammenarbeit. Gerade weil es an einem eigenen Rechtsträger fehlt und weil die Kooperationsvereinbarung unbürokratisch möglich ist, treten in der Praxis allerdings immer wieder Unklarheiten auf, beispielsweise wenn Haftungsfälle eintreten.[416]

b) *Arbeitsgemeinschaft*

Eine Möglichkeit zu einer Zusammenarbeit mit einer engeren Verflechtung der verschiedenen Konfessionen als sie bei einer bloßen Kooperationsvereinbarung vorliegt, besteht in Gestalt einer so genannten Arbeitsgemeinschaft. Rechtlich ist eine solche Arbeitsgemeinschaft als Gesellschaft bürgerlichen Rechts im Sinne des § 705 BGB zu qualifizieren.[417]

c) *Verein als eigens ökumenischer Rechtsträger*

Die „rechtlich intensivste Form der ökumenischen Trägerschaft“[418] stellt die Schaffung eines eigenen Rechtsträgers dar, mit dem der gemeinsame Zweck und die gemeinsamen Ziele verfolgt werden sollen.[419] Als mögliche Rechtsform für

414 Bauer, GmbH, S. 129.

415 Eberle, Sozialstationen, S. 165.

416 Bauer, GmbH, S. 130.

417 Bauer, GmbH, S. 130; Eberle, Sozialstationen, S. 166; vgl. zu diesem Aspekt im Übrigen die Ausführungen bei Bauer, GmbH, S. 130, wobei die dortige Darstellung vor dem Hintergrund betrachtet werden muss, dass seit dem Urteil des Bundesgerichtshofs vom 29. Januar 2001 zum Aktenzeichen II ZR 331/00 (BGHZ 146, S. 341 ff.) die Rechtsfähigkeit der Gesellschaft bürgerlichen Rechts höchstrichterlich anerkannt ist.

418 Bauer, GmbH, S. 130.

419 Eberle, Sozialstationen, S. 165.

einen solchen eigenen Rechtsträger steht grundsätzlich – unter anderem – der eingetragene rechtsfähige Verein zur Verfügung.[420]

3. Möglichkeiten und Grenzen einer Kooperation

Nachdem also festgestellt wurde, dass es verschiedene Möglichkeiten gibt, eine ökumenische Kooperation in ein rechtliches, insbesondere gesellschaftsrechtliches Gewand zu kleiden, und dass für eine solche Kooperation auch die hier untersuchte Rechtsform des Vereins, vor allem des eingetragenen rechtsfähigen Vereins zur Verfügung steht, stellt sich nun die Frage, ob, inwieweit und unter welchen Voraussetzungen eine solche Kooperation möglich ist und wo sie hingegen an ihre Grenzen stößt.

a) Standpunkt der beiden Kirchen bezüglich einer ökumenischen Kooperation

In rein praktischer Hinsicht ist zunächst zu untersuchen, wie die beiden großen christlichen Kirchen zu dem Thema einer ökumenischen Kooperation stehen, d.h. ob von Seiten der evangelischen Kirchen in Deutschland und der katholischen Kirche überhaupt die Weichen für eine solche Kooperation gestellt sind.
Die katholische Kirche steht der Ökumene grundsätzlich offen gegenüber, insbesondere im Bereich der gesundheits- und sozialpflegerischen Dienste.[421] Die Errichtung eines eigenen ökumenischen Rechtsträgers für die Zusammenarbeit soll nach dem Dafürhalten der katholischen Kirche jedoch nur in Ausnahmefällen zulässig sein.[422] Als Begründung für diese Auffassung führt die katholische Kirche mögliche arbeits- und vermögensrechtliche sowie wohlfahrtspolitische Probleme[423] an, mit denen ein ökumenischer Rechtsträger in besonderem Maße konfrontiert sein könnte.
Hingegen scheinen die evangelischen Kirchen offener zu sein, was ökumenische Kooperationen und die Errichtung eigener ökumenischer Rechtsträger angeht. Jedenfalls haben sie sich – soweit ersichtlich – bislang nicht ausdrücklich gegen eine konfessionsübergreifende Zusammenarbeit und die Schaffung gemeinsamer Rechtsträger ausgesprochen.[424]

---

420 Bauer, GmbH, S. 130; Eberle, Sozialstationen, S. 165.

421 Deutscher Caritasverband, Unser Standpunkt Nr. 1, S. 19; Deutscher Caritasverband, Unser Standpunkt Nr. 4, S. 34; Deutscher Caritasverband / Hüssler, Caritas und Pfarrgemeinde, S. 47; Eberle, Sozialstationen, S. 166; Glawatz, Diakonie, S. 122.

422 Deutscher Caritasverband / Hüssler, Caritas und Pfarrgemeinde, S. 47; Ludemann / Negwer, Rechtsformen, S. 153.

423 Bauer, GmbH, S. 132; Eberle, Sozialstationen, S. 166; Glawatz, Diakonie, S. 122.

424 Bauer, GmbH, S. 132; Robbers, in: epd-Dokumentation 16/02, S. 19, 21.

b) *Rechtliche Voraussetzungen und Hindernisse*

Von Seiten der beiden großen christlichen Kirchen bestehen also – jedenfalls grundsätzlich – keine Einwände gegen eine ökumenische Kooperation. Klärungsbedarf besteht allerdings dahingehend, ob in rechtlicher, insbesondere in staatskirchenrechtlicher Hinsicht Hindernisse für eine konfessionsübergreifende Kooperation bestehen.

aa) Grundsätzliche Geltung von Art. 4 Abs. 1, Abs. 2 GG, von Art. 140 GG i.V.m. Art. 137 Abs. 3 WRV und von Art. 140 i.V.m. Art. 138 Abs. 2 WRV

So erscheint es vor allem, wenn für eine ökumenische Zusammenarbeit eigene Rechtsträger, in unserem Fall eingetragene rechtsfähige Vereine, errichtet werden, problematisch, wie diese Rechtsträger in der Rechtsordnung des Staatsrechts und des Staatskirchenrechts zu verankern sind. Insoweit stellt sich insbesondere die Frage, ob ihnen der Schutz des einheitlichen Grundrechts von Art. 4 Abs. 1, Abs. 2 GG und der Gewährleistungen nach Art. 140 GG i.V.m. Art. 137 ff. WRV zuteil wird.
Wie oben bereits aufgezeigt wurde,[425] stehen nicht nur den großen christlichen Kirchen selbst, sondern auch allen „Vereinigungen, die sich nicht die allseitige, sondern nur die partielle Pflege des religiösen oder weltanschaulichen Lebens ihrer Mitglieder zum Ziel gesetzt haben“,[426] die grundrechtlichen Gewährleistungen aus Art. 4 Abs. 1, Abs. 2 GG zu und nicht nur die großen christlichen Kirchen, sondern alle ihnen „in bestimmter Weise zugeordneten Einrichtungen ohne Rücksicht auf ihre Rechtsform (sind) Objekte, bei deren Ordnung und Verwaltung die Kirche grundsätzlich frei ist, wenn sie nach kirchlichen Selbstverständnis ihrem Zweck oder ihrer Aufgabe entsprechend berufen sind, ein Stück Auftrag der Kirche in dieser Welt wahrzunehmen und zu erfüllen“[427].
Dementsprechend können grundsätzlich auch eingetragene rechtsfähige Vereine Träger des Grundrechts der Religionsfreiheit[428] und Schutzsubjekte der Gewährleistung aus Art. 140 GG i.V.m. Art. 138 Abs. 2 WRV[429] sein und die großen christlichen Kirchen, denen das kirchliche Selbstbestimmungsrecht originär zu-

425 S.o. Teil 2 C. III.

426 BVerfGE 24, S. 236, 246.

427 BVerfGE, in: ZevKR 23, S. 414, 421, 422; Hofmann, in: Schmidt-Bleibtreu / Hofmann / Hopfauf, Grundgesetz, Art. 140, Rn 11; Hollerbach, in: Archiv des öffentlichen Rechts 106, S. 218, 242.

428 Brenner, Diakonie im Sozialstaat, S. 57; Robbers, in: epd-Dokumentation 16/02, S. 19, 20; Hofmann, in: Schmidt-Bleibtreu / Hofmann / Hopfauf, Grundgesetz, Art. 4, Rn 18.

429 Ehlers, in: Sachs, Grundgesetz, Art. 140 GG / Art. 138 WRV, Rn 8.

steht, können Initiativen, die ihnen nahe stehen, an der Gewährleistung des Art. 140 GG i.V.m. Art. 137 Abs. 3 WRV teilhaben lassen.[430]

bb) Konkrete Geltung von Art. 4 Abs. 1, Abs. 2 GG, von Art. 140 GG i.V.m. Art. 137 Abs. 3 WRV und von Art. 140 GG i.V.m. Art. 138 Abs. 2 WRV im Einzelfall

Ob allerdings einer ökumenischen Kooperation in Gestalt eines überkonfessionellen Rechtsträgers tatsächlich die Rechte aus Art. 4 Abs. 1, Abs. 2 GG, aus Art. 140 GG i.V.m. Art. 137 Abs. 3 WRV und aus Art. 140 GG i.V.m. Art. 138 Abs. 2 WRV zukommen, ist eine andere Frage.

Im Hinblick auf das einheitliche Grundrecht aus Art. 4 Abs. 1, Abs. 2 GG hängt die Beantwortung dieser Frage davon ab, ob es sich bei der jeweiligen ökumenischen Initiative um eine Vereinigung handelt, die sich „die partielle Pflege des religiösen oder weltanschaulichen Lebens ihrer Mitglieder zum Ziel gesetzt"[431] hat. Was die Kirchengutsgarantie nach Art. 140 GG i.V.m. Art. 138 Abs. 2 GG angeht, so kommt es entscheidend darauf an, dass die jeweilige ökumenische Vereinigung eine Untergliederung einer Religionsgesellschaft ist oder mit den von ihr verfolgten Zielen einem bestimmten Teil des Bekenntnisses einer Religionsgesellschaft dient.[432] Ob einem ökumenischen Rechtsträger die Gewährleistung des kirchlichen Selbstbestimmungsrechts gemäß Art. 140 GG i.V.m. Art. 137 Abs. 3 S. 1 WRV zukommt, richtet sich schließlich danach, ob er an der betreffenden grundgesetzlichen Gewährleistung, die an sich originär nur den Religionsgesellschaften zusteht, partizipieren kann.[433]

Vor diesem Hintergrund wird deutlich, dass die Entscheidung, ob und, bejahendenfalls, inwieweit ein Rechtsträger, der für eine ökumenische Kooperation errichtet wird, unter dem Schutz der Gewährleistungen des Grundgesetzes in Art. 4 Abs. 1, Abs. 2 GG, in Art. 140 GG i.V.m. Art. 138 Abs. 2 GG und in Art. 140 GG i.V.m. Art. 137 Abs. 3 S. 1 WRV steht, insbesondere soweit es um die Teilhabe am kirchlichen Selbstbestimmungsrecht geht, maßgeblich davon beeinflusst wird, welcher Religionsgesellschaft und / oder welchen Religionsgesellschaften ein solcher Rechtsträger zuzurechnen ist.

Um dies beantworten zu können, muss wiederum zunächst geklärt werden, ob ein ökumenischer Rechtsträger überhaupt nur einer Religionsgesellschaft, beiden Religionsgesellschaften – also der Evangelischen Kirche in Deutschland

430 Brenner, Diakonie im Sozialstaat, S. 157; von Campenhausen / de Wall, Staatskirchenrecht, S. 175.

431 BVerfGE 24, S. 236, 246.

432 Ehlers, in: Sachs, Grundgesetz, Art. 140 GG / Art. 138 WRV, Rn 8.

433 Brenner, Diakonie im Sozialstaat, S. 57, 62; von Campenhausen / Erhardt, Kirche, Staat, Diakonie, S. 50; von Campenhausen / de Wall, Staatskirchenrecht, S. 125.

und ihren Gliedkirchen sowie der katholischen Kirche – oder gar keiner Religionsgesellschaft zugeordnet werden kann.[434]
Dabei hilft die Definition des Terminus der Religionsgesellschaft weiter. Zwar ist der Begriff der Religionsgesellschaft, respektive der Religionsgemeinschaft im Grundgesetz nicht definiert. Unter einer Religionsgesellschaft bzw. einer Religionsgemeinschaft wird jedoch allgemein der Zusammenschluss von mindestens zwei oder mehr natürlichen Personen mit gemeinsamen religiösen Auffassungen verstanden, der den vorhandenen religiösen Konsens in umfassender Weise bezeugt.[435]
Das bedeutet, dass eine Vereinigung, die mit ihrer Tätigkeit dem religiösen Konsens einer Religionsgesellschaft Ausdruck verleiht, auch deren Selbstverständnis entspricht, was wiederum zur Konsequenz hat, dass sie ihr – jedenfalls in staatskirchenrechtlicher Hinsicht – zuzurechnen ist. Ein ökumenischer Rechtsträger ist also derjenigen Religionsgemeinschaft zuzurechnen, mit deren Selbstverständnis seine Tätigkeit im Einklang steht. Je nachdem, ob dieser Einklang mit dem Selbstverständnis einer, beider oder keiner der großen christlichen Kirchen besteht, ist er auch einer, beider oder keiner der großen christlichen Kirchen zuzurechnen.
Eine andere Beurteilung wäre nicht nur in praktischer Hinsicht „kontraproduktiv"[436] und den Bestrebungen der Ökumene abträglich. Sie fände vielmehr auch keine Grundlage in den Gewährleistungen des Grundgesetzes gemäß Art. 4 Abs. 1, Abs. 2 GG, Art. 140 GG i.V.m. Art. 137 Abs. 3 S. 1 WRV und Art. 140 GG i.V.m. Art. 138 Abs. 2 WRV.
Der Wortlaut der vorgenannten Regelungen spricht sich nicht dagegen aus, dass ökumenische Rechtsträger gleichzeitig beiden Religionsgesellschaften – der Evangelischen Kirche in Deutschland und ihren Gliedkirchen sowie der katholischen Kirche – zugerechnet werden können. Darüber hinaus steht auch der Zweck der betreffenden Normen dieser Sichtweise nicht entgegen. Telos von Art. 4 Abs. 1, Abs. 2 GG, von Art. 140 GG i.V.m. Art. 137 Abs. 3 S. 1 WRV und von Art. 140 GG i.V.m. Art. 138 Abs. 2 WRV ist es, Religionsgesellschaften und die ihnen nahe stehenden Initiativen gegenüber dem Staat unter den besonderen Schutz des einheitlichen Grundrechts der Religionsfreiheit sowie der staatskirchenrechtlichen Gewährleistungen der Weimarer Reichsverfassung, die durch Art. 140 GG in das Grundgesetz inkorporiert werden, zu stellen. Dies gilt sowohl dann, wenn ein Rechtsträger einer Religionsgesellschaft zuzurechnen ist, als auch dann, wenn ein ökumenischer Rechtsträger beiden großen christlichen

434 Glawatz, Diakonie, S. 124.

435 BVerwGE 61, S. 152, 154; BVerwGE 123, S. 49, 54; BVerwG, in: NVwZ 1996, S. 61; von Campenhausen / de Wall, Staatskirchenrecht, S. 116; Jurina, in: Handbuch des Staatskirchenrechts I, S. 689, 690-695; Hofmann, in: Schmidt-Bleibtreu / Hofmann / Hopfauf, GG, Art. 141, Rn 8; Winter, in: ZevKR 42, S. 372, 377.

436 Bauer, GmbH, S. 134.

Kirchen, der Evangelischen Kirche in Deutschland und ihren Gliedkirchen sowie der katholischen Kirche, nahe steht.[437]
Ökumenische Rechtsträger, die zum Zwecke einer konfessionsübergreifenden Kooperation errichtet werden, stehen mithin unter den gleichen Voraussetzungen, die auch für solche Initiativen gelten, die lediglich einer Religionsgesellschaft – hier also entweder der Evangelischen Kirche in Deutschland und ihren Gliedkirchen oder der katholischen Kirche – nahe stehen, unter dem Schutz von Art. 4 Abs. 1, Abs. 2 GG, von Art. 140 GG i.V.m. Art. 137 Abs. 3 S. 1 WRV und von Art. 140 GG i.V.m. Art. 138 Abs. 2 WRV. Es besteht daher keine Veranlassung, die Errichtung ökumenischer Rechtsträger unter Hinweis auf vermeintliche Probleme bei der Zuordnung zu einer Religionsgemeinschaft, respektive zu mehreren Religionsgesellschaften und auf eine daraus vermeintlich resultierende Nichtanwendbarkeit von Art. 4 Abs. 1, Abs. 2 GG, von Art. 140 GG i.V.m. Art. 137 Abs. 2 WRV und von Art. 140 GG i.V.m. Art. 138 Abs. 2 WRV abzulehnen.

cc) Ergebnis

Damit bestehen – jedenfalls aus staatskirchenrechtlicher Sicht – keine Hindernisse für ökumenische Kooperationsvereinbarungen und die Gründung ökumenischer Rechtsträger, in unserem Fall ökumenischer Vereine.

c) Exkurs: Arbeitsrechtliche und mitarbeitervertretungsrechtliche Herausforderungen einer ökumenischen Kooperation

Wird für die Umsetzung eines bestimmten Zwecks eigens ein ökumenischer Rechtsträger, im vorliegenden Fall also ein eingetragener rechtsfähiger Verein, unter Beteiligung der Evangelischen Kirche in Deutschland bzw. ihrer Gliedkirchen einerseits und der katholischen Kirche andererseits gegründet, so stellt sich in der Folge die Frage, welches Recht im Hinblick auf diesen kirchlichen Verein zur Anwendung kommt, wenn es um arbeitsrechtliche und mitarbeitervertretungsrechtliche Aspekte geht. Diese Frage ist in zwei Schritten zu beantworten. Zunächst ist zu klären, ob staatliches oder aber kirchliches Arbeitsrecht gilt. Wenn fest steht, dass kirchliches Arbeitsrecht gilt, sind, jedenfalls auf den ersten Blick, im Anschluss wiederum drei Alternativen denkbar – nämlich die Geltung nur des Rechts der verfassten evangelischen Kirchen in Deutschland oder die Geltung nur des Rechts der katholischen Kirche oder die Anwendbarkeit beider Rechte.

437 Glawatz, Diakonie, S. 125.

aa) Anwendung staatlichen oder kirchlichen Arbeitsrechts

Die Frage, ob für die Mitarbeiter einer Einrichtung staatliches oder kirchliches Arbeitsrecht gilt, beantwortet sich danach, ob die betreffende Einrichtung am kirchlichen Selbstbestimmungsrecht nach Art. 140 GG i.V.m. Art. 137 Abs. 3 WRV teilhat.[438] Nach der Rechtsprechung des Bundesverfassungsgerichts, insbesondere nach seiner Entscheidung vom 11. Oktober 1977 zum „Fall Goch", „sind nicht nur die organisierte Kirche und die rechtlich selbständigen Teile dieser Organisation, sondern alle der Kirche in bestimmter Weise zugeordneten Einrichtungen ohne Rücksicht auf ihre Rechtsform Objekte, bei deren Ordnung und Verwaltung die Kirche grundsätzlich frei ist, wenn sie nach kirchlichem Selbstverständnis ihrem Zweck oder ihrer Aufgabe entsprechend berufen sind, ein Stück Auftrag der Kirche in dieser Welt wahrzunehmen und zu erfüllen".[439] Ein ökumenischer Rechtsträger ist dementsprechend, wie oben bereits dargelegt wurde[440], derjenigen Religionsgemeinschaft zuzurechnen, mit deren Selbstverständnis seine Tätigkeit im Einklang steht. Je nachdem, ob dieser Einklang mit dem Selbstverständnis einer, beider oder keiner der großen christlichen Kirchen besteht, ist er auch einer, beider oder keiner der großen christlichen Kirchen zuzurechnen.

Sofern ein ökumenischer Rechtsträger entweder den verfassten evangelischen Kirchen in Deutschland oder der katholischen Kirche oder beiden von diesen zuzurechnen ist und dadurch an ihrem kirchlichen Selbstbestimmungsrecht nach Art. 140 GG i.V.m. Art. 137 Abs. 3 WRV partizipiert, wird im Hinblick auf seine Beschäftigten das staatliche Arbeitsrecht zu Gunsten des kirchlichen Arbeitsrechts verdrängt.

bb) Anwendbares kirchliches Arbeitsrecht

Nachdem fest steht, dass für einen ökumenischen Rechtsträger, im vorliegenden Fall für einen von der Evangelischen Kirche in Deutschland bzw. ihren Gliedkirchen und von der katholischen Kirche gebildeten Verein, kirchliches Arbeitsrecht zur Anwendung kommt, hängt die Folgefrage, welches kirchliche Arbeitsrecht im konkreten Einzelfall gilt, davon ab, welcher der beiden Kirchen sich der betreffende Verein zuordnet.[441]

---

438 Glawatz, Diakonie, S. 125.

439 BVerfGE, in: ZevKR 23, S. 414, 421, 422; Hofmann, in: Schmidt-Bleibtreu / Hofmann / Hopfauf, Grundgesetz, Art. 140, Rn 11; Hollerbach, in: Archiv des öffentlichen Rechts 106, S. 218, 242.

440 S.o. Teil 2 F. II. 3. b) bb).

441 Eberle, Sozialstationen, S. 171.

Ob eine Initiative den verfassten evangelischen Kirchen in Deutschland oder der katholischen Kirche zuzuordnen ist, beurteilt sich nach den oben[442] dargelegten und erörterten Kriterien.[443] Daneben kann die Zuordnung eines Vereins zur Evangelischen Kirche in Deutschland bzw. zu einer Deutschen Evangelischen Landeskirche oder zur katholischen Kirche auch dadurch erfolgen und deutlich zum Ausdruck gebracht werden, dass der betreffende Verein die Mitgliedschaft im Diakonischen Werk der Evangelischen Kirche in Deutschland e.V. bzw. im Diakonischen Werk der jeweiligen Landeskirche oder im Deutschen Caritasverband e.V. erwirbt.[444] Allerdings stellt sich gerade im Zusammenhang mit ökumenischen Rechtsträgern die Frage, ob und inwieweit diese Mitglied in einem der betreffenden Verbände werden können.

(1) Regelungen im Bereich des Diakonischen Werkes der Evangelischen Kirche in Deutschland e.V.

Die Satzung des Diakonischen Werkes der Evangelischen Kirche in Deutschland e.V. regelt in § 3 Abs. 4 unter der amtlichen Überschrift „Mitgliedschaft“:

> Voraussetzung der Mitgliedschaft ist, dass die diakonische oder volksmissionarische Tätigkeit nach § 1 der Satzung unmittelbar oder mittelbar Gegenstand der Arbeit der Mitglieder ist und diese ausschließlich gemeinnützige, mildtätige oder kirchliche Zwecke verfolgen.

Die Vorschrift des § 1 Abs. 1 der Satzung des Diakonischen Werkes der Evangelischen Kirche in Deutschland e.V. bestimmt:

> Das Diakonische Werk nimmt als Werk der Evangelischen Kirche in Deutschland (EKD) diakonische und volksmissionarische Aufgaben im Sinne der Grundordnung der Evangelischen Kirche in Deutschland wahr. Es sorgt für die Ausrichtung kirchlicher Arbeit in diakonischer und volksmissionarischer Verantwortung.

Darüber hinaus findet sich in § 5 der Richtlinie des Rates der Evangelischen Kirche in Deutschland über die Zuordnung diakonischer Einrichtungen zur Kirche vom 8. Dezember 2007 (Zuordnungsrichtlinie)[445], unter der amtlichen Überschrift „Mischträgerschaft“ folgende Regelung:

> Bei der Beteiligung ökumenischer oder nichtkirchlicher Partner an der Trägerschaft einer Einrichtung ist diese der evangelischen Kirche gemäß § 3 zuordnungsfähig, wenn die in §§ 2 und 4 genannten Voraussetzungen vorliegen und der diakonische

---

442 Vgl. insoweit im Hinblick auf die Zuordnung zur Evangelischen Kirche in Deutschland bzw. zu ihren Gliedkirchen die Ausführungen in Teil 2 C. III. 2. b) sowie bezüglich der Zuordnung zur katholischen Kirche die Darlegungen in Teil 2 A. II und III..

443 Bauer, GmbH, S. 134.

444 Bauer, GmbH, S. 134.

445 ABl. EKD 2007, S. 405 f..

> Partner in allen Fragen, die die Zuordnung zur Kirche betreffen, entscheidenden Einfluss ausüben kann.

(2) Regelungen im Bereich des Deutschen Caritasverbandes e.V.

Die Satzung des Deutschen Caritasverbandes bestimmt in § 7 Abs. 1 unter der amtlichen Überschrift „Mitglieder“:

> Der Deutsche Caritasverband hat gemäß Absatz 2 persönliche und korporative Mitglieder.
>
> 1. (...)
>
> 2. Korporative Mitglieder können juristische Personen werden, die als Verbände, Träger von Einrichtungen und Diensten oder als Vereinigungen nach ihren satzungsmäßigen Zwecken Aufgaben der Caritas der katholischen Kirche wahrnehmen.

(3) Schlussfolgerungen aus den Regelungen im Bereich des Diakonischen Werkes der Evangelischen Kirche e.V. und der Deutschen Caritasverbandes e.V.

Die oben zitierten Vorschriften aus der Satzung des Diakonischen Werkes der Evangelischen Kirche in Deutschland e.V. und aus der Zuordnungsrichtlinie machen deutlich, dass sich ein Verein, der sich der Diakonie zuordnet, gleichzeitig zur Evangelischen Kirche in Deutschland bzw. zu ihren Gliedkirchen bekennt. Spiegelbildlich dazu stellt die oben genannte Bestimmung aus der Satzung des Deutschen Caritasverbandes e.V. klar, dass eine Mitgliedschaft bei der Caritas ein Bekenntnis zur katholischen Kirche beinhaltet.

Damit stehen ökumenische Initiativen, im vorliegenden Fall etwa Vereine, die von den verfassten evangelischen Kirchen einerseits und der katholischen Kirche andererseits getragen werden, vor dem Problem, dass sie sich nur entweder dem Diakonischen Werk der Evangelischen Kirche in Deutschland e.V. oder dem Deutschen Caritasverband e.V. anschließen können. Eine gleichzeitige Mitgliedschaft in beiden Spitzenverbänden ist hingegen nicht vorgesehen.[446]

Diese Situation ist für beide große Kirchen, die Evangelische Kirche in Deutschland wie auch für die katholische Kirche, insbesondere aber für die Personen, die ihnen angehören und in einem ökumenischen Verein beschäftigt sind, unbefriedigend. Wenn die Frage nach dem anwendbaren kirchlichen Arbeitsrecht durch die Mitgliedschaft in einem der beiden Spitzenverbände geklärt werden soll, nur die Mitgliedschaft entweder im Diakonischen Werk der Evangelischen Kirche in Deutschland e.V. oder im Deutschen Caritasverband e.V. möglich ist und dementsprechend eine Mitgliedschaft in einem der beiden Spitzenverbände nur die Geltung entweder des Arbeitsrechts der verfassten evangelischen Kirchen in Deutschland oder des Arbeitsrechts der katholischen Kirche zur Folge

446 Bauer, GmbH, S. 134; Eberle, Sozialstationen, S. 166; Falterbaum, Caritas und Diakonie, S. 106.

hat, wird dies den Bedürfnissen der Beteiligten nicht gerecht. Dies wird besonders deutlich am Beispiel der erneuten Eheschließung eines – jedenfalls nach den Vorschriften des BGB – geschiedenen Mitarbeiters. So schwer wie die katholische Kirche dies akzeptieren kann, so wenig ist es für protestantische Mitarbeiter einer ökumenischen Initiative hinnehmbar, sich an dem Maßstab der katholischen Kirche messen zu lassen.

(4) Ergebnis

Die Zuordnung zu einem der Spitzenverbände, d.h. zum Diakonischen Werk der Evangelischen Kirche in Deutschland e.V. oder zum Deutschen Caritasverband e.V. ist mithin nicht der geeignete Weg, um die Frage zu klären, welches kirchliche Arbeitsrecht im Bereich einer ökumenischen Initiative gelten soll.
Auch eine Vereinbarung, wonach für einen ökumenischen Verein und seine Mitarbeiter entweder die arbeits- und mitarbeitervertretungsrechtlichen Bestimmungen aus dem Bereich der Evangelischen Kirche in Deutschland oder aber aus dem Bereich der katholischen Kirche gelten sollen,[447] erscheint wenig sinnvoll. Denn auch eine solche Vorgehensweise beinhaltet im Ergebnis eine Entscheidung für eine von zwei Alternativen – und führt damit letztlich zu einer Situation, die für die Kirche, deren Arbeitsrecht nicht zur Anwendung kommt, sowie für die Mitarbeiter, die ihr angehören, nicht ohne weiteres hinnehmbar ist.
Alles in allem wäre es sicherlich wünschenswert, wenn die beiden großen christlichen Kirchen Regelungen für die arbeitsrechtliche und mitarbeitervertretungsrechtliche Behandlung ökumenischer Initiativen schaffen würden, weil sich auf diese Art und Weise in der alltäglichen Praxis ökumenischer Rechtsträger einiges erleichtern ließe.[448] Es darf aber nicht übersehen werden, dass der Schaffung eines ökumenischen Arbeits- und Mitarbeitervertretungsrechts – jedenfalls an gewissen Punkten – die charakteristischen Standpunkte – wie etwa die Überzeugung der katholischen Kirche von der Unauflösbarkeit der Ehe – entgegen stehen. In Ansehung dessen kann es allenfalls eine Annäherung der beiden großen christlichen Kirchen in Bezug auf arbeitsrechtliche und mitarbeitervertretungsrechtliche Aspekte geben. Soweit fundamentale Unterschiede in den Ansichten der beiden großen christlichen Kirchen hingegen unterschiedliche arbeitsrechtliche und mitarbeitervertretungsrechtliche Regelungen erfordern, muss dem auch angemessen Rechnung getragen werden.
Vor diesem Hintergrund dürfte es den beiden großen christlichen Kirchen, dem jeweiligen ökumenischen Rechtsträger, an dem sie beteiligt sind, und den Mitarbeitern, die in diesem Zusammenhang beschäftigt werden, am ehesten gerecht werden, wenn vertraglich – d.h. bezogen auf die hier behandelten kirchlichen Vereine etwa in der Satzung – vereinbart wird, dass für die Mitarbeiter in der

---

447 Vgl. insoweit etwa die Ausführungen bei Falterbaum, Caritas und Diakonie, S. 107.

448 Vgl. insoweit etwa die Ausführungen bei Eberle, Sozialstationen, S. 173 f..

jeweiligen ökumenischen Kooperation jeweils das Arbeits- und Mitarbeitervertretungsrecht derjenigen Kirche gilt, der sie angehören. Sofern in dem jeweiligen ökumenischen Verein darüber hinaus Mitarbeiter beschäftigt werden, die keiner der beiden großen christlichen Kirchen abgehören, muss hierfür ebenfalls eine entsprechende Regelung getroffen werden.
Im Übrigen dürfte es sich empfehlen, beim Abschluss von ökumenischen Kooperationsvereinbarungen und bei der Gründung ökumenischer Vereine darauf zu achten, dass in dem jeweiligen Vertrag bzw. in der jeweiligen Vereinssatzung klare Regelungen darüber getroffen werden, dass die Zusammenarbeit in paritätischer Verantwortung erfolgt und wie die Tätigkeit an die beiden verfassten Kirchen angeknüpft wird.[449] Darüber hinaus sollte die jeweilige Vereinssatzung auch dazu genutzt werden, klar und deutlich die verschiedenen Rechte und Pflichten zu definieren und zu verteilen, um Meinungsverschiedenheiten aufgrund möglicher unterschiedlicher Interessenlagen zu vermeiden.[450] Auf diese Art und Weise können von vornherein gewisse Unklarheiten, Missverständnisse und Interpretationsspielräume vermieden werden.

III. Kooperation von Kirche und Staat

Wenn die Kirche bzw. kirchliche Vereine einerseits und der Staat andererseits sich zur Verfolgung eines gemeinsamen Ziels und einer gemeinsamen Zwecksetzung zusammenschließen wollen, so stellt sich – jedenfalls wenn tatsächlich eine gemeinsame Vereinsbildung geschaffen werden soll – die Frage, ob und inwieweit eine solche Zusammenarbeit überhaupt denkbar und möglich ist.[451]

1. Standpunkt der Evangelischen Kirche in Deutschland und ihrer Gliedkirchen zu einer Kooperation mit dem Staat

Bevor in die rechtliche Erörterung der Problematik eingestiegen werden kann, muss zunächst die Frage gestellt werden, ob und inwieweit die Evangelische Kirche in Deutschland und ihre Gliedkirchen überhaupt für eine Kooperation mit dem Staat offen sind bzw. ob sie sich einer solchen Zusammenarbeit nicht vielmehr verschließen.
Grundsätzlich geht von den evangelischen Kirchen in Deutschland insoweit starke Zurückhaltung aus und das Modell einer Kooperation mithilfe eines kirchlich-staatlichen Rechtsträgers wird nur als ultima ratio für vertretbar gehal-

449 Falterbaum, Caritas und Diakonie, S. 107.
450 Krämer, in: ZevKR 41, S. 66, 70.
451 Ludemann / Negwer, Rechtsformen, S. 155; Robbers, in: epd-Dokumentation 16/02, S. 19, 22.

ten.[452] Für diese Haltung werden mehrere Gründe angeführt. Zum einen wird befürchtet, dass im Rahmen eines kirchlich-staatlichen Rechtsträgers das kirchliche Proprium verloren gehen könnte.[453] Darüber hinaus wird ein übermächtiger Einfluss des Staates in denjenigen Bereichen befürchtet, in denen den Staat aufgrund seiner Verantwortung als Sozialhilfeträger ohnehin die Kostentragungspflicht trifft.[454] Außerdem ergeben sich Bedenken, wenn man berücksichtigt, dass die Kirche einerseits und der Staat andererseits ihre Entscheidungen – jedenfalls grundsätzlich – von unterschiedlichen Maßgaben abhängig machen.[455] Denn während die christliche Nächstenliebe Grundlage allen Denkens und Handelns der evangelischen Kirchen in Deutschland und der ihnen nahe stehenden Vereine ist, verfolgt der Staat gemeinnützige und mildtätige Zwecke vor allem vor dem Hintergrund des Sozialstaatsprinzips nach Art. 20 Abs. 1 GG.[456] Allerdings kann auch immer wieder eine Lockerung dieser reservierten Haltung beobachtet werden. Beispielsweise hat die Evangelische Kirche in Deutschland in § 5 der Richtlinie des Rates der Evangelischen Kirche in Deutschland über die Zuordnung diakonischer Einrichtungen zur Kirche vom 8. Dezember 2007 – Zuordnungsrichtlinie –[457] auch die Möglichkeit einer Kooperation mit dem Staat bedacht und insofern unter der amtlichen Überschrift „Mischträgerschaft" geregelt:

> Bei der Beteiligung ökumenischer oder nichtkirchlicher Partner an der Trägerschaft einer Einrichtung ist diese der evangelischen Kirche gemäß § 3 zuordnungsfähig, wenn die in §§ 2 und 4 genannten Voraussetzungen vorliegen und der diakonische Partner in allen Fragen, die die Zuordnung zur Kirche betreffen, entscheidenden Einfluss ausüben kann.

Darüber hinaus hält namentlich die Evangelische Landeskirche in Baden eine Zusammenarbeit zwischen Kirche und Staat im Rahmen einer gemeinsamen kirchlich-staatlichen Trägerschaft unter folgenden Voraussetzungen für denkbar:[458]

- Die zu gründende kirchlich-staatliche Trägerinstitution muss einem kirchlichen Wohlfahrtsverband angehören und in ihrer Satzung klar zum Ausdruck bringen, dass sie aufgrund der Zugehörigkeit zu diesem Wohlfahrtsverband auch der Kirche zuzuordnen ist.

---

452 Bauer, GmbH, S. 140.

453 Bauer, GmbH, S. 139; Eberle, Sozialstationen, S. 153; ablehnend auch Elgeti, in: ZevKR 34, S. 144, 160.

454 Bauer, GmbH, S. 140.

455 Bauer, GmbH, S. 138.

456 Bauer, GmbH, S. 138.

457 ABl. EKD 2007, S. 405 f..

458 Glawatz, Diakonie, S. 129.

- Die Aufsicht über die kirchlich-staatliche Trägerinstitution muss der Kirche vorbehalten sein.
- Die Mehrheitsverhältnisse innerhalb der kirchlich-staatlichen Trägerinstitution müssen so gestaltet werden, dass der Staat Entscheidungen nicht blockieren kann.

2. Tatsächliche Möglichkeit einer Kooperation von Kirche und Staat

Unter den verschiedenen staatlichen Gebietskörperschaften wird es regelmäßig die Kommune sein, die als staatlicher Kooperationspartner für die evangelischen Kirchen in Deutschland bzw. für kirchliche Vereine in Betracht kommt.[459]
Unabhängig davon, wie die Evangelische Kirche in Deutschland und ihre Gliedkirchen zum Thema einer Kooperation mit dem Staat stehen, und davon, inwieweit eine solche Zusammenarbeit unter staatskirchenrechtlichen Gesichtspunkten zulässig ist, ergibt sich vor diesem Hintergrund zunächst ein ganz praktisches Problem, wenn ein kirchlich-staatlicher Rechtsträger in Gestalt eines eingetragenen rechtsfähigen Vereins gegründet werden soll.
Nach § 56 BGB benötigt ein eingetragener Verein mindestens sieben Mitglieder. Übertragen auf den hier untersuchten Fall einer Zusammenarbeit von Kirche und Staat mittels einer gemeinsamen Trägerinstitution in Gestalt eines eingetragenen rechtsfähigen Vereins würde dies bedeuten, dass sich beispielsweise eine Landeskirche mit sechs Kommunen oder aber so viele Pfarr- und Bürgergemeinden und so viele kirchliche Vereine zusammenschließen müssten, dass sie diese Mindestmitgliederanzahl erreichten.
Dies ist schwer vorstellbar und selbst wenn die Hürde der Mindestmitgliederanzahl genommen werden sollte, dürfte sich die Zusammenarbeit äußerst schwerfällig oder jedenfalls wesentlich schwerfälliger gestalten als dies der Fall ist, wenn ausschließlich natürliche Personen einen Verein gründen.

3. Möglichkeiten und Grenzen aus staatskirchenrechtlicher Sicht

Aus staatsrechtlicher und staatskirchenrechtlicher Sicht bestehen einige Bedenken, was eine Kooperation zwischen Kirche und Staat mittels eines kirchlich-staatlichen Rechtsträgers, in unserem Falle eines kirchlich-staatlichen Vereins angeht.[460]

---

459 Bauer, GmbH, S. 137.

460 Ludemann / Negwer, Rechtsformen, S. 156.

a) Neutralitätspflicht des Staates

So stellt sich zunächst die Frage, ob und inwieweit eine solche Zusammenarbeit mit der Neutralitätspflicht des Staates zu vereinbaren wäre.[461]

Aus den Bestimmungen in Art. 3 Abs. 3 S. 1, Art. 33 Abs. 3 GG und Art. 140 GG i.V.m. Art. 136 Abs. 2, Art. 137 Abs. 1 WRV[462] ergibt sich, dass der Staat zu religiös-weltanschaulicher Neutralität verpflichtet ist. Dies bedeutet, dass sich der Staat „in Fragen des religiösen oder weltanschaulichen Bekenntnisses neutral zu verhalten"[463] hat. Es ist ihm nicht erlaubt, Glauben und Lehre einer Religionsgemeinschaft als solche zu bewerten.[464] Außerdem steht es ihm nicht zu, sich eine bestimmte Religion oder Weltanschauung zu Eigen zu machen und sich mit ihr inhaltlich zu identifizieren.[465]

Die Verpflichtung des Staates zu religiös-weltanschaulicher Neutralität ist jedoch „nicht als eine distanzierende im Sinne einer strikten Trennung von Staat und Kirche, sondern als eine (...) die Glaubensfreiheit für alle Bekenntnisse gleichermaßen fördernde Haltung zu verstehen"[466]. Die religiös-weltanschauliche Neutralität darf nicht zu einem Desinteresse des Staates an den Religionsgemeinschaften oder zu einem System des Laizismus führen.[467] Der Staat darf sich nicht nur nicht in Glaubensüberzeugungen, -handlungen und -darstellungen einmischen, sondern ihn trifft auch die Pflicht, dem Einzelnen bzw. den Religionsgemeinschaften eine religiös-weltanschauliche Entfaltung zu ermöglichen.[468]

Wenn eine Religionsgesellschaft bzw. ein Verein, der ihr nahe steht, und der Staat gemeinsam einen Verein gründen, um zusammen gewisse Ziele zu verfolgen, so fördert der Staat hiermit die Religionsfreiheit, die der Religionsgesellschaft bzw. dem ihr nahe stehenden Verein aus Art. 4 Abs. 1, Abs. 2 GG zukommt. Vor dem Hintergrund des heutigen Verständnisses der religiösweltanschaulichen Neutralität des Staates bestehen hiergegen keine Bedenken, solange die Kirche hierdurch nicht gegenüber anderen Religionsgesellschaften bevorzugt, d.h. solange die verschiedenen Religionsgesellschaften nicht ohne sachlichen Grund ungleich behandelt werden.

---

461 Robbers, in: epd-Dokumentation 16/02, S. 19, 22.

462 Jarass, in: Jarass / Pieroth, Grundgesetz, Art. 4, Rn 5; Kokott, in: Sachs, Grundgesetz, Art. 4, Rn 5; Winter, Staatskirchenrecht, S. 67.

463 BVerfGE 106, S. 279, 294.

464 Kokott, in: Sachs, Grundgesetz, Art. 4, Rn 5; Winter, Staatskirchenrecht, S. 68.

465 Winter, Staatskirchenrecht, S. 67.

466 BVerfGE 108, S. 282, 300.

467 Hofmann, in: Schmidt-Bleibtreu / Hofmann / Hopfauf, Grundgesetz, Art. 4, Rn 2, Rn 26.

468 Kokott, in: Sachs, Grundgesetz, Art. 4, Rn 45; Winter, Staatskirchenrecht, S. 68.

b) *Prinzip der Trennung von Staat und Kirche*

Nach Art. 140 GG i.V.m. Art. 137 Abs. 1 WRV besteht in der Bundesrepublik Deutschland keine Staatskirche. Angesichts dieser Bestimmung stellt sich die Frage, ob sich dementsprechend nicht auch eine Kooperation zwischen Kirche und Staat durch die Errichtung eines gemeinsamen Vereins zur Verwirklichung gemeinsamer Aufgaben und Ziele verbietet. Dies hängt davon ab, wie das Prinzip der Trennung von Staat und Kirche zu verstehen ist.

Die grundsätzliche Trennung von Staat und Kirche verbietet es sicherlich, die Kirchen organisatorisch in die Staatsorganisation einzugliedern, sie einer Staatsaufsicht zu unterstellen und in den Bereich der eigenen Angelegenheiten der Kirchen i.S.d. Art. 140 GG i.V.m. Art. 137 Abs. 3 WRV einzugreifen.[469] Hierin ist jedoch lediglich die Basis für das Verhältnis von Kirche und Staat in der Bundesrepublik Deutschland zu verstehen. Staat und Kirche stehen sich zwar gleichberechtigt gegenüber, sind aber doch nicht gänzlich unabhängig voneinander.[470] Vielmehr fordert das Grundgesetz eine staatskirchenrechtliche Ordnung, unter der eine Förderung der Kirchen und damit eine Zusammenarbeit zwischen Staat und Kirche möglich ist.[471]

So arbeitet der Staat in zahlreichen Bereichen mit den Religionsgemeinschaften zusammen, beispielsweise beim konfessionell gebundenen Religionsunterricht in staatlichen Schulen, bei der Anstaltsseelsorge, bei der Einrichtung und Unterhaltung theologischer Fakultäten an staatlichen Hochschulen und bei der Erhebung der Kirchensteuern.[472] Außerdem eröffnet der Staat den Religionsgesellschaften die Möglichkeiten, sich unter den Voraussetzungen in Art. 140 GG i.V.m. Art. 137 Abs. 5 WRV als Körperschaften des öffentlichen Rechts zu organisieren.

Mithin kann die praktische Umsetzung des Prinzips der Trennung von Staat und Kirche in Art. 140 GG i.V.m. Art. 137 Abs. 1 WRV weniger als strikte Trennung als vielmehr als „hinkendes“ Trennungssystem bzw. als „balancierte“, „positive“ oder „koordinative“ Trennung bezeichnet werden.[473]

Wenn aber Staat und Kirche de facto in vielerlei Hinsicht zusammenarbeiten, so kann es ihnen die Vorschrift des Art. 140 GG i.V.m. Art. 137 Abs. 3 WRV auch nicht verbieten, gemeinsam einen Rechtsträger, in unserem Falle einen Verein, zu errichten und im Rahmen dieses Vereins gemeinsame Aufgaben und Ziele zu verwirklichen.

---

469 Falterbaum, Caritas und Diakonie, S. 23.

470 Falterbaum, Caritas und Diakonie, S. 23.

471 Ehlers, in: Sachs, Grundgesetz, Art. 140, Rn 9.

472 Vgl. zu diesen res mixtae die Ausführungen bei von Campenhausen / de Wall, Staatskirchenrecht, S. 94 bis 99.

473 Jarass, in: Jarass / Pieroth, Grundgesetz, Art. 140 GG / Art. 137 WRV, Rn 2; Winter, Staatskirchenrecht, S. 162.

c) *Recht der Religionsgesellschaften auf Selbstbestimmung*

Wie schon im Bereich der ökumenischen Vereinsbildungen ist es auch im Zusammenhang mit einer kirchlich-staatlichen Kooperation fraglich, ob und inwieweit eine entsprechende Trägerinstitution, d.h. in unserem Falle ein kirchlich-staatlicher Verein die Möglichkeit hat, an dem kirchlichen Selbstbestimmungsrecht einer Religionsgesellschaft nach Art. 140 GG i.V.m. Art. 137 Abs. 3 S. 1 WRV zu partizipieren.[474] Entscheidend hierfür ist, wie oben bereits ausgeführt wurde, dass der jeweilige Rechtsträger nach dem Selbstverständnis einer Religionsgemeinschaft, hier nach dem Selbstverständnis der evangelischen Kirchen in Deutschland, denselben zuzurechnen ist.[475]
Im Gegensatz zu den ökumenischen Kooperationen können sich hier Schwierigkeiten ergeben. So dürfte beispielsweise ein Verein, der die Voraussetzungen von § 5 der Zuordnungsrichtlinie bzw. – im Bereich der Evangelischen Landeskirche in Baden – die insoweit oben[476] dargestellten Voraussetzungen einer Kooperation mit dem Staat nicht erfüllt, nicht dem Selbstverständnis der evangelischen Kirchen in Deutschland entsprechen und folglich auch nicht am kirchlichen Selbstbestimmungsrecht derselben nach Art. 140 GG i.V.m. Art. 137 Abs. 3 WRV partizipieren können.

4. Ergebnis

Nach alledem gestaltet sich die Zusammenarbeit zwischen den verfassten evangelischen Kirchen in Deutschland und dem Staat in kirchenrechtlicher und staatskirchenrechtlicher Hinsicht deutlich schwieriger als eine ökumenische Kooperation. Soweit für eine gemeinsame Initiative der Evangelischen Kirche in Deutschland bzw. ihrer Gliedkirchen und des Staates ein eigener Rechtsträger, in unserem Falle also etwa ein eingetragener rechtsfähiger Verein, gegründet wird, stößt diese Vorgehensweise jedenfalls dann an ihre Grenzen, wenn der betreffende Zusammenarbeit so ausgestaltet wird, dass der kirchliche Charakter der Unternehmung durch eine Übermacht des Staates verloren geht und somit das kirchliche Selbstbestimmungsrecht nach Art. 140 GG i.V.m. Art. 137 Abs. 3 WRV nicht mehr zum Tragen kommt.
Zwar scheidet eine Kooperation zwischen den evangelischen Kirchen in Deutschland und dem Staat in einem solchen Fall nicht gänzlich aus. Da von Seiten der Evangelischen Kirche in Deutschland und ihren Landeskirchen jedoch keine Bereitschaft besteht, einen eigenen Rechtsträger zu gründen, der sich ihnen nicht zuordnen lässt und der mithin nicht am kirchlichen Selbstverwaltungsrecht nach Art. 140 GG i.V.m. Art. 140 GG partizipieren kann, dürfte in-

---

474 Robbers, in: epd-Dokumentation 16/02, S. 19, 22.

475 Brenner, Diakonie im Sozialstaat, S. 57, 62; von Campenhausen / Erhardt, Kirche, Staat, Diakonie, S. 50; von Campenhausen / de Wall, Staatskirchenrecht, S. 125, 125.

476 S.o. Teil 2 F. III. 1..

soweit jedoch allenfalls die schwächere Kooperationsform einer reinen Zusammenarbeit ohne die Errichtung einer eigenen Trägerinstitution in Frage kommen.

G. Haftungsfragen

Auch bei kirchlichen Vereinen bleibt es nicht aus, dass sich Schadensfälle ereignen, für die Ersatz beansprucht wird. In solchen Situationen stellt sich die Frage, wen unter welchen Voraussetzungen die Haftung trifft. Im Folgenden soll daher untersucht werden, inwieweit und unter welchen Maßgaben die kirchlichen Vereine selbst haften, ob und, bejahendenfalls, unter welchen Prämissen die Mitglieder derartiger Vereine eine Haftung treffen kann sowie ob und inwiefern die verfassten evangelischen Kirchen in Deutschland selbst für Schadensfälle der kirchlichen Vereine aufzukommen haben.

I. Haftung des Vereins selbst

1. Anwendbarkeit der allgemeinen Haftungsvorschriften

Bei der Erörterung der Frage, ob, wann und unter welchen Voraussetzungen kirchliche Vereine zu haften haben, ist zunächst zu klären, ob insoweit die allgemeinen zivil- und gesellschaftsrechtlichen Regeln gelten oder ob nicht etwa im Hinblick auf die besondere Stellung der Religionsgesellschaften und der ihnen zugeordneten bzw. nahe stehenden Einrichtungen auch hinsichtlich des Aspekts der Haftung Ausnahmen von den allgemeinen Regeln gelten.

So ließe sich durchaus – jedenfalls auf den ersten Blick – argumentieren, vor dem Hintergrund des einheitlichen Grundrechts der Glaubensfreiheit nach Art. 4 Abs. 1, Abs. 2 GG und des kirchlichen Selbstbestimmungsrechts gemäß Art. 140 GG i.V.m. Art. 137 Abs. 3 S. 1 WRV könne für Vereine, die Religionsgemeinschaften zuzuordnen sind, und damit auch für die hier untersuchten kirchlichen Vereine nicht ohne weiteres das allgemeine Haftungsgefüge greifen. Denn immerhin stünde den Religionsgesellschaften nach Art. 140 GG i.V.m. Art. 137 Abs. 3 S. 1 WRV das Recht zu, ihre Angelegenheiten selbständig zu ordnen und zu verwalten, und an dieser Gewährleistung hätten schließlich auch die Vereine, die den betreffenden Religionsgesellschaften nahe stehen, teil. Bei der selbständigen Ordnung und Verwaltung der Angelegenheiten der Religionsgesellschaften und der ihnen jeweils nahe stehenden Vereine könnte es sicherlich zu Schadensfällen kommen; wenn nun aber derartige Schadensfälle eine Haftung nach sich ziehen würden, so würde dies das kirchliche Selbstbestimmungsrecht beschneiden.

Eine derartige Sichtweise ist jedoch nicht vertretbar.

Schon allgemeine Gerechtigkeitsüberlegungen machen deutlich, dass es nicht sachgerecht sein kann, wenn ein Verein am Rechtsverkehr teilnimmt, dabei unter Umständen einem anderen Teilnehmer am Rechtsverkehr einen Schaden zufügt, der Geschädigte jedoch keinen Ersatz erhält, nur weil es sich bei dem betreffenden Verein um einen solchen handelt, der einer Religionsgesellschaft nahe steht.

Darüber hinaus lässt sich eine solche Ansicht auch unter rechtlichen Gesichtspunkten nicht begründen. Das kirchliche Selbstbestimmungsrecht nach Art. 140 GG i.V.m. Art. 137 Abs. 3 S. 1 WRV ist lediglich innerhalb der Schranken des für alle geltenden Gesetzes gewährleistet. Wie oben bereits dargestellt wurde, ist die Entscheidung, ob es sich bei einer Vorschrift um ein für alle geltendes Gesetz i.S.v. Art. 140 GG i.V.m. Art. 137 Abs. 3 S. 1 WRV handelt, mithilfe einer Güterabwägung zwischen dem Selbstbestimmungsrecht der Religionsgesellschaften einerseits und dem Schrankenzweck andererseits vorzunehmen.[477] Im Ergebnis handelt es sich bei einer Vorschrift dann um ein für alle geltendes Gesetz i.S.v. Art. 140 GG i.V.m. Art. 137 Abs. 3 S. 1 WRV, wenn die Einhaltung der betreffenden Vorschrift für das friedliche Miteinander von Staat und Kirche erforderlich ist bzw. wenn, andersherum gewendet, die Nichteinhaltung der betreffenden Vorschrift das friedliche Zusammenleben von Staat und Kirche stören würde.[478]

Im Gegensatz zu dem oben erörterten Aspekt des Grundsatzes der Vereinsautonomie und der Frage, ob und inwieweit dieser auch für kirchliche Vereine Geltung entfaltet,[479] würde es das friedliche Miteinander von Staat und Kirche durchaus stören, wenn kirchliche Vereine in möglichen Schadensfällen nicht haften müssten. Wenn ein Verein derart im Rechts- und Geschäftsverkehr auftritt, dass sich dabei ggf. Schadensfälle ereignen können, bewegt er sich nicht lediglich in seinem inneren Bereich, sondern begibt sich ganz klar aus seinem inneren Bereich hinaus und in den staatlichen Rechtskreis hinein. Verursacht er bzw. verursachen seine Organe und / oder seine Mitglieder schließlich einen Haftungsfall, so ist es mithin im Sinne eines friedlichen Miteinanders von Kirche und Staat erforderlich, dass für den betreffenden Schaden Ersatz nach den gesetzlichen Vorschriften geleistet wird. Bei den staatlichen Vorschriften betreffend die Haftung von Vereinen handelt es sich mithin um ein für alle geltendes Gesetz i.S.v. Art. 140 GG i.V.m. Art. 137 Abs. 3 S. 1 WRV, das das kirchliche Selbstbestimmungsrecht begrenzt, was zur Folge hat, das die betreffenden Regelungen auch und gerade für kirchliche Vereine Geltung entfalten.

---

477 Bietmann, Betriebliche Mitbestimmung, S. 26; Geiger, in: ZevKR 26, S. 156, 165; Jarass, in: Jarass / Pieroth, Grundgesetz, Art. 140 GG / Art. 137 WRV, Rn 9; Ehlers, in: Sachs, Grundgesetz, Art. 140 GG / Art. 137 WRV, Rn 13.

478 Hollerbach, in: Handbuch des Staatsrechts VI, S. 536.

479 S.o. Teil 2 D. II..

2. Haftung des Vereins für Organe, § 31 BGB

Zentrale Norm im Zusammenhang mit der Haftung von Vereinen ist § 31 BGB.[480] Nach dieser Vorschrift ist der Verein für Schäden verantwortlich, die der Vorstand, ein Mitglied des Vorstands oder ein anderer verfassungsmäßig berufener Vertreter durch eine in Ausführung der ihm zustehenden Verrichtungen begangene, zum Schadensersatz verpflichtende Handlung einem Dritten zufügt. Ihre Geltung ist nicht nur für eingetragene, sondern inzwischen auch für nicht eingetragene rechtsfähige Vereine anerkannt.[481] Darüber hinaus findet § 31 BGB entsprechend seiner systematischen Stellung in Buch 1, Titel 2, Untertitel 1, Kapitel 1 (Allgemeine Vorschriften) auch Anwendung auf die nichtrechtsfähigen Vereine,[482] jedenfalls soweit es im Einzelfall um eine Haftung wegen einer unerlaubten Handlung im Sinne der §§ 823 ff. BGB geht.[483]

Bei § 31 BGB handelt es sich nicht um eine haftungsbegründende, sondern um eine haftungszuweisende Norm,[484] die – entsprechend der Organtheorie – Vereinen das Tun und / oder Unterlassen ihrer verfassungsgemäß berufenen Vertreter als ihr eigenes Tun und / oder Unterlassen zurechnet.[485] Für eine Anwendung von § 278 BGB und von § 831 BGB neben § 31 BGB ist mithin kein Raum, was zur Folge hat, dass Vereinen nicht die Möglichkeit zukommt, sich durch die Führung eines Entlastungsbeweises gemäß § 831 BGB zu exkulpieren.[486]

Was den Kreis der Personen angeht, deren Handlungen von der Vorschrift des § 31 BGB erfasst werden, so wurde lange Zeit vertreten, die Regelung betreffe nur Mitglieder des Vereins, die auch dazu berufen seien, ihn im rechtsgeschäftlichen Verkehr zu vertreten.[487] Im Hinblick darauf, dass der Anwendungsbereich des § 831 BGB möglichst gering gehalten werden soll,[488] legt die höchstrichterliche Rechtsprechung § 31 BGB inzwischen jedoch weit aus.[489] So betrifft § 31 BGB über die dort namentlich genannten Repräsentanten, also den Vorstand, die Mitglieder des Vorstands und die anderen verfassungsmäßig berufenen Vertreter hinaus auch alle sonstigen Personen, denen „durch die allgemeine Betriebsregelung und Handhabung bedeutsame, wesensmäßige Funktionen der juristischen Person zur selbständigen, eigenverantwortlichen Erfüllung zugewiesen sind“[490],

480 Kübler / Assmann, Gesellschaftsrecht, S. 127.

481 K. Schmidt, Gesellschaftsrecht, S. 276.

482 Kübler / Assmann, Gesellschaftsrecht, S. 138.

483 Ellenberger, in: Palandt, BGB, § 54, Rn 12.

484 Ellenberger, in: Palandt, BGB, § 31, Rn 2; K. Schmidt, Gesellschaftsrecht, S. 274.

485 Ellenberger, in: Palandt, BGB, § 31, Rn 1; K. Schmidt, Gesellschaftsrecht, S. 720.

486 Kübler / Assmann, Gesellschaftsrecht, S. 127; Reuter, in: MüKo BGB, § 31, Rn 32.

487 Kübler / Assmann, Gesellschaftsrecht, S. 127.

488 Ellenberger, in: Palandt, BGB, § 31, Rn 6.

489 BGHZ 49, S. 19, 21.

490 BGHZ 40, S. 19, 21.

so dass sie die juristische Person im Rechtsverkehr repräsentieren.[491] Des Weiteren kann im Einzelfall über § 31 BGB auch das Verschulden eines Verrichtungsgehilfen zugerechnet werden. Denn eine juristische Person, die ihrer Verpflichtung, sämtliche wichtigen Aufgabengebiete einem verfassungsmäßigen Vertreter zu übertragen, nicht nachgekommen ist, muss sich – entsprechend der Lehre vom Organisationsmangel[492] – so behandeln lassen, als sei der Verrichtungsgehilfe, der letzten Endes tätig geworden ist, ein verfassungsmäßiger Vertreter i.S.v. § 31 BGB, was schließlich eine Haftungszurechnung nach § 31 BGB zur Konsequenz hat.[493]
Grundsätzlich kann die Vorschrift des § 31 BGB bei Schadensersatzansprüchen jedweder Art zur Anwendung kommen.[494] Entscheidend ist dabei allerdings, dass die Handlung, durch die der Schaden letztlich verursacht wurde, in Ausführung der ihm – d.h. dem Organwalter – zustehenden Verrichtung vorgenommen wurde. Das bedeutet, dass der jeweilige Organwalter den jeweiligen Schaden gerade im Rahmen seiner amtlichen Tätigkeit für den betreffenden Verein verursacht haben muss.[495] Die schädigende Handlung muss also in einem nicht bloß zufälligen, sondern in einem sachlichen, zeitlichen und örtlichen Zusammenhang mit dem ihm übertragenen Aufgabenkreis stehen.

II. Haftung des Vereinsvorstandes

Die Vorschrift des § 31 BGB gilt also auch in dem hier untersuchten Fall der kirchlichen Vereine. Dementsprechend wird nach § 31 BGB auch solchen Vereinen die Haftung für Schäden, die der Vorstand, ein Mitglied des Vorstandes oder ein anderer verfassungsmäßig berufener Vertreter durch eine in Ausführung der ihm zustehenden Verpflichtungen begangene, zum Schadensersatz verpflichtende Handlung einem Drittem zugefügt hat, zugewiesen.
Hieraus lässt sich jedoch nicht der Umkehrschluss ziehen, dass den Repräsentanten, der den jeweiligen Schaden verursacht hat, keinerlei Haftungsverpflichtung treffen würde. Vielmehr tritt die persönliche Haftung des betreffenden Repräsentanten grundsätzlich neben diejenige des Vereins.[496]

---

491 BGHZ 49, S. 19, 21; Reuter, in: MüKo BGB, § 31, Rn 20; Ellenberger, in: Palandt, BGB, § 31, Rn 6.

492 Ellenberger, in: Palandt, BGB, § 31, Rn 7.

493 K. Schmidt, Gesellschaftsrecht, S. 279.

494 Kübler / Assmann, Gesellschaftsrecht, S. 127; Reuter, in: MüKo BGB, § 31, Rn 30.

495 Reuter, in: MüKo BGB, § 31, Rn 33; Ellenberger, in: Palandt, BGB, § 31, Rn 10, 11; K. Schmidt, Gesellschaftsrecht, S. 278, 279.

496 Reuter, in: MüKo BGB, § 31, Rn 44, 45; Ellenberger, in: Palandt, BGB, § 31, Rn 13.

Diese Situation führte in der Vergangenheit vielfach zu unbefriedigenden Ergebnissen. Insbesondere, wenn Personen, die sich ehrenamtlich als Vorstand in einem kirchlichen Verein engagierten, aufgrund eines Schadensfalles zu einer Haftung neben dem betreffenden Verein herangezogen wurden,[497] stellte sich oftmals die Frage, ob und inwieweit vor diesem Hintergrund überhaupt noch ein Anreiz für die Übernahme eines Ehrenamtes bestehen sollte. Denn derjenige, der sich ehrenamtlich engagierte, musste damit rechnen, dass möglicherweise umfangreiche finanzielle Verpflichtungen infolge einer Haftung für ein Schadensereignis auf ihn zukommen könnten, ohne dass er im Gegenzug eine Vergütung für seine Tätigkeit erhielt.
Die Übernahme eines Amtes in einem Verein, insbesondere in einem kirchlichen Verein, ist ein besonderer Ausdruck ehrenamtlichen Engagements, das von einer besonderen Motivation getragen ist.[498] Würde man die Übernahme eines Ehrenamts in einem Verein unter das Damoklesschwert einer unüberschaubaren persönlichen Einsstandspflicht stellen, wäre es vermutlich nur eine Frage der Zeit, bis die Zahl derjenigen, die bereit wären, ihrem christlichen Glauben durch das Engagement in einem kirchlich orientierten Verein Ausdruck zu verleihen, drastisch sinken würde. Die Religionsgemeinschaften, hier die evangelischen Kirchen in Deutschland, und die ihnen nahe stehenden Vereine sind auf die Unterstützung ihrer ehrenamtlichen Helfer angewiesen und es wäre ihnen quasi unmöglich, die zahlreichen, vielseitigen Aufgaben, die sich die einzelnen Vereine zum Ziel gesetzt haben, ohne das Engagement von Ehrenamtlichen zu verwirklichen.[499]

Die Frage, wie ein Ausweg aus dieser misslichen Situation gefunden werden kann und wie das Ehrenamt attraktiver, weil weniger risikoreich, gestaltet werden kann, hat schließlich auch den bundesdeutschen Gesetzgeber beschäftigt.

1. Gesetz zur Begrenzung der Haftung von ehrenamtlich Tätigen Vereinsvorständen

Am 4. Juli 2008 hat der Deutsche Bundesrat in seiner 846. Sitzung den Entwurf eines Gesetzes zur Begrenzung der Haftung von ehrenamtlich tätigen Vereinsvorständen[500] beschlossen. Die Bundeskanzlerin, Frau Dr. Angela Merkel, hat den betreffenden Gesetzesentwurf gemäß Art. 76 Abs. 3 GG unter dem 13. August 2008 dem Präsidenten des Deutschen Bundestages, Herrn Dr. Norbert Lammert, mit der Bitte übersandt, die Beschlussfassung des Deutschen Bundestages herbeizuführen.

497 Reuter, in: MüKo BGB, § 31, Rn 44.

498 Jans, in: Das Recht im Dienst einer diakonischen Kirche, S. 248.

499 Jans, in: Das Recht im Dienst einer diakonischen Kirche, S. 248.

500 BT-Drucksache 16/10120.

Der Gesetzesentwurf verfolgte das Ziel, „die Haftungsrisiken für ehrenamtlich tätige Vereinsvorstände auf ein für diese zumutbares Maß zu begrenzen“,[501] damit „die ehrenamtliche Übernahme von Leitungsfunktionen in Vereinen gefördert und damit das bürgerschaftliche Engagement weiter gestärkt“[502] wird. Zu diesem Zwecke sah es der Gesetzesentwurf vor, „das externe Haftungsrisiko des ehrenamtlich tätigen Vorstandsmitglieds eines gemeinnützigen oder mildtätigen Zwecken dienenden Vereins zu begrenzen“[503]. Darüber hinaus sollten „flankierend zu der Beschränkung der externen Haftung ehrenamtlicher Vorstandsmitglieder eines Vereins (...) auch die internen Haftungsrisiken begrenzt“[504] werden, so dass „ein ehrenamtlich tätiges Vorstandsmitglied (...) dem Verein für Schäden, die in Wahrnehmung von Vorstandspflichten verursacht wurden, nur“[505] dann haftet, „wenn Vorsatz oder grobe Fahrlässigkeit vorliegt“[506]. Des weiteren sollte „dem ehrenamtlich tätigen Vorstandsmitglied gegenüber dem Verein ein Freistellungsanspruch für die Fälle eingeräumt (werden), in denen das Vorstandsmitglied einem Dritten wegen eines lediglich einfach fahrlässigen Verhaltens zum Schadensersatz verpflichtet ist“[507].
Vor diesem Hintergrund sah der Entwurf des Gesetzes zur Begrenzung der Haftung von ehrenamtlich tätigen Vereinsvorständen unter anderem die Einführung eines § 31a BGB mit dem folgenden Wortlaut vor:

> Haftung ehrenamtlich und unentgeltlich tätiger Vorstandmitglieder
>
> (1) Ist der Vorstand ehrenamtlich und unentgeltlich tätig, so haftet er dem Verein für einen in Wahrnehmung seiner Vorstandspflichten verursachen Schaden nur bei Vorsatz oder grober Fahrlässigkeit. Satz 1 gilt auch für die Haftung gegenüber den Mitgliedern des Vereins.
>
> (2) Ist der ehrenamtlich und unentgeltlich tätige Vorstand einem anderen zum Ersatz eines in Wahrnehmung seiner Vorstandspflichten verursachten Schadens verpflichtet, so kann er von dem Verein die Befreiung von der Verbindlichkeit verlangen. Satz 1 gilt nicht, wenn der Schaden vorsätzlich oder grob fahrlässig verursacht wurde.[508]

Am 3. Juli 2009 wurde das Gesetz zur Begrenzung der Haftung von ehrenamtlich tätigen Vereinsvorständen schließlich vom Deutschen Bundestag beschlos-

501 BT-Drucksache 16/10120.
502 BT-Drucksache 16/10120.
503 BT-Drucksache 16/10120.
504 BT-Drucksache 16/10120.
505 BT-Drucksache 16/10120.
506 BT-Drucksache 16/10120.
507 BT-Drucksache 16/10120.
508 BT-Drucksache 16/10120.

sen.[509] Gemäß seinem Art. 5 ist es am 3. Oktober 2009, einen Tag nach seiner Verkündung, in Kraft getreten.[510]

2. Stellungnahme

Die seinerzeit amtierende Bundesministerin für Justiz, Frau Brigitte Zypries, hat den Beschluss des Gesetzes zur Begrenzung der Haftung von ehrenamtlich tätigen Vereinsvorständen wie folgt kommentiert:

> „Heute ist ein guter Tag für alle, die sich ehrenamtlich im Verein engagieren. Mit den beiden heute beschlossenen Gesetzen verbessern wir die rechtlichen Rahmenbedingungen für das Ehrenamt."[511]

Ob und inwieweit die Neuerungen, die das Gesetz zur Begrenzung der Haftung von ehrenamtlich tätigen Vereinsvorständen mit sich bringt, tatsächlich zu einem verstärkten Engagement in Vereinen führen werden, bleibt noch abzuwarten.

Zwar wird das Haftungsrisiko für ehrenamtlich tätige Vereinsvorstände durch die neue Vorschrift des § 31a BGB ohne Zweifel deutlich eingeschränkt. Fraglich ist allerdings, ob das Gesetz mit dieser Regelung sein Ziel bereits erreicht hat. Denn das Gesetz zur Begrenzung der Haftung von ehrenamtlich tätigen Vereinsvorständen bezieht sich ausweislich seiner amtlichen Überschrift ausschließlich auf ehrenamtlich Tätige, die das Amt eines Vereinsvorstandes bekleiden, und auch der neue § 31a BGB macht mit seiner amtlichen Überschrift und mit seinem Wortlaut deutlich, dass die Haftungsbegrenzungen nur ehrenamtlich und unentgeltlich tätigen Vorstandsmitgliedern zu Gute kommen sollen. Jedoch gehören gerade nicht nur die Mitglieder des Vorstandes, sondern auch andere verfassungsmäßig berufenen Vertreter, d.h. alle sonstigen Personen, „denen durch die allgemeine Betriebsregelung und Handhabung bedeutsame, wesensmäßige Funktionen der juristischen Person zur selbständigen, eigenverantwortlichen Erfüllung zugewiesen sind"[512] zum Kreis der Repräsentanten nach § 31 BGB. Es sind also nicht nur Mitglieder des Vereinsvorstands, sondern auch zahlreiche andere Personen, die sich ehrenamtlich in einem Verein engagieren, dem Risiko ausgesetzt, neben dem Verein, für den sie tätig sind, auf Haftung in Anspruch genommen zu werden. Diesem Umstand wird in dem Gesetz zur Be-

509 Bundesministerium der Justiz, Pressemitteilung vom 3. Juli 2009, 11.38 Uhr.

510 Vgl. allgemein zum Gesetz zur Begrenzung der Haftung von ehrenamtlich tätigen Vereinsvorständen und zu den damit in Kraft getretenen Haftungsbegrenzungen die Ausführungen von Unger, in: NJW 2009, S. 3269 ff..

511 Bundesministerium der Justiz, Pressemitteilung vom 3. Juli 2009, 11.38 Uhr.

512 BGHZ 49, S. 19, 21; Reuter, in: MüKo BGB, § 31, Rn 20; Ellenberger, in: Palandt, BGB, § 31, Rn 6.

grenzung der Haftung von ehrenamtlich tätigen Vereinsvorständen nicht Rechnung getragen.
Das Ziel, die ehrenamtliche Übernahme von Leitungsfunktionen in Vereinen zu fördern und damit das bürgerschaftliche Engagement weiter zu stärken, hat das betreffende Gesetz damit offensichtlich nicht vollständig erreicht. Vielmehr werden nach der Rechtslage, wie sie der neue § 31a BGB vorsieht, lediglich diejenigen ehrenamtlich Tätigen, die das Amt eines Vereinsvorstandes bekleiden, privilegiert, während sich die übrigen Repräsentanten nicht nur mit dem für sie nach wie vor bestehenden Haftungsrisiko, sondern zusätzlich auch noch mit der Benachteiligung gegenüber den Mitgliedern des Vereinsvorstandes auseinandersetzen müssen.
Vor diesem Hintergrund kann festgehalten werden, dass der 3. Juli 2009, an dem das Gesetz zur Begrenzung der Haftung von ehrenamtlich tätigen Vereinsvorständen vom Deutschen Bundestag beschlossen wurde, entgegen der Auffassung der seinerzeit amtierenden Bundesjustizministerin gerade *nicht* „für *alle*, die sich ehrenamtlich im Verein engagieren“ [513], ein guter Tag war. Es bleibt daher abzuwarten, welche Auswirkungen das Gesetz zur Begrenzung der Haftung von ehrenamtlich tätigen Vereinsvorständen auf die deutsche Vereinslandschaft haben wird und wie mit den oben geschilderten offenen Aspekten umgegangen werden wird.[514]

III. Haftung der Mitglieder

Gegenstand der Diskussion war in der jüngeren Vergangenheit schließlich auch die Frage, ob und inwieweit die Mitglieder von Vereinen eine Haftung für die Verbindlichkeiten des jeweiligen Vereins, dem sie angehören können, treffen kann.

513 Bundesministerium der Justiz, Pressemitteilung vom 3. Juli 2009, 11.38 Uhr (Hervorhebung hinzugefügt).

514 In diesem Zusammenhang kann bereits zum jetzigen Zeitpunkt erwähnt werden, dass der Deutsche Bundesrat in seiner 881. Sitzung am 18. März 2011 den Entwurf eines Gesetzes zur Förderung ehrenamtlicher Tätigkeit im Verein beschlossen hat. Die Bundeskanzlerin, Frau Dr. Angela Merkel, hat den betreffenden Gesetzesentwurf gemäß Art. 76 Abs. 3 GG unter dem 4. Mai 2011 dem Präsidenten des Deutschen Bundestages, Herrn Dr. Norbert Lammert, mit der Bitte übersandt, die Beschlussfassung des Deutschen Bundestages herbeizuführen. Der Gesetzesentwurf sieht unter anderem die Einführung eines § 31b BGB vor, der unter der amtlichen Überschrift „Haftung von Vereinsmitgliedern“ eine Beschränkung der Haftung des ehrenamtlichen Vereinsmitglieds gegenüber dem jeweiligen Verein regeln soll (BT-Drucksache 17/5713).

Für Aufsehen, um nicht zu sagen, für erhebliche Unruhe[515] bei den Mitgliedern verschiedenster Vereine hat insoweit namentlich das Urteil des Oberlandesgerichts Dresden vom 9. August 2005[516] zum so genannten „Kolpingwerk-Fall" gesorgt. Gegenstand des vorgenannten Rechtsstreits war unter anderem die Frage einer persönlichen Haftung der Mitglieder eines Idealvereins für dessen Verbindlichkeiten im Falle eines Rechtsformmissbrauchs wegen einer erheblichen wirtschaftlichen Betätigung. Insoweit hat das Oberlandesgericht Dresden Folgendes ausgeführt:

> „Mitglieder eines personalistisch strukturierten eingetragenen Vereins, der sich über das sog. Nebenzweckprivileg hinaus in erheblichem Umfang wirtschaftlich betätigt, haften wegen Missbrauchs der Rechtsform jedenfalls dann akzessorisch für sämtliche Vereinsverbindlichkeiten, wenn sie Kenntnis von der wirtschaftlichen Betätigung haben und dieser keinen Einhalt gebieten."[517]

Erst als der Bundesgerichtshof in seinem Urteil vom 10. Dezember 2007[518] zum „Kolpingwerk-Fall" eine rückwirkende persönliche Durchgriffshaftung der Mitglieder eines eingetragenen Idealvereins wegen Duldung bzw. Nichtverhinderung der Überschreitung des Nebenzweckprivilegs abgelehnt hat, haben sich die Gemüter in der deutschen Vereinslandschaft wieder beruhigt.[519] Im Einzelnen hat der Bundesgerichtshof wie folgt zu den vorgenannten Aspekten Stellung genommen:

> „Regelmäßig haftet daher für die Verbindlichkeiten eines eingetragenen Vereins nur dieser selbst und nicht die hinter ihm stehenden Vereinsmitglieder."[520]

Und weiter:

> „Nach ständiger höchstrichterlicher Rechtsprechung ist eine Durchbrechung dieses Trennungsgrundsatzes nur ausnahmsweise dann zulässig, wenn die Ausnutzung der rechtlichen Verschiedenheit zwischen der juristischen Person und den hinter ihr stehenden natürlichen Personen rechtsmissbräuchlich ist."[521]

Sowie:

> „Die gesetzlichen Sanktionen der Amtslöschung gem. §§ 159, 142 FGG und der behördlichen Entziehung der Rechtsfähigkeit nach § 43 II BGB sowie der durch sie bewirkte mittelbare Zwang zur Auflösung oder Umwandlung des das Nebenzweck-

---

515 Reuter, in: NZG 2008, S. 650, 651.
516 OLG Dresden, ZIP 2005, 1680 ff..
517 OLG Dresden, in: ZIP 2005, S. 1680.
518 BGH, in: NZG 2008, S. 670 ff.
519 Reuter, in: NZG 2008, S. 650, 651.
520 BGH, in: NZG 2008, S. 670, 671.
521 BGH, in: NZG 2008, S. 670. 671.

privilegs überschreitenden Vereins sind nach derzeitiger Gesetzeslage grundsätzlich – (…) – zum Schutz des Rechtsverkehrs ausreichend."[522]

Und schließlich:

„Angesichts dieser eindeutigen Gesetzeslage ist für den vom BerGer. unternommenen Versuch, im Wege einer Rechtsfortbildung die Duldung bzw. Nichtverhinderung einer Überschreitung des Nebenzweckprivilegs durch Vereinsmitglieder zusätzlich mit der Sanktion ihrer (rückwirkenden) persönlichen Haftung zu belegen, schon wegen Fehlens einer – regelungsbedürftigen – Gesetzeslücke kein Raum."[523]

Der Bundesgerichtshof hat also die bislang bestehende Rechtslage bestätigt. Mithin bleibt es dabei, dass die Mitglieder eines Vereins – jedenfalls grundsätzlich – nicht zu einer Haftung für Verbindlichkeiten des Vereins, in dem sie Mitglied sind, herangezogen werden können.[524]

H. Beendigung

Im Bereich der kirchlichen Vereine kommt es – wie auch bei Vereinen ohne kirchliche Prägung – immer wieder vor, dass für den einen oder anderen Verein kein Bedarf mehr besteht oder die jeweilige Initiative jedenfalls aus einem anderen Grunde nicht mehr fortgeführt werden soll. In einem solchen Fall stellt sich dann die Frage, wie ein kirchlicher Verein beendet werden kann.

I. Allgemeine Regelungen über die Beendigung eines rechtsfähigen Vereins

Es gibt mehrere Möglichkeiten, einen rechtsfähigen Verein zu beenden.[525]

522 BGH, in: NZG 2008, S. 670, 672.

523 BGH, in: NZG 2008, S. 670, 672, 673.

524 Grunewald, Gesellschaftsrecht, S. 216; vgl. zu der von dieser Konstellation zu unterscheidenden Frage der Haftung von Vereinsmitgliedern im Schadensfall und zu den aktuellen Gesetzesbestrebungen zu diesem Aspekt BT-Drucksache 17/5713 sowie die Ausführungen in Fn. 514.

525 Machanek, Verein, S. 146; K. Schmidt, Gesellschaftsrecht, S. 722, 723.

1. Verlust der Rechtsfähigkeit

Zum einen findet ein rechtsfähiger Verein dann sein Ende, wenn er seine Rechtsfähigkeit verliert.[526]
Die Vorschrift des § 43 BGB sieht vor, dass einem an sich rechtsfähigen Verein die Rechtsfähigkeit entzogen werden kann, wenn er durch einen gesetzwidrigen Beschluss der Mitgliederversammlung oder durch gesetzwidriges Verhalten des Vorstands das Gemeinwohl gefährdet (§ 43 Abs. 1 BGB), wenn er einen wirtschaftlichen Geschäftsbetrieb führt, obwohl sein Zweck nach seiner Satzung nicht hierauf gerichtet ist (§ 43 Abs. 2 BGB) oder – sofern seine Rechtsfähigkeit auf einer Verleihung nach § 22 BGB beruht – wenn er einen anderen als den in der Satzung bestimmten Zweck verfolgt (§ 43 Abs. 4 BGB).
Außerdem verliert ein eingetragener rechtsfähiger Verein dann seine Rechtsfähigkeit, wenn die Zahl seiner Vereinsmitglieder unter drei herab sinkt, da in diesen Fällen das Amtsgericht berechtigt ist, auf Antrag des Vorstands und, wenn der Antrag nicht binnen drei Monaten gestellt wird, von Amts wegen nach Anhörung des Vorstands dem Verein die Rechtsfähigkeit zu entziehen, § 73 Abs. 1 BGB.

2. Auflösung

Des Weiteren kann ein rechtsfähiger Verein durch seine Auflösung beendet werden.[527] Anders als dies sonst im Gesellschaftsrecht häufig der Fall ist, findet sich in den Vorschriften über die eingetragenen Vereine keine abschließende Aufzählung der einzelnen Auflösungsgründe. Stattdessen ordnen verschiedene Bestimmungen aus dem Vereinsrecht an, welche Umstände im Einzelfall zur Auflösung eines rechtsfähigen Vereins führen oder jedenfalls dazu führen können.
Namentlich kann ein Verein durch einen Beschluss der Mitgliederversammlung aufgelöst werden, § 41 S. 1 BGB. Auch der Fortfall sämtlicher Mitglieder führt dazu, dass ein rechtsfähiger Verein aufgelöst wird.[528] Und schließlich kann die Auflösung eines Vereins auch durch entsprechende Bestimmungen in dessen Satzung herbeigeführt werden, indem der betreffende Verein beispielsweise von vornherein lediglich für eine bestimmte Zeit gegründet wird oder indem für den Eintritt eines bestimmten Falles seine Auflösung bereits in der Satzung angeordnet wird.[529]

526 Machanek, Verein, S. 146; K. Schmidt, Gesellschaftsrecht, S. 722, 723.

527 Krafka / Willer, Registerrecht, Rn 2197; Machanek, Verein, S. 146; K. Schmidt, Gesellschaftsrecht, S. 722, 723.

528 Grunewald, Gesellschaftsrecht, S. 231; Krafka / Willer, Registerrecht, Rn 2197.

529 Krafka / Willer, Registerrecht, Rn 2197; Machanek, Verein, S. 150, 151.

3. Anfall des Vermögens, Liquidation

Hat ein ursprünglich eingetragener rechtsfähiger Verein seine Rechtsfähigkeit verloren oder wurde er aufgelöst, ergibt sich aus den Vorschriften der §§ 45, 46 und 47 BGB, was im Folgenden mit seinem eventuell noch vorhandenen Vermögen geschieht.
So ist es denkbar, dass in der Satzung eines Vereins bestimmt wird, wem das Vermögen des betreffenden Vereins bei seiner Auflösung oder bei der Entziehung seiner Rechtsfähigkeit anfällt.[530] Eine solche Bestimmung des oder der Anfallsberechtigten in der Satzung des jeweiligen Vereins ist sowohl unmittelbar als auch mittelbar möglich.[531] Werden die Anfallsberechtigten oder wird der Anfallsberechtigte selbst in der Satzung des jeweiligen Vereins unmittelbar festgelegt, gilt die Vorschrift des § 45 Abs. 1 BGB. Erfolgt in der Satzung des jeweiligen Vereins hingegen nur eine mittelbare Bestimmung des oder der Anfallsberechtigten, indem die Zuständigkeit zur Bestimmung des oder der Anfallsberechtigten der Mitliederversammlung oder einem anderen Organ des betreffenden Vereins zugewiesen wird, kommt die Regelung des § 45 Abs. 2 S. 1 BGB zur Anwendung.
Fehlt es an einer Bestimmung der Anfallberechtigung, so fällt sein Vermögen, wenn der Verein nach der Satzung ausschließlich den Interessen seiner Mitglieder diente, zu gleichen Teilen den Mitgliedern zu, die er zur Zeit der Entziehung seiner Rechtsfähigkeit oder seiner Auflösung hatte; andernfalls fällt sein Vermögen an den Fiskus, § 45 Abs. 3 BGB.
Fällt das Vermögen eines rechtsfähigen Vereins nach seiner Beendigung nicht an den Fiskus, so muss der betreffende Verein liquidiert werden, sofern über sein Vermögen kein Insolvenzverfahren eröffnet ist, § 47 BGB.

II. Besonderheiten für kirchliche Vereine

Vor dem Hintergrund der oben geschilderten Grundsätze für die Beendigung eines eingetragenen rechtsfähigen Vereins stellt sich die Frage, ob für die kirchlichen Vereine Besonderheiten im Hinblick auf die Möglichkeiten ihrer Beendigung bestehen.
Im Zusammenhang mit der Erörterung der Frage, ob und inwieweit der Grundsatz der Vereinsautonomie auch für kirchliche Vereine gilt bzw. ob und inwie-

530 Die Einzelheiten solcher Anfallklauseln in Vereinssatzungen, insbesondere ihr Hintergrund und ihre Voraussetzungen, werden unten in Teil 3 A. II. 2. a) dd) näher erläutert. Dabei wird auch erörtert, wie solche Anfallklauseln zu formulieren sind, und es wird ein entsprechender Formulierungsvorschlag unterbreitet.

531 Reuter, in: MüKo BGB, § 45-47, Rn 7; Hadding, in: Soergel, BGB, § 45, Rn 5; Staudinger, BGB, § 45, Rn 11.

weit den verfassten evangelischen Kirchen in Deutschland Einfluss auf die ihnen nahe stehenden Vereine eingeräumt werden darf,[532] wurde bereits festgestellt, dass der Grundsatz der Vereinsautonomie es den kirchlichen Vereinen verbietet, den verfassten evangelischen Kirchen in Deutschland Einflussrechte einzuräumen, wenn die Teilnahme des jeweiligen kirchlichen Vereins am allgemeinen Rechtsverkehr betroffen ist. Sofern es um rein innerkirchliche Angelegenheiten und die Beziehung eines kirchlichen Vereins zu der Evangelischen Kirche in Deutschland bzw. zu ihren Gliedkirchen geht, ist der jeweilige kirchliche Verein hingegen berechtigt, der Evangelischen Kirche in Deutschland und ihren Gliedkirchen die Möglichkeit einer Einflussnahme einzuräumen. Dieses Einflussnahmerecht stößt jedoch dort an Grenzen, wo eine kirchliche Gruppierung de facto nicht mehr ein von dem Willen seiner Mitglieder getragener Verein, sondern eine bloße Verwaltungsstelle oder ein bloßes Sondervermögen der verfassten Kirche ist.

Die Entscheidung darüber, ob der Evangelischen Kirche in Deutschland bzw. ihren Gliedkirchen das Recht eingeräumt werden darf, auf die Auflösung und auf die Vollbeendigung kirchlicher Vereine Einfluss zu nehmen, hängt also davon ab, ob es insofern um rein innerkirchliche Angelegenheiten oder aber um die Teilnahme des jeweiligen kirchlichen Vereins am Rechtsverkehr geht.

Wie alle eingetragenen rechtsfähigen Vereine hört auch ein entsprechender kirchlicher Verein mit seiner Beendigung auf, zu existieren. Er kann damit nicht mehr öffentlich präsent sein und nicht mehr am allgemeinen Rechtsverkehr teilnehmen. Auch wenn die Beendigung eines kirchlichen Vereins keine Auswirkungen auf die Art und Weise seiner Teilnahme am allgemeinen Rechtsverkehr hat, ist sie doch entscheidend dafür, dass ein solcher kirchlicher Verein überhaupt nicht mehr am allgemeinen Rechtsverkehr teilnehmen kann. Die Beendigung eines kirchlichen Vereins beschränkt sich also nicht auf den rein innerkirchlichen Bereich, sondern wirkt auch in den allgemeinen Rechtsverkehr hinein.

In Anbetracht des Grundsatzes der Vereinsautonomie ist es damit nicht zulässig, wenn der Evangelischen Kirche in Deutschland bzw. ihren Gliedkirchen das Recht zur Auflösung oder Vollbeendigung eines kirchlichen Vereins bzw. das Recht, auf seine Auflösung oder Vollbeendigung Einfluss zu nehmen, eingeräumt wird.

---

532 S.o. Teil 2. D. II. 4. b) bb).

Teil 3: Finanzielle und wirtschaftliche Aspekte

Die kirchlichen Vereine sind, damit sie ihre Ziele erreichen und ihre Aufgaben erfüllen können, auf finanzielle Mittel angewiesen. So manches Vorhaben kann mit der Frage seiner Finanzierung stehen und fallen und darüber hinaus bleiben auch die hier untersuchten Vereine, wie oben bereits aufgezeigt wurde,[533] nicht davon verschont, ihre Tätigkeit an gewissen wirtschaftlichen Rahmenbedingungen ausrichten zu müssen.
Aus diesem Grund soll im Folgenden zunächst dargestellt werden, woher die kirchlichen Vereine, um die es bei der vorliegenden Untersuchung geht, die ihnen zur Verfügung stehenden finanziellen und wirtschaftlichen Mittel hauptsächlich beziehen, um anschließend auf einige spezielle Fragen einzugehen, die sich im Zusammenhang mit den wirtschaftlichen Verhältnissen der betreffenden kirchlichen Vereine ergeben.

A. Finanzquellen

Die kirchlichen Vereine sind selbst weder Religionsgesellschaften noch als Körperschaften des öffentlichen Rechts organisiert und dementsprechend selbst nicht berechtigt, Kirchensteuern zu erheben. Damit stehen die betreffenden Vereine in viel stärkerem Maße als die Evangelische Kirche in Deutschland und ihre Gliedkirchen vor der Herausforderung, unterschiedliche Finanzquellen aufzutun und an den verschiedensten Stellen Gelder zu akquirieren. Es wundert daher nicht, dass die finanzielle Ausstattung der kirchlichen Vereine oftmals aus zahlreichen Einkunftsquellen gespeist wird.

I. „Direkte" Einkünfte

So erhalten die betreffenden Vereine für ihre Tätigkeit und zur Verfolgung ihres Zweckes beispielsweise zum Teil Gelder von den deutschen evangelischen Landeskirchen aus den Kirchensteuereinnahmen, die diese erhalten.[534] Darüber hinaus beteiligt sich auch der Staat – seien es nun im Einzelnen der Bund, die Länder oder die Kommunen – häufig an den Kosten die den kirchlichen Vereinen bei ihrer Tätigkeit entstehen.[535] Des Weiteren erhalten insbesondere solche Ver-

533 S.o. Teil 1 B. IV..

534 Marré / Jurina, Kirchenfinanzierung, S. 56.

535 Eberle, Sozialstationen, S. 28; Kämper, in: Handbuch des Staatskirchenrechts II, S. 836; Marré / Jurina, Kirchenfinanzierung, S. 56, 60.

eine, die Träger von Einrichtungen aus dem Bereich der Wohlfahrtspflege, etwa von Krankenhäusern, Alten- und Pflegeheimen oder von Kindergärten sind, als Gegenleistung für ihre erbrachten Dienstleistungen Entgelte aus Pflegesätzen, beispielsweise von Seiten der Krankenkassen, oder Beitragszahlungen, etwa von Seiten der Eltern.[536] Von Seiten ihrer Mitglieder fließen den Vereinen oftmals Mitgliedsbeiträge zu.[537] Daneben erzielen die kirchlichen Vereine in nicht unerheblichem Umfang Einkünfte aufgrund von Spenden und Schenkungen und mit Hilfe von Sammlungen und Kollekten.[538] Auch durch gezieltes Fundraising, beispielsweise durch die Veranstaltung eines Benefizbasars, einer Tombola oder eines Benefizkonzerts,[539] oder aber durch die Vergabe von so genannten „Patenschaften" gelingt es den betreffenden Vereinen, Gelder für ihre Aktivitäten zu erwirtschaften.[540] Schließlich ist auch das umfangreiche Engagement Ehrenamtlicher von erheblichem wirtschaftlichem Wert.[541]

II. „Indirekte" Einkünfte

Neben den vorgeschilderten unmittelbaren Einkünften genießen die kirchlichen Vereine auch mittelbare wirtschaftliche Vorteile, die erheblich zur Finanzierung ihrer Tätigkeiten beitragen.

Insbesondere das Steuerrecht enthält zahlreiche Privilegierungen zu Gunsten der kirchlichen Vereine – und dies gleich in zweifacher Hinsicht:

1. Steuerbefreiungen und Steuerermäßigungen

Zum einen gewähren die Einzelsteuergesetze den kirchlichen Vereinen umfangreiche Steuerbefreiungen und Steuerermäßigungen.
Im Einzelnen sind nach § 5 Abs. 1 Nr. 9 Körperschaftssteuergesetz (KStG), nach § 3 Nr. 6 Gewerbesteuergesetz (GewStG), nach § 3 Abs. 1 Nr. 12 Vermögenssteuergesetz (VStG), nach § 3 Abs. 1 Nr. 3 lit. b) Grundsteuergesetz (GrStG) und nach § 13 Abs. 1 Nr. 16 lit. b) Erbschaftsteuergesetz (ErbStG)

---

536 Eberle, Sozialstationen, S. 28; Elgeti, in: ZevKR 34, S. 144, 163; Kämper, in: Handbuch des Staatskirchenrechts II, S. 836; Marré / Jurina, Kirchenfinanzierung, S. 56.

537 Weiler, Praxis Fundraising, S. 48, 49.

538 Eberle, Sozialstationen, S. 29; Glawatz, Diakonie, S. 33; Herschel, Kirche und Koalitionsrecht, S. 8; Weiler, Praxis Fundraising, S. 48.

539 Weiler, Praxis Fundraising, S. 49.

540 Weiler, Praxis Fundraising, S. 49.

541 Glawatz, Diakonie, S. 34; Herschel, Kirche und Koalitionsrecht, S. 8; Weiler, Praxis Fundraising, S. 48.

Körperschaften, Personenvereinigungen und Vermögensmassen, die nach der Satzung, dem Stiftungsgeschäft oder der sonstigen Verfassung und nach der tatsächlichen Geschäftsführung ausschließlich und unmittelbar gemeinnützigen, mildtätigen oder kirchlichen Zwecken dienen, von der Körperschaftssteuer, von der Gewerbesteuer, von der Vermögenssteuer, von der Grundsteuer und von der Erbschaftssteuer befreit.
Darüber hinaus befreit die Vorschrift des § 4 Nr. 18 Umsatzsteuergesetz (UStG) die Leistungen der amtlich anerkannten Verbände der freien Wohlfahrtspflege und der der freien Wohlfahrtspflege dienenden Körperschaften, Personenvereinigungen und Vermögensmassen, die einem Wohlfahrtsverband als Mitglied angeschlossen sind, von der Umsatzsteuer, wenn diese Unternehmen ausschließlich und unmittelbar gemeinnützigen, mildtätigen oder kirchlichen Zwecken dienen, wenn die Leistungen unmittelbar dem nach der Satzung, Stiftung oder sonstigen Verfassung begünstigten Personenkreis zugute kommen und wenn Entgelte für die in Betracht kommenden Leistungen hinter den durchschnittlich für gleichartige Leistungen von Erwerbsunternehmen verlangten Entgelten zurückbleiben.

2. Berechtigung zum Empfang steuerbegünstigter Spenden

Zum anderen sind die kirchlichen Vereine häufig dazu berechtigt, steuerbegünstigte Spenden zu empfangen. Diese Berechtigung zum Empfang steuerbegünstigter Spenden führt nicht nur dazu, dass die Wertschätzung der Allgemeinheit gegenüber dem Vorhaben der betreffenden Vereine steigt und die betreffenden Vereine damit für unterstützungswürdig erachtet werden.[542] Sie schafft vielmehr in erster Linie einen Anreiz für potentielle Spender, finanzielle Zuwendungen zu Gunsten der betreffenden Vereine vorzunehmen, wodurch sie für diese Vereine im Ergebnis – jedenfalls wirtschaftlich betrachtet – häufig wesentlich bedeutsamer ist als die ihnen zuteil werdenden Steuerbefreiungen und Steuerermäßigungen selbst.[543]

a) Voraussetzungen der Berechtigung zum Empfang steuerbegünstigter Spenden

Die Vorschrift des § 10b Abs. 1 S. 1 Einkommensteuergesetz (EStG) bestimmt, dass Zuwendungen – gemeint sind Spenden und Mitgliedsbeiträge – zur Förderung steuerbegünstigter Zwecke im Sinne von §§ 52 bis 54 Abgabenordnung (AO) an eine inländische juristische Person des öffentlichen Rechts oder an eine

542 Becker, Stiftungsrecht und Gemeinnützigkeitsrecht, S. 62, 63.
543 Becker, Stiftungsrecht und Gemeinnützigkeitsrecht, S. 63; Marré / Jurina, Kirchenfinanzierung, S. 52.

inländische öffentliche Dienststelle oder an eine nach § 5 Abs. 1 Nr. 9 des Körperschaftsteuergesetzes steuerbefreite Körperschaft, Personenvereinigung oder Vermögensmasse insgesamt bis zu 20 Prozent des Gesamtbetrags der Einkünfte oder vier Promille der Summe der gesamten Umsätze und der im Kalenderjahr aufgewendeten Löhne und Gehälter als Sonderausgaben abgezogen werden können.

Ob ein kirchlicher Verein dazu berechtigt ist, steuerbegünstigte Spenden zu empfangen, und aufgrund dessen aller Voraussicht nach in den Genuss höherer finanzieller Zuwendungen kommt, hängt somit davon ab, ob er im Einzelfall nach § 5 Abs. 1 Nr. 9 KStG von der Zahlung der Körperschaftssteuer befreit ist und ob er steuerbegünstigte Zwecke im Sinne von §§ 52 bis 54 AO verfolgt. Da es auch für die Frage der Befreiung von der Körperschaftssteuerpflicht nach § 5 Abs. 1 Nr. 9 KStG darauf ankommt, ob der jeweilige Verein ausschließlich und unmittelbar gemeinnützigen, mildtätigen oder kirchlichen Zwecken dient, entscheidet sich die Anwendung von § 10b Abs. 1 S. 1 EStG im Einzelfall danach, ob die Voraussetzungen von §§ 51 bis 68 AO erfüllt sind.

aa) Kirchliche Zwecke, § 54 AO

Auf den ersten Blick scheinen die hier untersuchten kirchlichen Vereine unproblematisch kirchliche Zwecke i.S.v. § 54 AO zu verfolgen.

Kirchlich sind allerdings nur solche Zwecke, mittels derer eine Religionsgesellschaft, die Körperschaft des öffentlichen Rechts ist, exklusiv und unmittelbar gefördert wird.[544] Auch wenn die Evangelische Kirche in Deutschland und ihre Gliedkirchen als Körperschaften des öffentlichen Rechts verfasst sind, so dienen die Vereine, die Gegenstand der vorliegenden Erörterung sind, doch eher selten unmittelbar den verfassten evangelischen Kirchen in Deutschland, indem sie etwa die Errichtung und Unterhaltung ihrer Gotteshäuser, die Besoldung von Kirchenbediensteten oder die Abhaltung des Gottesdienstes[545] unterstützen.

Somit ist die Frage, ob die hier untersuchten kirchlichen Vereine kirchliche Zwecke i.S.v. § 54 AO verfolgen, im Ergebnis zu verneinen.

bb) Mildtätige Zwecke, § 53 AO

Auch mildtätige Zwecke i.S.v. § 53 AO werden lediglich von einem kleineren Teil der kirchlichen Vereine verfolgt.

Zwar widmen sich die betreffenden Vereine, beispielsweise wenn sie Einrichtungen im Bereich der Betreuung von Menschen mit Behinderung oder der Al-

---

544 Buchna, Gemeinnützigkeit im Steuerrecht, S. 104; Koenig, in: Pahlke / Koenig, AO, § 54, Rn 2; Troll / Wallenhorst / Halaczinsky, Besteuerung gemeinnütziger Vereine, S. 181.

545 Boochs / Kühr, Steuerhandbuch, S. 32, 59; Troll / Wallenhorst / Halaczinsky, Besteuerung gemeinnütziger Vereine, S. 180.

ten- und Krankenpflege, tragen, durchaus Personen mit körperlichen, geistigen und seelischen Gebrechen.
Der Regelung des § 53 AO kommt es aber gerade darauf an, dass die Personen, die unterstützt werden, wegen ihres körperlichen, geistigen oder seelischen Zustandes in wirtschaftlicher Hinsicht auf die Hilfe anderer angewiesen sind.[546] Den kirchlichen Vereinen geht es hingegen in erster Linie darum, die betreffenden Personen bei der Bewältigung ihres Alltages zu unterstützen und damit die körperlichen, geistigen oder seelischen Leiden, nicht aber wirtschaftliche Defizite auszugleichen.

cc) Gemeinnützige Zwecke, § 52 Abs. 1, Abs. 2 Nr. 2 AO

Somit bleibt die Frage, ob und inwieweit die Ziele, die die hier untersuchten kirchlichen Vereine verfolgen, als gemeinnützig i.S.v. § 52 AO zu beurteilen sind.
Nach § 52 Abs. 1 S. 1 AO verfolgt eine Körperschaft gemeinnützige Zwecke, wenn ihre Tätigkeit darauf gerichtet ist, die Allgemeinheit auf materiellem, geistigem oder sittlichem Gebiet selbstlos zu fördern. Nach § 52 Abs. 2 Nr. 2 AO ist insbesondere die Förderung der Religion als Förderung der Allgemeinheit anzuerkennen. Dabei ist der Begriff der Religion i.S.v. § 52 Abs. 2 Nr. 2 AO weiter auszulegen als der der kirchlichen Zwecke gemäß § 54 AO.[547]
Wie oben bereits dargestellt wurde,[548] ist die Tätigkeit der hier untersuchten kirchlichen Vereine Religionsausübung und damit Ausdruck des gelebten Glaubens der jeweiligen Vereinsmitglieder.[549] Die Ziele, die die betreffenden Vereine anstreben, sind von diesem Glauben inspiriert und die Personen, die sich in den betreffenden Vereinen engagieren, finden die Motivation hierfür in ihrem Glauben.
Vor diesem Hintergrund kann und muss die Frage, ob die betreffenden Vereine einen gemeinnützigen Zweck verfolgen, bejaht werden.[550] Die kirchlichen Vereine erfüllen damit regelmäßig die Voraussetzungen von § 52 Abs. 1, Abs. 2 Nr. 2 AO.

dd) Zwischenergebnis

Festzuhalten ist mithin, dass die kirchlichen Vereine einen steuerbegünstigten Zweck verfolgen. Sofern sie im Einzelfall die Anforderungen, die die Regelun-

---

546 Koenig, in: Pahlke / Koenig, AO, § 53, Rn 7; Troll / Wallenhorst / Halaczinsky, Besteuerung gemeinnütziger Vereine, S. 174.

547 Boochs / Kühr, Steuerhandbuch, S. 32, 59; Troll / Wallenhorst / Halaczinsky, Besteuerung gemeinnütziger Vereine, S. 199.

548 S.o. Teil 2 C. III. 1..

549 Brenner, Diakonie im Sozialstaat, S. 57; Robbers, in: epd-Dokumentation 16/02, S. 19, 20; Hofmann, in: Schmidt-Bleibtreu / Hofmann / Hopfauf, Grundgesetz, Art. 4, Rn 18.

550 Boochs / Kühr, Steuerhandbuch, S. 31.

gen der §§ 55 bis 68 AO an die Art und Weise ihres Handelns und ihrer Geschäftsführung stellen, erfüllen, sind sie mithin nach § 5 Abs. 1 Nr. 9 KStG von der Körperschaftssteuer befreit und gemäß § 10b Abs. 1 S. 1 EStG zur Entgegennahme steuerbegünstigter Spenden berechtigt.

ee) Anforderungen von §§ 55 bis 68 AO, insbesondere: Grundsatz der Vermögensbindung und Anforderungen an so genannte Anfallsklauseln

In diesem Zusammenhang stellt sich insbesondere die oben[551] bereits angesprochene Frage, was in gemeinnützigkeitsrechtlicher Hinsicht für den Fall der Auflösung eines kirchlichen Vereins bzw. für den Entzug der Rechtsfähigkeit eines solchen Vereins zu beachten ist, d.h. vor allem, welche Vorgaben die Vorschriften der §§ 55 bis 68 AO für die Verwendung des Vermögens eines beendeten Vereins machen.

(1) Anforderungen nach §§ 55 Abs. 1 Nr. 4, 61 AO

Die Vorschrift des § 55 Abs. 1 Nr. 4 AO besagt:

> Eine Förderung oder Unterstützung geschieht selbstlos, wenn dadurch nicht in erster Linie eigenwirtschaftliche Zwecke – zum Beispiel gewerbliche Zwecke oder sonstige Erwerbszwecke – verfolgt werden und wenn die folgenden Voraussetzungen gegeben sind:
>
> (...)
>
> [1]Bei Auflösung oder Aufhebung der Körperschaft oder bei Wegfall ihres bisherigen Zwecks darf das Vermögen der Körperschaft, soweit es die eingezahlten Kapitalanteile der Mitglieder und den gemeinen Wert der von den Mitgliedern geleisteten Sacheinlagen übersteigt, nur für steuerbegünstigte Zwecke verwendet werden (Grundsatz der Vermögensbindung). [2]Diese Voraussetzung ist auch erfüllt, wenn das Vermögen einer anderen steuerbegünstigten Körperschaft oder einer Körperschaft des öffentlichen Rechts für steuerbegünstigte Zwecke übertragen werden soll.

Bei der Beendigung eines als gemeinnützig anerkannten Vereins muss also sein Vermögen, das nach Abzug der Beträge, die für die Rückgewähr von Kapitalanteilen und Sacheinlagen aufgewendet werden müssen, verbleibt, ebenfalls für Zwecke im Sinne von §§ 52 ff. AO verwendet werden.[552] Zur Absicherung dieser Vermögensbindung in der Satzung bestimmt § 61 Abs. 1 AO:

---

551 S.o. Teil 2 H. I. 3..

552 König, in: Pahlke / König, AO, § 55, Rn 27; Schauhoff, Handbuch der Gemeinnützigkeit, § 5, Rn 102.

Eine steuerlich ausreichende Vermögensbindung (§ 55 Abs. 1 Nr. 4 AO) liegt vor, wenn der Zweck, für den das Vermögen bei Auflösung oder Aufhebung der Körperschaft oder bei Wegfall ihres bisherigen Zweck verwendet werden soll, in der Satzung so genau bestimmt ist, dass auf Grund der Satzung geprüft werden kann, ob der Verwendungszweck steuerbegünstigt ist.

Das bedeutet, dass in der Satzung der kirchlichen Vereine, die als gemeinnützig anerkannt werden wollen, eine Regelung über den Verwendungszwecks des Restvermögens des betreffenden Vereins für den Fall der Beendigung seiner steuerbegünstigten Tätigkeit enthalten sein muss.[553] Dabei muss der Zweck, für den das Vermögen des jeweiligen Vereins bei seiner Beendigung verwendet werden soll, so genau bezeichnet werden, dass allein aufgrund der entsprechenden Bestimmung in der Vereinssatzung geprüft werden kann, ob die Vermögensbindung den materiellen Erfordernissen von § 55 Abs. 1 Nr. 4 AO entspricht.[554] Hierfür ist entweder die präzise Angabe einer Körperschaft mit der Bestimmung, ob das Vermögen ausschließlich und unmittelbar für eigene steuerbegünstigte Zwecke zu verwenden ist, oder die unmissverständliche Angabe eines bestimmten Verwendungszwecks erforderlich.[555]

(2) Formulierung einer Anfallklausel in der Satzung eines kirchlichen Vereins – allgemeine Fassung

Vor dem Hintergrund der Anforderungen von §§ 55 Abs. 1 Nr. 4, 61 AO kann eine Anfallklausel in der Satzung eines kirchlichen Vereins allgemein etwa wie folgt formuliert werden:

> Bei Auflösung des Vereins oder bei Wegfall seines/seiner steuerbegünstigten Zwecks/Zwecke fällt das Vermögen des Vereins an den / die / das _____ (Bezeichnung einer juristischen Person des öffentlichen Rechts oder einer anderen steuerbegünstigten Körperschaft), der / die / das es unmittelbar und ausschließlich für gemeinnützige, mildtätige oder kirchliche Zwecke zu verwenden hat.[556]

(3) Mögliche Besonderheiten für den Anfall des Vermögens kirchlicher Vereine

Dass der steuerbegünstigte Zweck, dem das Vermögen eines Vereins dient, mit dem steuerbegünstigten Zweck, für den es im Fall der Beendigung des betreffenden Vereins verwendet werden soll, identisch sein muss, setzt § 55 Abs. 1

553 König, in: Pahlke / König, AO, § 61, Rn 1.

554 BFH, Urteil vom 21. Juli 1999, Az.: I R 2/98 (NV); Schauhoff, Handbuch der Gemeinnützigkeit, § 5, Rn 102.

555 FG Niedersachsen, Urteil vom 18. März 2004, Az.: 6 K 136/01.

556 Vgl. § 5 Ziff. 1 der Anlage 1 zur Abgabenordnung (AO).

Nr. 4 AO nicht voraus.[557] Allerdings stellt sich im vorliegenden Fall die Frage, ob die kirchlichen Vereine, um die es in der vorliegenden Untersuchung geht, aber auch die verfassten evangelischen Kirchen in Deutschland, denen sie zugeordnet sind, unter Umständen ein besonderes Interesse daran haben, dass das Vermögen eines kirchlichen Vereins im Falle seiner Beendigung nicht „irgendeinem" gemeinnützigen Zweck im Sinne von §§ 52 ff. AO zufließt, sondern dass das Vermögen eines beendeten kirchlichen Vereins an eine Initiative fällt, die ebenfalls der Evangelischen Kirche in Deutschland bzw. ihren Gliedkirchen zugeordnet ist. Insofern scheinen – soweit erkennbar – unterschiedliche Sichtweisen, jedenfalls im Hinblick auf diejenigen Vereine, die dem Diakonischen Werk der Evangelischen Kirche in Deutschland e.V. oder dem Diakonischen Werk einer Landeskirche angehören, zu existieren.
Einerseits bestimmt beispielsweise § 6 Abs. 3 der Satzung des Diakonischen Werkes der Evangelisch-lutherischen Landeskirche Hannovers e.V.:

> Mitglieder können Träger von Einrichtungen, Werken, Verbänden und sonstigen Diensten der Diakonie werden, wenn
>
> (…)
>
> e) sichergestellt ist, dass das Vermögen des Mitglieds im Falle seiner Auflösung oder Aufhebung im kirchlichen Bereich verbleibt.
>
> Diese Voraussetzungen, die Mitgliedschaft im Diakonischen Werk (…) sind in der Satzung des Mitglieds festzulegen.

Hingegen regelt § 4 Abs. 3 lit. b) der Satzung des Diakonischen Werks der Evangelischen Landeskirche in Baden e.V.:

> Einrichtungen (…) können Mitglied werden, wenn sie folgende Voraussetzungen erfüllen:
>
> (…)
>
> Die Bedingungen für die Anerkennung als gemeinnützig, mildtätig oder kirchlich im Sinne der Abgabenordnung müssen nach der Satzung oder sonstigen Verfassung und der tatsächlichen Geschäftsführung erfüllt sein.

Während also das Diakonische Werk der Evangelisch-lutherischen Landeskirche Hannovers e.V. von seinen Mitgliedern fordert, dass ihr Vermögen im Falle ihrer Beendigung im kirchlichen Bereich verbleibt und dass sie dies durch entsprechende Satzungsregelungen sicherstellen, lässt es das Diakonische Werk der Evangelischen Landeskirche in Baden e.V. genügen, dass das Vermögen seiner Mitglieder im Fall ihrer Beendigung einem gemeinnützigen Zweck entsprechend den oben erörterten Bestimmungen von §§ 55 Abs. 1 Nr. 4, 61 AO zufällt.

---

557 König, in: Pahlke / König, AO, § 55, Rn 27.

Unabhängig davon, welcher Maßstab insoweit im Einzelnen angelegt werden soll, lässt es sich jedenfalls mit staatskirchenrechtlichen Argumenten begründen, wenn kirchliche Vereine bzw. die verfassten evangelischen Kirchen in Deutschland ein Interesse daran haben, dass das Vermögen von beendeten kirchlichen Vereinen fortan nicht „irgendeinem" gemeinnützigen Zweck i.S.v. §§ 52 ff. AO zukommt, sondern ebenfalls an eine kirchliche Initiative fällt. Wie oben[558] bereits ausgeführt wurde, sind die kirchlichen Vereine nicht nur durch das einheitliche Grundrecht der Religionsfreiheit nach Art. 4 Abs. 1, Abs. 2 GG und durch die Kirchengutsgarantie gemäß Art. 140 GG i.V.m. Art. 138 Abs. 2 WRV geschützt, sondern sie partizipieren auch am kirchlichen Selbstbestimmungsrecht der verfassten evangelischen Kirchen in Deutschland nach Art. 140 GG i.V.m. Art. 137 Abs. 3 WRV. Vor diesem Hintergrund kann ein Interesse daran bestehen, dass das Vermögen eines beendeten kirchlichen Vereins einer Initiative zufällt, die unter dem gleichen grundgesetzlichen Schutz steht. Darüber hinaus dürften die Evangelische Kirche in Deutschland und ihre Gliedkirchen daran interessiert sein, dass das Vermögen eines Vereins, der ihnen zugeordnet war, jedoch inzwischen beendet wurde, nicht für Zwecke verwendet wird, die zwar durchaus gemeinnützig im Sinne der §§ 52 ff. AO sind, die jedoch nicht dem Selbstverständnis der verfassten evangelischen Kirchen in Deutschland entsprechen, sondern diesem unter Umständen sogar zuwiderlaufen.
In diesem Fall könnte die oben dargestellte Anfallklausel für die Satzung kirchlicher Vereine enger gezogen und wie folgt formuliert werden:

> Bei Auflösung des Vereins oder bei Wegfall seines/seiner steuerbegünstigten Zwecks/Zwecke fällt das Vermögen des Vereins an den / die / das _____ (Bezeichnung einer juristischen Person des öffentlichen Rechts oder einer anderen steuerbegünstigten Körperschaft), der / die / das es unmittelbar und ausschließlich für gemeinnützige, mildtätige oder kirchliche Zwecke entsprechend dem bisherigen, in § _____ dieser Satzung bezeichneten Zweck des Vereins zu verwenden hat.

b) Verfahren der Anerkennung

Den kirchlichen Vereinen dürfte oftmals daran gelegen sein, so bald wie möglich vor dem Hintergrund der steuerrechtlichen Attraktivität um Spenden werben zu können. Dementsprechend dürften sie auch daran interessiert sein, möglichst bald eine offizielle Bestätigung darüber zu erhalten, dass sie nach § 10b Abs. 1 S. 1 EStG zur Entgegennahme steuerbegünstigter Spenden berechtigt sind.[559]
Ein besonderes Verfahren zur Feststellung der Gemeinnützigkeit von Vereinen, beispielsweise der hier untersuchten kirchlichen Vereine, existiert nicht.[560] Allerdings besteht für die betreffenden Vereine die Möglichkeit, ihre Satzung beim

558 S.o. Teil 2 C. III..
559 Mack, in: DStR 1984, S. 191.
560 Siegel, in: AfkKR 174, S. 96, 97.

jeweiligen körperschaftssteuerlich zuständigen Finanzamt einzureichen und zu beantragen, ihnen eine vorläufige Bescheinigung darüber auszustellen, dass sie nach ihrer Satzung ausschließlich und unmittelbar steuerbegünstigte gemeinnützige Zwecke verfolgen.[561] Zweck dieser vorläufigen Bescheinigung ist es, den Zeitraum bis zum Erlass des ersten Körperschaftssteuerbescheids bzw. bis zum Erlass des ersten Freistellungsbescheids zu überbrücken und es potentiellen Spendern zu ermöglichen, zu beurteilen, ob und inwieweit finanzielle Zuwendungen an den jeweiligen Verein nach § 10b Abs. 1 S. 1 EStG steuerlich abzugsfähig sind.[562]
Stellt ein neu gegründeter Verein, für den bislang noch kein Steuerfestsetzungsverfahren statt gefunden hat, erstmalig den Antrag auf Ausstellung einer vorläufigen Bescheinigung über seine Berechtigung zum Empfang steuerbegünstigter Spenden, so kann das jeweils zuständige Finanzamt, dem nur die Satzung des betreffenden Vereins vorliegt, lediglich prüfen, ob und inwieweit diese Satzung die Anforderungen von §§ 51 bis 62 AO erfüllt.[563] Ist dies der Fall, so wird dem jeweiligen Verein die gewünschte Auskunft, d.h. die vorläufige Bescheinigung, erteilt. Stimmt die Satzung des betreffenden Vereins hingegen nicht mit den Vorschriften der §§ 51 bis 62 AO überein, so gibt das jeweils zuständige Finanzamt dem jeweiligen Verein in aller Regel die Möglichkeit, die Satzung entsprechend den Vorgaben der §§ 51 bis 62 AO zu ändern.[564]
Abschließend beurteilt wird die Frage der Berechtigung zur Entgegennahme steuerbegünstigter Spenden allerdings erst im Rahmen des ersten Steuerfestsetzungsverfahrens für den jeweiligen Verein.[565] Kommt das jeweils zuständige Finanzamt dabei zu dem Schluss, dass die Voraussetzungen von § 10b Abs. 1 S. 1 EStG nicht erfüllt sind, so erlässt es einen Steuerbescheid gegen den betreffenden Verein. Sieht es die Bedingungen von § 10 Abs. 1 S. 1 EStG hingegen als erfüllt an, ergeht ein Freistellungsbescheid.[566]

B. Konsequenzen der Anhäufung eines zu großen Vermögens

Wie oben dargestellt wurde,[567] verfügen die verschiedenen kirchlichen Vereine über zahlreiche Einnahmequellen unterschiedlichster Art. So kann es mitunter

561 Mack, in: DStR 1984, S. 191.
562 Mack, in: DStR 1984, S. 191.
563 Siegel, in: AfkKR 174, S. 96, 97.
564 Mack, in: DStR 1984, S. 191; Siegel, in: AfkKR 174, S. 96, 97.
565 Siegel, in: AfkKR 174, S. 96, 98.
566 Mack, in: DStR 1984, S. 191, 192.
567 S.o. Teil 3 A. I..

dazu kommen, dass einzelne solcher Vereine ein nicht unerhebliches Vermögen anhäufen, was dann die Frage aufwirft, ob und, bejahendenfalls, welche rechtlichen Konsequenzen die Anhäufung eines derartigen Vermögens mit sich bringt.

I. Drohender Verlust der Rechtsfähigkeit, § 43 Abs. 2 BGB

Bildet ein eingetragener rechtsfähiger kirchlicher Verein ein derartiges Vermögen, so kann sich dies unter Umständen nachteilig auf seine Rechtsfähigkeit auswirken. Denn wie oben[568] bereits dargelegt wurde, kann einem eingetragenen rechtsfähigen Verein, dessen Zweck nach seiner Satzung nicht auf einen wirtschaftlichen Geschäftsbetrieb gerichtet ist, die Rechtsfähigkeit entzogen werden, wenn er dennoch einen solchen Zweck verfolgt, § 43 Abs. 2 BGB. Bei der Erörterung, ob die Voraussetzungen des Entzugs der Rechtsfähigkeit nach § 43 Abs. 2 BGB erfüllt sind, ergeben sich für die kirchlichen Vereine, die Gegenstand der vorliegenden Untersuchung sind, einige Besonderheiten. Entscheidend ist insoweit, ob es sich bei den Aktivitäten des jeweiligen betroffenen Vereins um Religionsausübung oder aber um eine wirtschaftliche Tätigkeit handelt.

Die Frage, wie eine durch das einheitliche Grundrecht der Religionsfreiheit nach Art. 4 Abs. 1, Abs. 2 GG geschützte Religionsausübung einerseits von einer wirtschaftlichen Betätigung andererseits abzugrenzen ist, war lange Zeit Gegenstand kontroverser Diskussionen in der rechtswissenschaftlichen Literatur und hat obendrein auch die Rechtsprechung mehrfach beschäftigt.[569]

1. Beschluss des Bundesverfassungsgerichts vom 5. Februar 1991 – „Baha'i“

So hat das Bundesverfassungsgericht in seinem Beschluss vom 5. Februar 1991 zum so genannten „Baha'i-Fall“[570] ausgeführt:

> „Zwar können nicht allein die Behauptung und das Selbstverständnis, eine Gemeinschaft bekenne sich zu einer Religion und sei eine Religionsgemeinschaft, für diese und ihre Mitglieder die Berufung auf die Freiheitsgewährleistung des Art. 4 Abs. 1 und 2 GG rechtfertigen; vielmehr muß es sich auch tatsächlich, nach geistigem Ge-

568 S.o. Teil 2 H. I. 1..

569 Vgl. zur Abgrenzung der Religionsausübung von einer wirtschaftlichen Betätigung insgesamt die ausführliche Darstellung bei Winter, Staatskirchenrecht, S. 115 bis 117 m.w.N..

570 BVerfGE 83, S. 341 ff..

halt und äußerem Erscheinungsbild, um eine Religion und Religionsgemeinschaft handeln."

Und weiter:

„Der Gewährleistungsinhalt der religiösen Vereinigungsfreiheit umfaßt die Freiheit, aus gemeinsamem Glauben sich zu einer Religionsgesellschaft zusammenzuschließen und zu organisieren. Schon der Begriff der Religionsgesellschaft weist darauf hin, dass ein Zusammenschluß auf dem Boden der staatlichen Rechtsordnung gemeint ist und nicht etwa nur eine rein geistliche Kultgemeinschaft. (...) Damit ist kein Anspruch auf eine bestimmte Rechtsform gemeint, etwa die des rechtsfähigen Vereins oder einer sonstigen Form der juristischen Person; gewährleistet ist die Möglichkeit einer irgendwie gearteten rechtlichen Tendenz einschließlich der Teilnahme am allgemeinen Rechtsverkehr."

Sowie:

„Dem entspricht es, daß Art. 140 GG in Verbindung mit Art. 137 Abs. 3 WRV den Religionsgesellschaften die Möglichkeit eröffnet und gewährleistet, die Rechtsfähigkeit nach den allgemeinen Vorschriften des bürgerlichen Rechts zu erwerben. (...) Die religiöse Vereinigungsfreiheit gebietet allerdings, das Eigenverständnis der Religionsgesellschaft, soweit es in den Bereich der durch Art. 4 Abs. 1 GG als unverletzlich gewährleisteten Glaubens- und Bekenntnisfreiheit wurzelt und sich in der durch Art. 4 Abs. 2 GG geschützten Religionsausübung verwirklicht, bei der Auslegung und Handhabung des einschlägigen Rechts, hier des Vereinsrechts des Bürgerlichen Gesetzbuchs, besonders zu berücksichtigen. Das bedeutet nicht nur, daß die Religionsgesellschaft Gestaltungsspielräume, die das positive Recht eröffnet, voll ausschöpfen darf. Auch bei der Handhabung zwingender Vorschriften sind Auslegungsspielräume, soweit erforderlich, zugunsten der Religionsgesellschaft zu nutzen."

2. Urteil des Bundesverwaltungsgerichts vom 27. März 1992 – „Osho-Bewegung"

Darüber hinaus hat das Bundesverwaltungsgericht in seinem Urteil vom 27. März 1992[571] über den Fall der so genannten „Osho-Bewegung" wichtige Aussagen über die Abgrenzung von Religionsausübung einerseits und wirtschaftlicher Betätigung andererseits getroffen. Insoweit hat das Bundesverwaltungsgericht ausgeführt:

„Eine Religions- oder Weltanschauungsgemeinschaft muß, um über den rein spirituellen Zusammenhalt hinaus als säkulare Gemeinschaft bestehen zu können, ein Minimum an organisatorischer Struktur aufweisen; hierzu benötigt sie finanzielle Mittel. In welcher Weise sie ihre Finanzverhältnisse gestaltet, hat sie kraft ihrer verfas-

571 BVerwGE 90, S. 112 ff..

sungsrechtlich gewährleisteten Autonomie (Art. 140 GG, 137 WRV) grundsätzlich selbst zu entscheiden. (...) Der Schutz des Art. 4 GG kann mithin nicht schon allein wegen einer solchen Kommerzialisierung des religiösen oder weltanschaulichen Bekenntnisses überhaupt entfallen, mag die Gemeinschaft auch bei ihrer entsprechenden Betätigung wegen des den religiösen oder weltanschaulichen Bezug überlagernden Gewinnstrebens den im Wirtschaftsleben allgemein geltenden Gesetzen unterworfen sein."

Und weiter:

„Zu einem vollständigen Entzug des Grundrechtsschutzes aus Art. 4 GG besteht auch dann kein hinreichender Anlaß, wenn die wirtschaftliche Betätigung der Gemeinschaft eine solche Bedeutung erlangt, dass die gemeinschaftliche Pflege von Religion oder Weltanschauung in den Hintergrund tritt, oder wenn – anders ausgedrückt – die geschäftlichen Interessen der Gemeinschaft ihre sonstigen Aktivitäten überwiegen."

Sowie:

„Das Berufungsgericht hat (...) zutreffend nur die Frage aufgeworfen, ob die Lehren Osho-Rajneeshs „als Vorwand für eine wirtschaftliche Betätigung dienen", ob die Bewegung also in Wahrheit ausschließlich wirtschaftliche Interessen verfolgt, die mit ideellen Zielen bloß verbrämt sind. Unter dieser Voraussetzung würde es sich, was keiner näheren Darlegung bedarf, um einen Missbrauch des Rechts zur gemeinschaftlichen Pflege von Religion oder Weltanschauung handeln, den sich auch die Kläger als Teilorganisation der weltweiten Osho-Bewegung entgegenhalten lassen müssten und der ihnen den Schutz des Art. 4 GG nähme."

3. Urteil des Bundesverwaltungsgerichts vom 6. November 1997 – „Scientology"

Schließlich hat sich das Bundesverwaltungsgericht in seinem Urteil vom 6. November 1997 im Zusammenhang mit einem Fall der „Scientology"[572] wie folgt zur Abgrenzung der Religionsausübung von der wirtschaftlichen Betätigung geäußert:

„Tätigkeiten eines Vereins bilden dann einen wirtschaftlichen Geschäftsbetrieb, wenn es sich um planmäßige, auf Dauer angelegte und nach außen gerichtete, d.h. über den vereinsinternen Bereich hinausgehende, eigenunternehmerische Tätigkeiten handelt, die auf die Verschaffung vermögenswerter Vorteile zugunsten des Vereins oder seiner Mitglieder abzielen. Ein Idealverein wird jedoch dann nicht zum wirtschaftlichen Verein, wenn er zwar zur Erreichung seiner idealen Ziele unternehmerische Zwecke entfaltet, diese aber dem nichtwirtschaftlichen Hauptzweck des Vereins zu- und untergeordnet und Hilfsmittel zu dessen Erreichung sind (sog. Nebenzweckprivileg). Danach ist für einen wirtschaftlichen Geschäftsbetrieb ent-

572 BVerwGE 105, S. 313 ff..

scheidend, ob sich der Verein unternehmerisch betätigt und demnach das mit einer solchen Tätigkeit typischerweise verbundene Risiko trägt. Dies ist der Fall, wenn der Verein wie ein Kaufmann am Marktgeschehen teilnimmt. Hingegen sind Leistungen, die ein Verein in Verwirklichung seines idealen Zwecks seinen Mitgliedern anbietet, grundsätzlich keine unternehmerischen Tätigkeiten in diesem Sinne. Der Verein ist in solchen Fällen typischerweise nicht einem Wettbewerb ausgesetzt, der laufend mit wagnisbehafteten Entscheidungen verbunden ist und dementsprechend rechtliche Vorkehrungen zur Sicherung von Gläubigerinteressen erfordert."

Und weiter:

„Für die Frage, ob ein Verein, dessen Zweck nach der Satzung nicht auf einen wirtschaftlichen Geschäftsbetrieb gerichtet ist, einen solchen Zweck im Sinne von § 43 Abs. 2 BGB verfolgt, kommt es auf das vom Vereinswillen getragene Gesamtgebaren an. Neben ausgeübten Tätigkeiten können insoweit auch solche Vorhaben von Bedeutung sein, die zwar aktuell nicht verwirklicht werden, nach dem Vereinswillen aber zum Aufgabenkreis des Vereins zählen."

Sowie:

„Der Verkauf von Waren und das Angebot entgeltlicher Dienstleistungen an Nichtmitglieder können allerdings von dem bereits erwähnten sog. Nebenzweckprivileg gedeckt sein. Dies wäre der Fall, wenn die anderen Tätigkeiten des Klägers den Hauptanteil an der Verwirklichung des satzungsmäßigen Gesamtzwecks der Pflege und Verbreitung der Scientology Religion bildeten und so eventuelle unternehmerische Tätigkeiten gegenüber Nichtmitgliedern diesem Hauptzweck zu- und untergeordnet und lediglich Hilfsmittel zur Erreichung des Gesamtzwecks wären."

4. Zusammenfassung der Ergebnisse der Rechtsprechung

Die Ergebnisse der Rechtsprechung des Bundesverfassungsgerichts und insbesondere des Bundesverwaltungsgerichts zu der Frage, wie die durch das einheitliche Grundrecht von Art. 4 Abs. 1, Abs. 2 GG geschützte Religionsausübung einerseits von einer wirtschaftlichen Betätigung, die ggf. zu einem Entzug der Rechtsfähigkeit nach § 43 Abs. 2 BGB führen kann, andererseits abzugrenzen ist, lassen sich wie folgt zusammenfassen:
Auch wenn den Religionsgesellschaften das Recht zur Vereinigung zu einer religiösen Gemeinschaft zusteht, haben sie doch keinen Anspruch auf den Zusammenschluss in einer bestimmten Rechtsform, etwa der des eingetragenen rechtfähigen Vereins. Für den Fall, dass sich eine Religionsgesellschaft zulässigerweise in der Rechtsform des eingetragenen Vereins organisiert, ist insoweit den besonderen Gewährleistungen des einheitlichen Grundrechts von Art. 4 Abs. 1, Abs. 2 GG in besonderem Maße Rechnung zu tragen. Eventuell bestehende Auslegungs- und Gestaltungsspielräume sind zu Gunsten der Religionsgemeinschaft auszulegen. Bei der Gestaltung ihrer finanziellen Verhältnisse sind

die Religionsgemeinschaften entsprechend ihrem kirchlichen Selbstbestimmungsrecht nach Art. 140 GG i.V.m. Art. 137 Abs. 3 WRV frei.
In seiner oben dargestellten Entscheidung zur so genannten Osho-Bewegung hat das Bundesverwaltungsgericht dem einheitlichen Grundrecht der Religionsfreiheit nach Art. 4 Abs. 1, Abs. 2 GG einen äußerst großzügigen Rahmen gezogen. Nach der Auffassung des ersten Senats des Bundesverwaltungsgerichts besteht kein Anlass, den Schutz durch Art. 4 Abs. 1, Abs. 2 GG entfallen zu lassen, wenn ein religiöses oder weltanschauliches Bekenntnis kommerzialisiert wird oder wenn die wirtschaftliche Betätigung einer religiösen oder weltanschaulichen Gemeinschaft gar so weit reicht, dass die geschäftlichen Interessen der Gemeinschaft ihre sonstigen Aktivitäten überwiegen. Vielmehr soll der Schutz durch Art. 4 Abs. 1, Abs. 2 GG erst dann entfallen, wenn ein Verein an sich ausschließlich wirtschaftliche Interessen verfolgt, die er lediglich mit ideellen Zielen verbrämt.
Nicht ganz so großzügig war das Bundesverwaltungsgericht hingegen in seiner oben geschilderten Entscheidung zum Fall Scientology. Der erste Senat des Bundesverwaltungsgerichts hat das Vorliegen eines wirtschaftlichen Geschäftsbetriebes bereits bei planmäßigen, auf Dauer angelegten und nach außen gerichteten, d.h. über den vereinsinternen Bereich hinausgehenden, eigenunternehmerischen Tätigkeiten bejaht, die auf die Verschaffung vermögenswerter Vorteile zu Gunsten des jeweiligen Vereins bzw. seiner Mitglieder abzielen. Hierfür soll es darauf ankommen, ob sich der jeweilige Verein wirtschaftlich betätigt und demnach das mit einer solchen Tätigkeit typischerweise verbundene Risiko trägt. Ein Verein, der unternehmerische Zwecke entfaltet, die einem nichtwirtschaftlichen Hauptzweck untergeordnet sind und ihm als Hilfsmittel dienen sollen, soll hingegen kein wirtschaftlicher Verein sein.

5. Stellungnahme

Auch wenn sich die Auffassungen des siebten und des ersten Senats des Bundesverwaltungsgerichts zur Abgrenzung zwischen grundrechtlich geschützter Religionsausübung i.S.v. Art. 4 Abs. 1, Abs. 2 GG einerseits und wirtschaftlicher Betätigung andererseits nicht decken, erscheint die Rechtsprechung des Bundesverwaltungsgerichts zu dieser Frage insgesamt doch nicht sachgerecht.
Sicherlich ist es zu begrüßen, dass das Bundesverwaltungsgericht die wirtschaftlichen Notwendigkeiten, mit denen auch religiöse Vereinigungen, im vorliegenden Fall die kirchlichen Vereine, konfrontiert sind, zur Kenntnis genommen und berücksichtigt hat. Wie oben[573] bereits ausgeführt wurde, kommen auch die kirchlichen Vereine nicht umhin, sich mit der veränderten Wirklichkeit auseinanderzusetzen, sich der herrschenden Wettbewerbssituation zu stellen und ihre Aktivitäten – jedenfalls auch – in einer betriebswirtschaftlich sinnvollen Art und

573 S.o. Teil 1 B. IV..

Weise zu gestalten. Insofern trifft es durchaus zu, dass auch die kirchlichen Vereine auf finanzielle Mittel angewiesen sind, bei deren Generierung und Verwaltung sie gemäß Art. 140 GG i.V.m. Art. 137 Abs. 3 WRV frei sind.
Allerdings darf bei alledem nicht aus dem Blick verloren werden, dass es sich bei kirchlichen Vereinen um Initiativen handelt, bei denen jedes Handeln in einer bestimmten religiösen Motivation wurzelt und bei denen jede Aktivität Ausdruck einer religiösen Überzeugung ist. Nur wenn dieses kirchliche Proprium gewährleistet ist, kann es sich bei einem Verein um einen kirchlichen Verein handeln. Immerhin erfährt ein Verein nur dann Schutz durch das einheitliche Grundrecht der Religionsfreiheit nach Art. 4 Abs. 1, Abs. 2 GG, wenn und soweit sein Zweck die Pflege oder Förderung eines religiösen Bekenntnisses oder die Verkündung des Glaubens seiner Mitglieder ist,[574] und immerhin partizipiert ein Verein nur dann an dem kirchlichen Selbstbestimmungsrecht einer Religionsgemeinschaft, wenn er der betreffenden Kirche zugeordnet ist.[575] Vor diesem Hintergrund haben sowohl der siebte als auch der erste Senat des Bundesverwaltungsgerichts bei ihren oben im Einzelnen dargestellten Entscheidungen einen entscheidenden Punkt übersehen:
Wenn kirchliche Vereine sich angesichts der veränderten Wirklichkeit heutzutage wirtschaftlich betätigen, dann ist diese wirtschaftliche Betätigung ein „Mittel zum Zweck“. Um nicht von vornherein ausschließen zu müssen, dass der Zweck, den sich der jeweilige kirchliche Verein gesetzt hat, nicht erreicht werden kann, weil ihm ökonomische Hindernisse entgegen stehen, können die kirchlichen Vereine nicht umhin, auch wirtschaftliche Aktivitäten zu entfalten. Gerade weil diese wirtschaftlichen Aktivitäten aber „Mittel zum Zweck“ sind, sind sie der eigentlichen, hauptsächlichen Zwecksetzung des jeweiligen kirchlichen Vereins von vornherein untergeordnet. Das kirchliche Selbstverständnis selbst – das nach der Rechtsprechung bei der Abgrenzung von Religionsausübung einerseits und wirtschaftlicher Betätigung andererseits ja gerade entscheidend zu berücksichtigen sein soll – geht also von vornherein davon aus, dass die wirtschaftliche Betätigung eines kirchlichen Vereins immer nur eine untergeordnete Aktivität sein kann, die Hilfsmittel des jeweiligen Zwecks des jeweiligen kirchlichen Vereins ist. Handelt es sich bei der jeweiligen wirtschaftlichen Tätigkeit de facto nicht um eine untergeordnete Tätigkeit, so ist der Verein auch kein kirchlicher.
Es lässt sich mithin nicht mit dem Selbstverständnis der Kirchen in Einklang bringen, wenn der erste Senat des Bundesverwaltungsgerichts eine Religionsausübung i.S.v. Art. 4 Abs. 1, Abs. 2 GG nur dann entfallen lassen möchte, wenn ein Verein in Wirklichkeit ausschließlich wirtschaftliche Interessen verfolgt und diese lediglich mit ideellen Zielen verbrämt.

---

574 BVerfGE 24, S. 236, 246, 247.

575 Vgl. hierzu die Anmerkungen bei von Campenhausen / Erhardt, Kirche, Staat, Diakonie, S. 49.

Auch die Rechtsprechung des ersten Senats des Bundesverwaltungsgerichts geht an der Sache vorbei. Zwar scheint es auf den ersten Blick dem Selbstverständnis der Kirchen zu entsprechen, wenn er in seiner „Scientology-Entscheidung" danach differenziert, ob wirtschaftliche Zwecke, die ein Verein entfaltet, dem wirtschaftlichen Hauptzweck als dessen Hilfsmittel untergeordnet sind oder nicht. Allerdings ist es nicht sachgerecht, wenn das Bundesverwaltungsgericht in seiner Entscheidung von wirtschaftlichen *Zwecken* spricht. Wie oben dargelegt, sind die wirtschaftlichen Aktivitäten, die ein kirchlicher Verein entfaltet, immer nur notwendiges „Mittel zum Zweck". Sie sind jedoch nie selbst Zweck eines kirchlichen Vereins. Die Zwecksetzung eines kirchlichen Vereins ist notwendigerweise eine kirchliche. Für eine wirtschaftliche Zwecksetzung bleibt daneben kein Platz; dies wäre mit dem kirchlichen Selbstverständnis nicht in Einklang zu bringen. Folglich ist auch die Differenzierungsmethode, die der erste Senat des Bundesverwaltungsgerichts entwickelt hat, nicht sinnvoll.

II. Drohender Verlust von Steuerermäßigungen und -begünstigungen

Nach § 5 Abs. 1 Nr. 9 S. 2 KStG, § 3 Nr. 6 GewStG und § 3 Abs. 1 Nr. 12 VStG wird eine Befreiung von der Körperschaftssteuer, von der Gewerbesteuer und von der Vermögenssteuer nicht gewährt, soweit ein wirtschaftlicher Geschäftsbetrieb unterhalten wird. Dementsprechend scheidet, soweit ein wirtschaftlicher Geschäftsbetrieb unterhalten wird, auch die Berechtigung zur Entgegennahme von steuerbegünstigten Spenden aus, weil § 10b Abs. 1 S. 1 EStG diese Berechtigung davon abhängig macht, ob die Voraussetzungen von § 5 Abs. 1 Nr. 9 S. 1 KStG erfüllt sind.

Die Frage, ob und inwieweit ein kirchlicher Verein ggf. dadurch, dass er ein gewisses Vermögen angehäuft hat, seine steuerrechtlichen Privilegien riskiert, beurteilt sich nach den gleichen Kriterien wie die Frage nach dem Risiko des Verlusts der Rechtsfähigkeit. Entscheidend ist insoweit also wiederum die Abgrenzung zwischen Religionsausübung einerseits und wirtschaftlicher Betätigung andererseits.[576]

576 S.o. Teil 3 B. I..

C. Einzelfragen zum Verhältnis zwischen den verfassten evangelischen Kirchen in Deutschland und den kirchlichen Vereinen im Zusammenhang mit deren Vermögen

Im Zusammenhang mit der finanziellen Ausstattung der kirchlichen Vereine stellen sich einige Einzelfragen das Verhältnis zwischen den verfassten evangelischen Kirchen in Deutschland einerseits und den kirchlichen Vereinen andererseits betreffend. Einige dieser Fragen sollen im Folgenden im Lichte der geltenden Rechtsordnung im Bereich der Evangelischen Landeskirche in Baden näher beleuchtet werden und es soll versucht werden, eine Antwort auf die offenen Fragen zu finden.

I. Dreiecksverhältnis Kirchengemeinde – Pfarrgemeinde – kirchlicher Verein

Anlass für Diskussionen ergibt sich zum einen vor dem Hintergrund einer rechtlichen und organisatorischen Besonderheit im Bereich der Evangelischen Landeskirche in Baden.
Art. 15 Abs. 1 S. 1 GO Baden bestimmt:

> Die Pfarrgemeinde ist eine Körperschaft des kirchlichen Rechts.

Darüber hinaus findet sich in Art. 23 GO Baden folgende Regelung:

> Besitzt eine Gemeinde die Rechte einer Körperschaft des öffentlichen Rechts nach staatlichem Recht oder werden ihr künftig diese Rechte verliehen, so ist sie eine Kirchengemeinde.

Im Bereich der Evangelischen Landeskirche in Baden ist also zwischen den Pfarrgemeinden und den Kirchengemeinden zu unterscheiden. Die Pfarrgemeinden sind nicht rechtsfähig, während die Kirchengemeinden den Status von Körperschaften des öffentlichen Rechts haben. Im Hinblick auf wirtschaftliche und finanzielle Aspekte kann diese Ausgangslage für die Pfarrgemeinden den Anreiz bieten, rechtsfähige Vereine zu gründen, die im Gegensatz zu ihnen selbst Vermögenswerte einnehmen und halten können. Von den Kirchengemeinden wird eine solche Vorgehensweise jedoch regelmäßig nicht begrüßt werden, weil ihnen auf diese Art und Weise, d.h. unter Zuhilfenahme der betreffenden Vereine, Gelder entzogen werden, die sie für ihre eigenen Aktivitäten benötigen oder jedenfalls für ihre eigenen Vorhaben nützen könnten.

Vor diesem Hintergrund stellt sich die Frage, ob die Kirchengemeinden das Recht haben, auf die betreffenden Vermögenswerte, die in den betreffenden Vereinen angelagert wurden, zuzugreifen, und ob der Evangelische Oberkirchenrat im Wege der Vermögensaufsicht gegen die jeweilige Pfarrgemeinde bzw. gegen den jeweiligen Verein vorgehen kann.

1. Herausgabeanspruch der Kirchengemeinde gegen den kirchlichen Verein

Die im jeweiligen Einzelfall betroffene Kirchengemeinde könnte gegen den jeweiligen Verein einen Anspruch auf Herausgabe seines Vermögens haben.

a) Herausgabeanspruch aus Eigentum, § 985 BGB

Nach § 985 BGB kann der Eigentümer von dem Besitzer die Herausgabe einer Sache verlangen, sofern der Besitzer nicht ein Recht zum Besitz hat, § 986 BGB.

Auf den ersten Blick scheinen die Gegebenheiten des vorliegenden Sachverhalts die Voraussetzungen dieses sachenrechtlichen Herausgabeanspruches zu erfüllen. Bei genauerer Betrachtung fällt jedoch auf, dass Objekt dieses Herausgabeanspruchs nach dem Spezialitätsprinzip stets nur eine individuell bestimmbare Sache sein kann.[577] Eine Geldwertvindikation kommt hingegen nicht in Betracht.[578]

Mithin ist der dingliche Herausgabeanspruch nach § 985 BGB nicht zielführend, wenn eine Kirchengemeinde im Bereich der Evangelischen Landeskirche in Baden auf Gelder zugreifen möchte, die eine nichtrechtsfähige Pfarrgemeinde durch einen eigens dafür gegründeten rechtsfähigen Verein vereinnahmt hat.

b) Schadensersatzanspruch aufgrund Verletzung eines Schutzgesetzes, § 823 Abs. 2 BGB i.V.m. Art. 23 GO Baden

Denkbar wäre des weiteren ein Schadensersatzanspruch der Kirchengemeinde gegen den jeweiligen rechtsfähigen Verein bzw. gegen die jeweilige Pfarrgemeinde, die die betreffenden Vermögenswerte über den rechtsfähigen Verein eingenommen hat, aufgrund einer Schutzgesetzverletzung nach § 823 Abs. 2 BGB i.V.m. Art. 23 GO Baden.

Nach § 823 Abs. 1 BGB ist derjenige, der vorsätzlich oder fahrlässig das Leben, den Körper, die Gesundheit, die Freiheit, das Eigentum oder ein sonstiges Recht eines anderen widerrechtlich verletzt, dem anderen zum Ersatz des daraus ent-

577 Baldus, in: MüKo BGB, § 985, Rn 21.

578 Jauernig, in: Jauernig, BGB, § 985, Rn 8; Baldus, in: MüKo BGB, § 985, Rn 27; Bassenge, in: Palandt, BGB, § 985, Rn 8.

stehenden Schadens verpflichtet. Die gleiche Verpflichtung trifft gemäß § 823 Abs. 2 BGB denjenigen, welcher gegen ein den Schutz eines anderen bezweckendes Gesetz verstößt, wobei die Ersatzpflicht, wenn nach dem Inhalt des Gesetzes ein Verstoß gegen dieses Gesetz auch ohne Verschulden möglich ist, nur im Falle des Verschuldens eintritt.
Schutzgesetz könnte insoweit der oben zitierte Art. 23 GO Baden sein, der – in Abgrenzung zu der Regelung betreffend die Pfarrgemeinde in Art. 15 Abs. 1 S. 1 GO – statuiert, dass eine Kirchengemeinde Körperschaft des öffentlichen Rechts ist. Diese Regelung, insbesondere die Unterscheidung zwischen rechtsfähiger Kirchengemeinde einerseits und nichtrechtsfähiger Pfarrgemeinde andererseits, darf nicht dadurch unterlaufen werden, dass Pfarrgemeinden durch die Zwischenschaltung juristischer Personen, namentlich rechtsfähiger Vereine, indirekt eine Stellung erhalten, die derjenigen der rechtsfähigen Kirchengemeinde vergleichbar ist.
Allerdings sind an die Eigenschaft eines Schutzgesetzes im Sinne von § 823 Abs. 2 BGB strenge Anforderungen zu stellen. Voraussetzung ist, dass es sich bei der jeweiligen Norm um ein Gesetz im Sinne von Art. 2 EGBGB handelt.[579] Nach Art. 2 EGBGB ist Gesetz im Sinne des BGB jede Rechtsnorm. Hierzu gehören Gesetze im formellen Sinn einschließlich Staatsverträge, Rechtsverordnungen, autonome Satzungen und Tarifverträge und Gewohnheitsrecht.[580] Art. 23 GO Baden ist hingegen als rein innerkirchliche Norm kein Gesetz im Sinne von Art. 2 EGBGB[581] und kann mithin kein Schutzgesetz gemäß § 823 Abs. 2 BGB sein.
Ein Schadensersatzanspruch nach § 823 Abs. 2 BGB i.V.m. Art. 23 GO Baden kommt daher nicht in Betracht.

c) *Anspruch aus ungerechtfertigter Bereicherung, § 812 Abs. 1 S. 1 Alt. 2 BGB*

Schließlich könnte die jeweilige Kirchengemeinde aber einen Anspruch aus ungerechtfertigter Bereicherung in Gestalt einer Nichtleistungskondiktion nach § 812 Abs. 1 S. 1 Alt. 2 BGB haben. Die Vorschrift des § 812 Abs. 1 S. 1 Alt. 2 BGB bestimmt, dass derjenige, der in sonstiger Weise, d.h. nicht durch die Leistung eines anderen, auf Kosten eines anderen etwas ohne rechtlichen Grund erlangt, dem anderen zur Herausgabe verpflichtet ist.

579 Wagner, in: MüKo BGB, § 823, Rn 332.
580 Thorn, in: Palandt, BGB, EG 2, Rn 1.
581 Staudinger, BGB, Art. 2 EGBGB, Rn 76, 77.

aa) Etwas erlangt

Gegenstand einer ungerechtfertigten Bereicherung kann jede Verbesserung der Vermögenssituation sein.[582] Wenn ein rechtsfähiger Verein Gelder vereinnahmt, bedeutet dies für ihn eine Verbesserung seiner Vermögenssituation. Er hat damit im bereicherungsrechtlichen Sinne etwas erlangt.

bb) Auf Kosten eines anderen

Dem Vermögensvorteil des Bereicherten muss ein Nachteil, d.h. eine vermögensrechtlich relevante Beeinträchtigung des Entreicherten gegenüberstehen, wobei Bereicherung einerseits und Entreicherung andererseits in zurechenbarer Weise miteinander verbunden sein müssen.[583]

Wenn eine nichtrechtsfähige Pfarrgemeinde im Gebiet der Evangelischen Landeskirche in Baden einen rechtsfähigen Verein gründet, um diesem Vermögenswerte zufließen zu lassen, und wenn ein solcher rechtsfähiger Verein Gelder vereinnahmt, die ansonsten der jeweiligen Kirchengemeinde als Körperschaft des öffentlichen Rechts zugeflossen wären, geht mit der Bereicherung des jeweiligen Vereins eine Entreicherung auf Seiten der jeweiligen Kirchengemeinde einher und der jeweilige Verein hat etwas auf Kosten der jeweiligen Kirchengemeinde erlangt.

cc) Ohne rechtlichen Grund

Voraussetzung eines jeden Anspruchs aus ungerechtfertigter Bereicherung ist als negatives Tatbestandsmerkmal das Fehlen eines die Vermögensverschiebung objektiv rechtfertigenden Grundes.[584] Ob ein solcher rechtlicher Grund vorliegt, beurteilt sich danach, ob die durch den Bereicherungsvorgang bewirkte Vermögensverschiebung nach den Grundsätzen der rechtsgeschäftlichen oder gesetzlichen Güterzuordnung als materiell gerechtfertigt anzusehen ist in dem Sinn, dass damit eine endgültige Neuordnung der Güterlage herbeigeführt werden soll.[585]

Wie oben bereits dargelegt, bestimmt die Grundordnung der Evangelischen Landeskirche in Baden, dass die Pfarrgemeinden nicht rechtsfähig sind, während die Kirchengemeinden den Status von Körperschaften des öffentlichen Rechts haben und folglich Rechtsfähigkeit besitzen. Damit geht das Grundverständnis einher, dass die Pfarrgemeinden nicht die Möglichkeit haben sollen, eigenes Vermögen zu bilden und zu halten, während den Kirchengemeinden durchaus

582 Stadler, in: Jauernig, § 812, Rn 8; Sprau, in: Palandt, BGB, § 812, Rn 4.

583 Schwab, in: MüKo BGB, § 812, Rn 238; Sprau, in: Palandt, BGB, § 812, Rn 5.

584 Jauernig, in: Jauernig, BGB, § 812, Rn 12; Schwab, in: MüKo BGB, § 812, Rn 336; Sprau, in: Palandt, BGB, § 812, Rn 6.

585 Jauernig, in: Jauernig, BGB, § 812, Rn 12; Schwab, in: MüKo BGB, § 812, Rn 336; Sprau, in: Palandt, BGB, § 812, Rn 6.

ein eigenes Vermögen zukommen kann. Wenn nun aber nichtrechtsfähige Pfarrgemeinden im Bereich der Evangelischen Landeskirche in Baden Vereine eigens zu dem Zweck Gründen, die von der Grundordnung vorgesehene Trennung in nichtrechtsfähige Pfarrgemeinden und rechtsfähige Kirchengemeinden zu umgehen und sich durch die Gründung rechtsfähiger Vereine die Möglichkeit zu verschaffen, selbst Gelder zu vereinnahmen und zu verwalten, so steht dies den Regelungen in der Grundordnung der Evangelischen Landeskirche in Baden diametral entgegen. Ein rechtlicher Grund für die Vermögensverschiebung ist mithin nicht gegeben.

dd) Ergebnis

Wenn eine nicht rechtsfähige Pfarrgemeinde im Bereich der Evangelischen Landeskirche in Baden einen rechtsfähigen Verein gründet, um unter Umgehung der Regelungen in Art. 15 Abs. 1 S. 1 GO Baden und Art. 23 GO Baden über diesen Verein Gelder zu vereinnahmen, die an sich der Kirchengemeinde zugeflossen wären und dieser so entzogen werden, dann hat die betreffende Kirchengemeinde einen bereicherungsrechtlichen Herausgabeanspruch gegen den betreffenden rechtsfähigen Verein in Gestalt einer Nichtleistungskondiktion nach § 812 Abs. 1 S. 1 Alt. 2 BGB.

2. Vorgehen im Wege der Vermögensaufsicht

Zu klären ist nun, ob der Evangelische Oberkirchenrat der Evangelischen Landeskirche in Baden im Wege der Vermögensaufsicht gegen Vereine vorgehen kann, die von nicht rechtsfähigen Pfarrgemeinden gegründet werden und die Gelder vereinnahmen, die an sich den Kirchengemeinden zugeflossen wären.
Antwort auf diese Frage geben die Regelungen in Art. 106 GO Baden und in § 3 des Kirchlichen Gesetzes über die Vermögensverwaltung und die Haushaltswirtschaft in der Evangelischen Landeskirche in Baden (KVHG Baden) in der Fassung vom 27. April 2007[586].
Art. 106 GO Baden bestimmt:

> Die Gemeinden, die Kirchenbezirke, deren Verbände und andere Rechtsträger unterliegen der Rechtsaufsicht durch die Landeskirche, unabhängig von ihrer Rechtsform. Das Gleiche gilt nach Maßgabe der gesetzlichen Bestimmungen für die Fach-, Finanz-, Vermögens-, Bau- und Stiftungsaufsicht.

Darüber hinaus besagt § 3 KVHG Baden:

> (2) Die Vermögensaufsicht wird vom Evangelischen Oberkirchenrat wahrgenommen.

586 GVBl. ELK Baden 2007, S. 66 ff..

(3) Die Vermögensaufsicht wird insbesondere durch Beratung und Empfehlung, durch Genehmigung und, soweit die Rechte und Pflichten ungenügend wahrgenommen werden, durch Weisungen und Ersatzvornahme (§ 127 Abs. 2 Nr. 15 GO) ausgeübt.

Bei rechtsfähigen Vereinen, die von nicht rechtsfähigen Pfarrgemeinden im Gebiet der Evangelischen Landeskirche in Baden gegründet werden, handelt es sich jedenfalls um andere Rechtsträger im Sinne von § 106 GO Baden, die nach dieser Vorschrift der Rechtsaufsicht unterliegen. Die Vermögensaufsicht über die betreffenden Vereine nimmt nach § 3 Abs. 2 KVHG Baden der Evangelische Oberkirchenrat der Evangelischen Landeskirche in Baden wahr. Dieser ist nach § 3 Abs. 3 KVHG Baden berechtigt, durch Beratung, Empfehlung und Genehmigung sowie gegebenenfalls durch Weisungen und Ersatzvornahme seine Vermögensaufsicht über die betreffenden Vereine auszuüben. Diese Aufzählung seiner möglichen Maßnahmen ist, wie das Wort „insbesondere" zeigt, nicht abschließend.

II. Finanzielle Förderung von Gemeindevereinen – Interesse an der satzungsgemäßen Verwendung von Vereinsgeldern

Eine andere als die vorbeschriebene Interessenlage kann bestehen, wenn rechtsfähige Vereine gegründet werden, die es sich zum Ziel gesetzt haben, verschiedene Gemeindeaktivitäten zu fördern. Da die Tätigkeit solcher kirchlicher Vereine letzten Endes den Kirchengemeinden zu Gute kommt, besteht auf Seiten der Kirchengemeinden nicht selten großes Interesse an den betreffenden kirchlichen Vereinen sowie die Bereitschaft, sie finanziell zu unterstützen.

In diesem Zusammenhang stellt sich die Frage, unter welchen Voraussetzungen eine Kirchengemeinde, die einen kirchlichen Gemeindeverein finanziell unterstützt, sicher gehen kann, dass der betreffende Verein seine finanziellen Mittel auch tatsächlich zur Verwirklichung der in seiner Satzung festgelegten Zwecke verwendet. Zu erörtern ist also, ob Regelungen bestehen, die rechtsfähige Vereine, namentlich die hier untersuchten kirchlichen Vereine, zu einer satzungsgemäßen Verwendung ihrer Vereinsgelder verpflichten.

1. Kirchengutsgarantie, Art. 140 GG i.V.m. Art. 138 Abs. 2 WRV

Wie oben[587] bereits aufgezeigt wurde, stehen die kirchlichen Vereine unter dem Schutz von Art. 140 GG i.V.m. Art. 138 Abs. 2 WRV. Fraglich ist, ob sich aus dieser Kirchengutsgarantie eine Verpflichtung der kirchlichen Vereine zur satzungsgemäßen Verwendung ihrer Gelder ableiten lässt.

Die so genannte Kirchengutsgarantie in Art. 140 GG i.V.m. Art. 138 Abs. 2 WRV gewährleistet das Eigentum und andere Rechte der Religionsgesellschaften und religiösen Vereine an ihren für Kultus-, Unterrichts- und Wohltätigkeitszwecke bestimmten Anstalten, Stiftungen und sonstigen Vermögen. Telos dieser Gewährleistung ist es, den Schutz, den das einheitliche Grundrecht der Religionsfreiheit in Art. 4 Abs. 1, Abs. 2 GG und das kirchliche Selbstbestimmungsrecht in Art. 140 GG i.V.m. Art. 137 Abs. 3 GG gewähren, auch im Hinblick auf seine sächlichen Grundlagen zu sichern, d.h. konkret, eine Säkularisation oder säkularisationsähnliche Maßnahmen von Seiten des Staates zu verhindern.[588]

Für die Eröffnung des Schutzbereiches der Kirchengutsgarantie nach Art. 140 GG i.V.m. Art. 138 Abs. 2 WRV kommt es dabei entscheidend darauf an, dass die jeweiligen vermögenswerten Rechte direkt und unmittelbar einem religiösen Zweck dienen sollen.[589]

Ein solcher religiöser Zweck ist jedoch nicht zwangsläufig derjenige Zweck, der in der Satzung des jeweiligen kirchlichen Vereins festgelegt ist. Vielmehr stellt der satzungsmäßige Zweck eines kirchlichen Vereins nur einen Ausschnitt aus dem Bereich der religiösen Zwecke dar, außerhalb dessen zahlreiche andere religiöse Zwecke existieren können. Dementsprechend ist der Schutzbereich von Art. 140 GG i.V.m. Art. 138 Abs. 2 GG nicht nur dann eröffnet, wenn das Vermögen eines kirchlichen Vereins seinem jeweiligen satzungsgemäßen Zweck dient, sondern wenn es allgemein im Dienste einer religiösen Zwecksetzung steht.

Damit erscheint es nicht zielführend, die Kirchengutsgarantie heranzuziehen, wenn es darum geht, Sicherheit darüber zu erlangen, dass ein kirchlicher Verein seine Gelder zu den konkret in seiner Satzung festgelegten Zwecken verwendet.

---

587 S.o. Teil 2 C. III. 3..

588 Jarass, in: Jarass / Pieroth, Grundgesetz, Art. 140 GG / Art. 138 WRV, Rn 3; Ehlers, in: Sachs, Grundgesetz, Art. 140 GG / 138 WRV, Rn 6; Marx, in: Handbuch des Staatskirchenrechts II, S. 118.

589 Jarass, in: Jarass / Pieroth, Grundgesetz, Art. 140 GG / Art. 138 WRV, Rn 4; Ehlers, in: Sachs, Grundgesetz, Art. 140 GG / Art. 138 WRV, Rn 8.

2. Steuerrechtliche Selbstlosigkeit, § 55 AO

Anders verhält es sich im Hinblick auf die steuerrechtlichen Bestimmungen zu den steuerbegünstigten Zwecken im 2. Teil, 3. Abschnitt der Abgabenordnung. Dort findet sich in § 55 Abs. 1 Nr. 1 S. 1, Nr. 5 AO folgende Regelung:

> (1) Eine Förderung oder Unterstützung geschieht selbstlos, wenn dadurch nicht in erster Linie eigenwirtschaftliche Zwecke – zum Beispiel gewerbliche Zwecke oder sonstige Erwerbszwecke – verfolgt werden und wenn die folgenden Voraussetzungen gegeben sind:
>
> 1. [1]Mittel der Körperschaft dürfen nur für die satzungsmäßigen Zwecke verwendet werden. (...)
>
> 5. [1]Die Körperschaft muss ihre Mittel grundsätzlich zeitnah für ihre steuerbegünstigten satzungsmäßigen Zwecke verwenden. [2]Verwendung in diesem Sinne ist auch die Verwendung der Mittel für die Anschaffung oder Herstellung von Vermögensgegenständen, die satzungsmäßigen Zwecken dienen. [3]Eine zeitnahe Mittelverwendung ist gegeben, wenn die Mittel spätestens in dem auf den Zufluss folgenden Kalender- oder Wirtschaftsjahr für die steuerbegünstigten satzungsmäßigen Zwecke verwendet wird.

Ein kirchlicher Verein, der in den Genuss der steuerrechtlichen Erleichterungen der Befreiung von der Körperschaftssteuer nach § 5 Abs. 1 Nr. 9 KStG und der Berechtigung zur Entgegennahme steuerbegünstigter Spenden gemäß § 10b Abs. 1 S. 1 EStG kommen möchte, muss die Voraussetzungen der Vorschriften in §§ 51 bis §§ 68 AO erfüllen. Hierzu gehört auch die Verpflichtung nach § 55 Abs. 1 Nr. 1 S. 1, Nr. 5 AO, seine Gelder zeitnah zu den in seiner Satzung bestimmten Zwecken zu verwenden. Damit sind sämtliche Vermögenswerte kirchlicher Vereine, die einen steuerbegünstigten, namentlich einen gemeinnützigen Zweck im Sinne von § 52 AO verfolgen, an den satzungsmäßigen Vereinszweck gebunden.[590]

3. Ergebnis

Wenn eine Kirchengemeinde finanzielle Zuwendungen an einen kirchlichen Verein vornehmen, dabei aber Gewissheit darüber haben möchte, dass die Gelder, die dem Verein zufließen, auch tatsächlich für die in seiner Satzung festgelegten Zwecke verwendet werden, so empfiehlt es sich, darauf zu achten, dass der jeweilige kirchliche Verein einen steuerbegünstigten, namentlich einen gemeinnützigen Zweck im Sinne von § 52 AO verfolgt. Denn in diesem Fall ist der jeweilige kirchliche Verein durch die Vorschrift des § 55 Abs. 1 Nr. 1, Nr. 5

590 Gersch, in: Klein, AO, § 55, Rn 4; Koenig, in: Pahlke / Koenig, AO, § 55, Rn 15, 16; Schauhoff, Handbuch der Gemeinnützigkeit, S. 537.

AO dazu verpflichtet, seine finanziellen Mittel zeitnah zu seinen satzungsmäßigen Zwecken zu verwenden.

III. Zulässigkeit der Übertragung von Vermögen der Kirchengemeinde auf einen privaten rechtsfähigen Verein

Schließlich soll an dieser Stelle noch eine dritte Konstellation betrachtet werden. Wenn eine Kirchengemeinde im Bereich der Evangelischen Landeskirche in Baden einen kirchlichen Verein in seiner Arbeit unterstützen möchte, kann die Frage auftreten, ob die Kirchengemeinde dem betreffenden Verein zulässigerweise auch Kirchenvermögen übertragen kann.
Das KVHG Baden enthält in seinem § 11 eine Regelung, die sich ausweislich ihrer amtlichen Überschrift mit der „Beteiligung an privatrechtlichen Unternehmen" befasst. Ihr Abs. 1 lautet.

> Kirchliche Körperschaften sollen sich an der Gründung eines Unternehmens in einer Rechtsform des privaten Rechts oder an einem bestehenden Unternehmen in einer solchen Rechtsform nur beteiligen, wenn
>
> 1. für die Beteiligung ein berechtigtes Interesse vorliegt und sich der angestrebte Zweck nicht besser und wirtschaftlicher auf andere Weise einrichten lässt,
>
> 2. sowohl die Einzahlungsverpflichtung als auch die Haftung auf einen bestimmten Betrag begrenzt ist,
>
> 3. die kirchlichen Belange im Aufsichtsrat oder einem entsprechenden Überwachungsorgan angemessen vertreten sind und
>
> 4. gewährleistet ist, dass der Jahresabschluss entsprechend den handels- und steuerrechtlichen oder anderen gesetzlichen Vorschriften aufgestellt und geprüft wird.

Schon beim ersten Lesen dieser Vorschrift fällt auf, dass die dort normierten Voraussetzungen für die Beteiligung einer Kirchengemeinde an einem privatrechtlichen Unternehmen nicht gänzlich auf die Rechtsform des rechtsfähigen Vereins passen. So lässt die Verwendung des Wortes „Einzahlungsverpflichtung" darauf schließen, dass § 11 Abs. 1 KVHG Baden auf den Fall der kapitalmäßigen Beteiligung an einer Gesellschaft abzielt, wie sie beispielsweise bei der Übernahme eines Gesellschaftsanteils an einer GmbH, nicht jedoch beim Erwerb der Mitgliedschaft in einem rechtsfähigen Verein stattfindet. Darüber hinaus steht das Erfordernis eines Aufsichtsrats oder eines Überwachungsorgans nicht im Einklang mit den organisatorischen und rechtlichen Gegebenheiten eines rechtsfähigen Vereins, bei dem zwar durch eine entsprechende Satzungsänderung nach § 25 BGB ein externes Kontrollorgan geschaffen werden kann, dies jedoch nicht zwingend vorgeschrieben ist. Schließlich stellt die Forderung nach der Gewährleistung, dass der Jahresabschluss entsprechend den handels- und steuerrechtlichen oder anderen gesetzlichen Vorschriften aufgestellt und geprüft wird, einen gewissen Widerspruch zu den vereinsrechtlichen Gegebenheiten dar, die denkbar geringe Anforderungen an die Rechnungslegung von rechtsfähigen Vereinen stellen.[591]

Abgesehen von diesen „Unstimmigkeiten" können die Voraussetzungen von § 11 Abs. 1 KVHG Baden auch in rechtlicher Hinsicht nicht erfüllt werden, wenn sich eine Kirchengemeinde durch die Übertragung von Gemeindevermögen an einem kirchlichen Verein beteiligen möchte. Wie oben dargelegt, macht § 11 Abs. 1 Nr. 2 KVHG die Zulässigkeit der Beteiligung einer Kirchengemeinde an einem privatrechtlichen Unternehmen davon abhängig, dass sowohl die Einzahlungsverpflichtung als auch die Haftung auf einen bestimmten Betrag begrenzt ist. Diese Voraussetzung können bei der Beteiligung an einem rechtsfähigen Verein nicht erfüllt werden.
Nach § 58 Nr. 2 BGB soll die Satzung eines Vereins Bestimmungen darüber enthalten, ob und welche Beiträge von den Mitgliedern zu leisten sind. Hieraus folgt, dass die Pflicht der Mitglieder eines rechtsfähigen Vereins in erster Linie in der Pflicht zur Zahlung eines Beitrages besteht.[592] Grundsätzlich ist diese Beitragspflicht – entsprechend dem Wortlaut von § 58 Nr. 2 BGB – davon abhängig, dass die Satzung des jeweiligen rechtsfähigen Vereins eine entsprechende Regelung enthält.[593] Jedoch kann sich die Pflicht eines Mitglieds zur Zahlung eines Beitrages im Einzelfall auch aus dem Zweck des jeweiligen rechtsfähigen Vereins oder aus der allgemeinen mitgliedschaftlichen Treuepflicht ergeben.[594] Angesichts dieser Umstände kann nicht gewährleistet werden, dass die Zahlungsverpflichtung der Mitglieder eines Vereins von vornherein auf einen bestimmten Betrag begrenzt ist.
Die Beteiligung einer Kirchengemeinde an einem kirchlichen Verein durch Übertragung von Gemeindevermögen auf den betreffenden rechtsfähigen Verein ist mithin vor dem Hintergrund der Anforderungen, die § 11 Abs. 1 KVHG Baden aufstellt, nicht zulässig.

Allerdings bedeutet dies nicht gleichzeitig, dass es einer Kirchengemeinde gänzlich verwehrt wäre, Mitglied in einem kirchlichen Verein zu werden. Wie oben ausgeführt, betrifft die Vorschrift des § 11 Abs. 1 KVHG Baden offen-

---

591 Vgl. hierzu die Darstellungen bei Galli, in: DStR 1998, S. 263 ff. und bei Segna, in: DStR 2006, S. 1568 ff..

592 K. Schmidt, Gesellschaftsrecht, S. 704.

593 Reuter, in: MüKo BGB, § 59, Rn 911; Ellenberger, in: Palandt, BGB, § 58, Rn 2; Hadding, in: Soergel, BGB, § 58, Rn 3.

594 Ellenberger, in: Palandt, BGB, § 58, Rn 2; K. Schmidt, Gesellschaftsrecht, S. 704; Hadding, in: Soergel, BGB, § 58, Rn 3.

sichtlich den Fall einer kapitalmäßigen Beteiligung an einem privatrechtlichen Unternehmen, nicht aber den Fall des Erwerbs der Mitgliedschaft in einem rechtsfähigen Verein, der – anders als etwa der Erwerb eines Geschäftsanteils an einer GmbH – typischerweise nicht mit einer solchen kapitalmäßigen Beteiligung einhergeht.

D. Insolvenz

Auch wenn die kirchlichen Vereine, die Gegenstand der vorliegenden Untersuchung sind, einer Religionsgemeinschaft nahe stehen, bewegen sie sich doch nicht in einem luftleeren Raum. Sie nehmen – wie jeder „weltliche" Verein auch – am allgemeinen Rechtsverkehr teil und sind dementsprechend auch den jeweiligen wirtschaftlichen Gegebenheiten ausgesetzt. Vor diesem Hintergrund sind auch kirchliche Vereine nicht davor gefeit, in eine wirtschaftliche Situation zu geraten, in der ein Insolvenzverfahren unausweichlich wird.

Im Folgenden soll daher untersucht werden, welche Voraussetzungen für ein solches Insolvenzverfahren bestehen, wie ein solches Insolvenzverfahren abläuft sowie ob und inwieweit im Falle eines Insolvenzverfahrens über das Vermögen eines Vereins im Bereich der evangelischen Kirchen in Deutschland Besonderheiten bestehen.

I. Voraussetzungen eines Insolvenzverfahrens

Nach § 11 Abs. 1 S. 1 InsO kann ein Insolvenzverfahren über das Vermögen jeder natürlichen oder jeder juristischen Person eröffnet werden, wobei gemäß § 11 Abs. 1 S. 2 InsO der nichtrechtsfähige Verein insoweit einer juristischen Person gleichsteht. Die Durchführung eines Insolvenzverfahrens über das Vermögen eines Vereins ist also – unabhängig davon, ob er im Einzelfall rechtsfähig ist oder nicht – zulässig, d.h. sowohl rechtsfähige als auch nichtrechtsfähige Vereine sind insolvenzfähig.[595]

Ein Insolvenzverfahren wird nur auf schriftlichen Antrag eröffnet, § 13 Abs. 1 S. 1 InsO. Das Recht, einen Insolvenzantrag zu stellen, haben sowohl die Gläubiger als auch der Schuldner selbst, § 13 Abs. 1 S. 2 InsO. Darüber hinaus gilt für rechtsfähige und nichtrechtsfähige Vereine die Vorschrift des § 15 Abs. 1 InsO, nach der zum Antrag auf Eröffnung eines Insolvenzverfahrens über das Vermögen einer juristischen Person oder einer Gesellschaft ohne Rechtspersön-

595 Kirchhof, in: Kreft, InsO, § 11, Rn 12; Hirte, in: Uhlenbruck, InsO, § 11, Rn 33.

lichkeit außer den Gläubigern jedes Mitglied des Vorstands berechtigt ist.[596] Der Vorstand eines Vereins ist nicht nur berechtigt, sondern verpflichtet, im Falle der Zahlungsunfähigkeit oder der Überschuldung die Eröffnung des Insolvenzverfahrens zu beantragen, § 42 Abs. 2 S. 1 BGB. Wird die Stellung des Antrags verzögert, so haften diejenigen Vorstandsmitglieder, denen ein Verschulden zur Last fällt, den Gläubigern als Gesamtschuldner für den daraus entstehenden Schaden, § 42 Abs. 2 S. 2 InsO.

Eröffnet wird ein Insolvenzverfahren tatsächlich aber nur dann, wenn ein Eröffnungsgrund vorliegt, § 16 InsO. Ein solcher liegt im Allgemeinen vor, wenn der Schuldner zahlungsunfähig ist, § 17 Abs. 1 InsO. Wenn der Schuldner selbst die Eröffnung eines Insolvenzverfahrens über sein Vermögen beantragt, ist auch die drohende Zahlungsunfähigkeit ein Eröffnungsgrund, § 18 Abs. 1 InsO. Schließlich ist bei juristischen Personen, d.h. etwa bei rechtsfähigen Vereinen, auch die Überschuldung ein Grund für die Eröffnung eines Insolvenzverfahrens, § 19 Abs. 1 InsO.

II. Ablauf des Insolvenzverfahrens

Ist ein Insolvenzantrag gestellt und ist das Insolvenzverfahren nicht nach § 26 InsO mangels Masse abzuweisen, so erlässt das jeweils zuständige Amtsgericht – Insolvenzgericht – einen Eröffnungsbeschluss und ernennt einen Insolvenzverwalter, § 27 Abs. 1, Abs. 2 InsO. Gleichzeitig fordert es die Gläubiger des Insolvenzschuldners auf, ihre Forderungen innerhalb einer bestimmten Frist beim Insolvenzverwalter anzumelden, § 28 Abs. 1 S. 1 InsO. Darüber hinaus wird im Falle der Eröffnung eines Insolvenzverfahrens über das Vermögen eines eingetragenen Vereins eine Ausfertigung des Eröffnungsbeschlusses an das zuständige Registergericht übermittelt, § 31 Nr. 1 InsO.

Im eröffneten Insolvenzverfahren ist es die Aufgabe des Insolvenzverwalters, die Insolvenzmasse zu ermitteln, zu realisieren und zu erhalten und die Gläubiger des Schuldners gleichmäßig zu befriedigen. Zur Insolvenzmasse gehört nach der Legaldefinition in § 35 Abs. 1 InsO das gesamte Vermögen, das dem Schuldner zur Zeit der Eröffnung des Insolvenzverfahrens gehört und das er während des Verfahrens erlangt. Der Insolvenzverwalter hat nach der Eröffnung des Insolvenzverfahrens sofort das gesamte zur Insolvenzmasse gehörende Vermögen in Besitz und Verwaltung zu nehmen, § 148 Abs. 1 InsO.

Die Insolvenzgläubiger haben ihre Forderungen schriftlich beim Insolvenzverwalter anzumelden, § 174 Abs. 1 S. 1 InsO, der wiederum jede angemeldete Forderung in die so genannte Insolvenztabelle einzutragen hat, § 175 Abs. 1 S. 1

596 Kirchhof, in: Kreft, InsO, § 15, Rn 5; Hirte, in: Uhlenbruck, InsO, § 15, Rn 2.

InsO. Anschließend findet ein Prüfungstermin statt, in dem die angemeldeten Forderungen ihrem Betrag und ihrem Rang nach geprüft (§ 176 S. 1 InsO) und, wenn sie vom Insolvenzverwalter, vom Schuldner oder von einem Insolvenzgläubiger bestritten werden, im Einzelnen erörtert werden (§ 176 S. 2 InsO). Soweit im Prüfungstermin gegen eine Forderung weder vom Insolvenzverwalter noch von einem Insolvenzgläubiger Widerspruch erhoben wird oder ein erhobener Widerspruch beseitigt wird, gilt diese Forderung als festgestellt, § 178 Abs. 1 S. 1 InsO. Für die festgestellten Forderungen hat die Eintragung in die Tabelle die Wirkung eines rechtskräftigen Urteils gegenüber dem Insolvenzverwalter und allen Insolvenzgläubigern, § 178 Abs. 3 InsO.

Wenn die Verwertung der Insolvenzmasse abgeschlossen ist, darf mit Zustimmung des jeweils zuständigen Amtsgerichts – Insolvenzgerichts – die Schlussverteilung vorgenommen werden, § 196 InsO. Sobald die Schlussverteilung vollzogen ist, beschließt das jeweils zuständige Amtsgericht – Insolvenzgericht – schließlich die Aufhebung des Insolvenzverfahrens, § 200 InsO.

III. Konsequenzen des Insolvenzverfahrens

Für Vereine, rechtsfähige wie nichtrechtsfähige, hat die Eröffnung eines Insolvenzverfahrens über ihr Vermögen ihre Auflösung zur Folge, § 42 Abs. 1 S. 1 BGB. Allerdings besteht ein eingetragener rechtsfähiger Verein bis zum Abschluss des Insolvenzverfahrens mit eingeschränkter Rechtsfähigkeit, sozusagen als rechtsfähige Insolvenzmasse fort.[597]

In der Regel führt der Abschluss des Insolvenzverfahrens über das Vermögen eines Vereins zu dessen Erlöschen.[598] Lediglich dann, wenn das Insolvenzverfahren auf Antrag des Vereins eingestellt oder nach der Bestätigung eines Insolvenzplans, der den Fortbestand des Vereins vorsieht, aufgehoben wird, kann die Mitgliederversammlung die Fortsetzung des Vereins beschließen, § 42 Abs. 1 S. 2 BGB.

Unabhängig von einer konkreten Insolvenzsituation kann durch die Satzung eines Vereins von vorneherein bestimmt werden, dass der Verein im Falle der Eröffnung des Insolvenzverfahrens als nichtrechtsfähiger Verein fortbesteht, § 42 Abs. 1 S. 3 BGB.

597 Reuter, in: MüKo BGB, § 42 Rn 8; Ellenberger, in: Palandt, BGB, § 42, Rn 1.

598 Ellenberger, in: Palandt, BGB, § 42, Rn 2.

IV. Besonderheiten für Insolvenzverfahren über das Vermögen von kirchlichen Vereinen

Betrachtet man ausschließlich die rechtlichen Gegebenheiten, so scheint es für den Fall der Insolvenz eines kirchlichen Vereins keine Besonderheiten im Vergleich zu einem Insolvenzverfahren über das Vermögen eines „weltlichen" Vereins zu geben.
Dieser Schein trügt jedoch. Denn im Falle eines Insolvenzverfahrens über das Vermögen einer kirchlichen Einrichtung, hier im Falle eines Insolvenzverfahrens über das Vermögen eines kirchlichen Vereins stellt sich immer wieder die Frage, ob und inwieweit die evangelischen Kirchen in Deutschland in der – wenn auch „nur" moralischen – Pflicht sind, für die Schulden des betreffenden Vereins aufzukommen.
Das Insolvenzverfahren im Sinne der InsO beruht auf dem Grundsatz der gleichmäßigen Gläubigerbefriedigung. Das heißt, dass die Gläubiger – soweit sie nicht nach § 47 InsO zur Aussonderung oder nach § 49 InsO zur Absonderung berechtigt sind – lediglich quotal befriedigt werden und somit nur einen Bruchteil ihrer zur Tabelle angemeldeten Forderung erhalten. Die Quote, mit der die Gläubiger befriedigt werden, ist nicht selten so gering, dass die Gläubiger nahezu in voller Höhe mit ihrer Forderung ausfallen.
Dieser Zustand ist für die verfassten evangelischen Kirchen in doppelter Hinsicht kritisch. Zum einen stellt sich generell die Frage, ob und inwieweit es sich mit den christlichen Grundwerten vereinbaren lässt, wenn die Evangelische Kirche in Deutschland und ihre Gliedkirchen quasi dabei zusehen, wie die Gläubiger der ihnen zugeordneten und nahe stehenden Vereine ihre Forderungen abschreiben müssen – und damit letzten Endes unter Umständen selbst in eine wirtschaftliche Schieflage geraten. Zum anderen haben kirchliche Vereine im Rechtsverkehr nicht selten einen besonderen Status, weil Geschäfte mit ihnen häufig im Vertrauen darauf abgeschlossen werden, dass hinter ihnen die finanzkräftige „Mutter Kirche" steht.

Die evangelischen Kirchen in Deutschland stehen mithin nicht selten vor der Frage, ob sie im Falle der Insolvenz einer ihnen nahe stehenden Initiative für eine Befriedigung der Gläubiger zu sorgen haben.[599]

1. Beispiel 1: Deutsche Evangelische Heimstättengesellschaft mbH

So auch beim Zusammenbruch der Deutschen Evangelischen Heimstättengesellschaft mbH im Jahre 1931, der die missliche Lage der evangelischen Kirchen in

599 Bauer, GmbH, S 113; Krämer, in: ZevKR 41, S. 66, 79.

dieser Hinsicht deutlich zum Ausdruck bringt. Zwar handelte es sich seinerzeit um ein Konkursverfahren über das Vermögen einer kirchlichen GmbH; im Kern ging es jedoch um die gleiche Frage wie im Falle eines Insolvenzverfahrens über das Vermögen eines kirchlichen Vereins, nämlich darum, ob die verfassten evangelischen Kirchen aus moralischen Gründen in die Pflicht genommen werden können bzw. gar von sich aus in die Presche springen müssen.

Der Central-Ausschuss für die Innere Mission hatte die Deutsche Evangelische Heimstättengesellschaft mbH im Jahre 1926 gegründet, um die Wohnungsnot in der Weimarer Republik zu lindern. Zahlreiche Kleinanleger hatten im Vertrauen darauf, dass hinter der Gesellschaft die verfassten evangelischen Kirchen standen, all ihre Ersparnisse bei der eigenen Bausparkasse der Deutschen Evangelischen Heimstättengesellschaft mbH angelegt. Als die Gesellschaft schließlich aufgrund massiver Misswirtschaft im Jahre 1931 vor dem Konkurs stand, stand mit ihr ein Großteil der Sparer vor dem Ruin. Um dies zu verhindern, sprangen die verfassten evangelischen Kirchen schließlich ein und unterstützten die Innere Mission in großem Umfang mit finanziellen Mitteln.[600]

2. Beispiel 2: Evangelischer Diakonieverein Bretten e.V.

Auch in der heutigen Zeit wird im Falle der Insolvenz eines kirchlichen Vereins häufig Hilfe suchend in Richtung der verfassten evangelischen Kirchen in Deutschland oder jedenfalls des Dachverbandes des jeweiligen Vereins geblickt, in der Hoffnung, die Insolvenzsituation würde von irgendeiner Seite her abgewendet werden.

Als im November 2007 der Evangelische Diakonieverein Bretten e.V., Träger des Evangelischen Alten- und Pflegeheims Bretten, aufgrund einer erheblichen wirtschaftlichen Schieflage und einer mangelnden Bettenauslastung Insolvenz anmelden musste, hat das Diakonische Werk der Evangelischen Landeskirche in Baden e.V. im Januar 2008 mit einer umfangreichen finanziellen Hilfe die Insolvenz abgewendet und den Badischen Landesverein für Innere Mission, Karlsruhe, gebeten, die Betriebsträgerschaft zu übernehmen. Der Betriebsübergang ist schließlich zum 1. August 2008 erfolgt.[601]

3. Stellungnahme

Dadurch, dass sie, wie oben aufgezeigt, bereits mehrfach eingesprungen sind, wenn eine Einrichtung, die ihnen nahe steht, in eine finanzielle Schieflage geraten war, könnten die evangelischen Kirchen in Deutschland bzw. – wie im Beispiel 2 – das Diakonische Werk der Evangelischen Landeskirche in Baden e.V.

600 Bauer, GmbH, S. 113.

601 http://ka.stadtwiki.net/Evangelisches_Alten-_und_Pflegeheim_Bretten, zuletzt aufgerufen am 21. August 2011.

Präzedenzfälle geschaffen und auf diese Art und Weise dafür gesorgt haben, dass es nunmehr quasi als selbstverständlich angesehen wird, dass die „Mutter Kirche“ im Falle der Insolvenz einer ihr zugeordneten oder nahe stehenden Einrichtung einspringt und mit finanziellen Mitteln aushilft.
Dies kann jedoch nicht sachgerecht sein.

a) Wirtschaftliche Erwägungen

Es dürfte den evangelischen Kirchen in Deutschland schon rein tatsächlich nicht möglich sein, für die Schulden all der Initiativen, die ihnen nahe stehen, aufzukommen. Denn auch wenn in der breiten Öffentlichkeit der Glaube vorherrscht, Religionsgesellschaften wie im vorliegenden Fall die Evangelische Kirche in Deutschland und ihre Gliedkirchen verfügten über eine schier unendliche finanzielle Potenz, sind realiter doch auch die wirtschaftlichen Möglichkeiten der evangelischen Kirchen in Deutschland an einem gewissen Punkt begrenzt. Dies gilt umso mehr, wenn man bedenkt, dass das Kirchensteueraufkommen aufgrund der großen Zahl an Kirchenaustritten in den vergangenen Jahren massiv zurückgegangen ist.[602]
Vor diesem Hintergrund kann nicht erwartet oder gar verlangt werden, dass die Evangelische Kirche in Deutschland und ihre Gliedkirchen diejenigen Kirchensteuereinnahmen, die ihnen nach wie vor zufließen, dazu nutzen, kirchliche Vereine aus finanziellen Krisensituationen zu retten und vor einer Insolvenz zu bewahren.

b) Kirchenrechtliche Erwägungen

Darüber hinaus sprechen auch rechtliche Erwägungen gegen eine – wenn auch nur moralische – Pflicht der evangelischen Kirchen in Deutschland, im Falle einer finanziellen Schieflage einer Einrichtung, namentlich eines kirchlichen Vereins einspringen zu müssen.
Wie oben bereits aufgezeigt wurde,[603] bestehen bestimmte Voraussetzungen dafür, dass ein Verein als kirchlich anzusehen ist. Im Einzelnen muss insoweit zwischen Vereinen, die Mitglied im Diakonischen Werk der Evangelischen Kirche in Deutschland e.V. oder im Diakonischen Werk einer Evangelischen Landeskirche sind, einerseits und Vereinen, die kein entsprechendes Mitglied sind, andererseits unterschieden werden.

aa) Nicht diakonische Vereine

Bei Vereinen, die kein Mitglied im Diakonischen Werk der Evangelischen Kirche in Deutschland e.V. oder im Diakonischen Werk einer Evangelischen Landeskirche sind, erfolgt die Zuordnung zur Evangelischen Kirche in Deutschland

602 EKD-Statistik 2009, S. 33.
603 S.o. Teil 2 C. III. 2. b).

und zu ihren Gliedkirchen nach den allgemeinen Anforderungen entsprechend deren Selbstverständnis. Danach kann ein Verein dann als kirchlich qualifiziert werden, wenn er eine spezifisch religiöse Zwecksetzung verfolgt, institutionell mit der verfassten Kirche verbunden ist und auf diese Art und Weise die Gewähr dafür bietet, dass die Aktivitäten des betreffenden Vereins im Einklang mit dem Bekenntnis der evangelischen Kirchen in Deutschland stehen.[604] Ein formelles Verfahren einer Anerkennung von Vereinen durch die Evangelischen Kirchen in Deutschland und ihre Gliedkirchen als kirchlich gibt es für solche Vereine jedoch gerade nicht.[605]

Würde man von den verfassten evangelischen Kirchen in Deutschland dennoch verlangen, im Falle eines Insolvenzverfahrens über das Vermögen eines solchen nicht diakonischen kirchlichen Vereins finanzielle Unterstützung zu leisten und die Insolvenzsituation zu beseitigen, würde man der Evangelischen Kirche in Deutschland ein wirtschaftliches Risiko aufbürden, dessen Begrenzung ihr nicht möglich ist. Es wäre mithin unbillig, die evangelischen Kirchen in Deutschland dazu verpflichten zu wollen, in jedem Falle, in dem eine Initiative, hier ein kirchlicher Verein in eine Insolvenzsituation kommt, durch den Zuschuss finanzieller Mittel Abhilfe zu schaffen. Vielmehr muss es der Evangelischen Kirche in Deutschland und ihren Gliedkirchen überlassen bleiben, ob sie im jeweiligen Einzelfall bereit und in finanzieller Hinsicht in der Lage sind, die Schulden einer solchen Initiative, im vorliegenden Fall eines kirchlichen Vereins zu begleichen und damit ihren Fortbestand und die Weiterführung ihrer Arbeit zu ermöglichen.

bb) Diakonische Vereine

Bei den diakonischen Vereinen beurteilt sich eine Zuordnung zur Evangelischen Kirche in Deutschland zwingend nach den Vorgaben der Zuordnungsrichtlinie. Eine Zuordnung zu einer Gliedkirche oder zu einem gliedkirchlichen Zusammenschluss kann nach Maßgabe der Zuordnungsrichtlinie vorgenommen werden.

Sofern die Zuordnung einer diakonischen Einrichtung zur Evangelischen Kirche in Deutschland, zu einer Gliedkirche oder zu einem gliedkirchlichen Zusammenschluss nach den Vorgaben der Zuordnungsrichtlinie vorgenommen wird, erfolgt sie nach § 3 Abs. 1 der Zuordnungsrichtlinie durch eine förmliche Entscheidung. Vor diesem Hintergrund ließe sich – im Umkehrschluss zu den obigen Ausführungen betreffend die nicht diakonischen Vereine – argumentieren, die verfassten evangelischen Kirchen in Deutschland müssten, wenn sie sich einen Verein zuordnen, auch im Falle seiner finanziellen Schieflage in die Presche

604 Bauer, GmbH, S. 45; Eberle, Sozialstationen, S. 59; Dütz, in: FS Stahlhacke, S. 104; Richardi, in: FS Listl, S. 412; Weth / Werb, in: NZA 1998, S. 118, 120.

605 S.o. Teil 2 C. III. 2 b) aa).

springen. Allerdings ist auch hier zu differenzieren. Wie oben[606] im Einzelnen dargelegt, wird die Zuordnung einer diakonischen Einrichtung zur Evangelischen Kirche in Deutschland bzw. zu ihren Gliedkirchen in erster Linie durch die Aufnahme der jeweiligen Einrichtung in den Kreis der Mitglieder des Diakonischen Werks der Evangelischen Kirche in Deutschland e.V. bzw. des Diakonischen Werks einer Evangelischen Landeskirche getroffen. Die Entscheidung über die Zuordnung einer diakonischen Einrichtung zu den verfassten evangelischen Kirchen in Deutschland fällen damit regelmäßig nicht die verfassten evangelischen Kirchen in Deutschland selbst. Vor diesem Hintergrund kann nichts anderes gelten als bei den nicht diakonischen Einrichtungen.

Eine – jedenfalls moralische – Verpflichtung der Evangelischen Kirche in Deutschland bzw. ihrer Gliedkirchen, finanzielle Unterstützung im Falle der Insolvenz eines diakonischen Vereins zu leisten, kann nur dann bestehen, wenn die verfassten evangelischen Kirchen selbst – durch eine entsprechende kirchengesetzliche Regelung oder durch eine entsprechende Vereinbarung mit der betreffenden diakonischen Einrichtung – die Entscheidung über die Zuordnung getroffen hat. Denn in einem solchen Fall haben die verfassten evangelischen Kirchen in Deutschland die Möglichkeit, genau zu prüfen, welches wirtschaftliche und finanzielle Risiko sie mit der Zuordnung eines solchen Vereins übernehmen.

606 S.o. Teil 2 C. III. 2. b) bb) (2).

Teil 4: Kategorisierung und Systematisierung der kirchlichen Vereine

Nachdem nun unterschiedliche Facetten der kirchlichen Vereine beleuchtet und verschiedene Aspekte rund um die kirchlichen Vereine erörtert wurden, soll abschließend die Frage erörtert werden, ob und inwieweit mit Hilfe der gewonnenen Erkenntnisse eine Systematisierung und Kategorisierung der Protagonisten der vorliegenden Untersuchung möglich ist.

A. Kategorisierung anhand der Tätigkeit

Zum einen erscheint es nahe liegend und sinnvoll, die unterschiedlichen Vereine anhand der jeweils von ihnen übernommenen Aufgabe in verschiedene Kategorien zu unterteilen. So könnten diejenigen Vereine, die sich der speziellen Bedürfnisse von Kindern annehmen, als eine Gattung von kirchlichen Vereinen angesehen werden, diejenigen Vereine, die sich um die Nöte alter Menschen kümmern, als eine zweite, diejenigen Vereine wiederum, die sich die Beratung und Betreuung von Suchtkranken zur Aufgabe gemacht haben, als eine dritte…

Bei einer solchen Unterteilung ist jedoch zu berücksichtigen, dass ihr Sinn und ihre Zweckmäßigkeit wesentlich davon abhängen, mit welchem Ziel sie im einzelnen Fall erfolgt.

Sofern eine Kategorisierung im konkreten Fall vorgenommen wird, um verschiedene kirchliche Vereine voneinander abzugrenzen, so dass die Voraussetzungen für die Einordnung eines kirchlichen Vereins in eine Kategorie nur alternativ, aber nicht kumulativ vorliegen dürfen, kann eine Systematisierung anhand des Kriterium der Tätigkeit häufig nicht zum gewünschten Ergebnis führen. Denn die verschiedenen Ziele, die sich die einzelnen kirchlichen Vereine gesetzt haben, lassen sich nicht immer scharf trennen, je nachdem, mit welcher Bevölkerungsgruppe und mit welcher Aufgabe es der jeweilige Verein zu tun hat. Stattdessen sind die Übergänge zwischen den Personengruppen und den unterschiedlichen Aktivitäten, denen die Hilfe der einzelnen kirchlichen Vereine dienen soll, fließend. Dementsprechend wird eine Kategorisierung verschiedener kirchlicher Vereine anhand ihrer jeweiligen Tätigkeit ihr Ziel häufig dann verfehlen, wenn es um eine Abgrenzung verschiedener kirchlicher Vereine und ihrer Tätigkeiten voneinander geht.

Hingegen kann eine Systematisierung von kirchlichen Vereinen nach dem Kriterium ihrer jeweiligen Tätigkeit dann sinnvoll und zielführend sein, wenn die verschiedenen Kriterien im Einzelfall auch kumulativ erfüllt sein dürfen, d.h. wenn es zuvorderst darum geht, ob ein kirchlicher Verein im konkreten Fall das

Kriterium einer bestimmten Tätigkeit erfüllt, und nicht etwa darum, verschiedene kirchliche Vereine durch eine Kategorisierung voneinander abzugrenzen. Dass sich eine Systematisierung der verschiedenen kirchlichen Vereine anhand des Kriteriums ihrer Tätigkeit bewährt hat und in der Praxis durchaus eine Rolle spielt, zeigt u.a. die Wahlordnung des Diakonischen Werkes der Evangelischen Landeskirche in Baden e.V.. Nach deren § 3 Abs. 1 wählt die Mitgliederversammlung 70 Delegierte aus den Arbeitsfeldern, die in den Ziffern 1 bis 15 der Anlage zu dieser Wahlordnung genannt sind und die Tätigkeitsbereiche Altenhilfe, Sozialstationen / Nachbarschaftshilfen / Diakoniefördervereine / Krankenpflegevereine, Krankenhäuser, Jugendhilfe-Einrichtungen, Arbeitslosenprojekte, Behindertenhilfe / Rehabilitationseinrichtungen, Suchtkrankenhilfe, Psychisch Kranke, Betreuungsvereine, Wohnungslosenhilfe, Ausbildungsstätten / Schulen / Tagungsstätten, Erholungsheime / Studentenheime, Mutter- und Feierabendhäuser, Diakonische Werke der Kirchengemeinden, Kirchenbezirke und Diakonieverbände sowie Kindertagesstätten betreffen.

B. Kategorisierung anhand weiterer Kriterien

Soweit die unterschiedlichen Tätigkeiten der verschiedenen kirchlichen Vereine kein geeignetes Merkmal darstellen, um die betreffenden Vereine zu systematisieren, stellt sich die Frage, welche Kriterien statt dessen in Betracht kommen, um die Fülle von kirchlichen Vereinen in verschiedene Untergruppen einzuordnen. Die Charakteristika, mit deren Hilfe eine Differenzierung vorgenommen werden soll, haben vor allem zwei Kriterien zu erfüllen:

Zum einen müssen sie überhaupt als Unterscheidungsmerkmal geeignet sein. Es muss sich nicht nur eindeutig feststellen lassen können, ob die Voraussetzungen des jeweiligen Charakteristikums erfüllt sind oder nicht, sondern das jeweilige Charakteristikum muss darüber hinaus auch die Möglichkeit bieten, klar abzugrenzen, ob ein Verein innerhalb der Vielzahl von kirchlichen Vereinen einer gewissen Gruppe derartiger Vereine angehört oder eben gerade nicht.

Zum anderen muss ein sachlicher Grund dafür vorliegen, dass gerade das jeweilige Kriterium herangezogen wird, um zwischen den zahlreichen kirchlichen Vereinen zu differenzieren. Die Unterscheidung muss sinnvoll und angebracht sein, was etwa dann der Fall ist, wenn die Tatsache, ob ein kirchlicher Verein ein gewisses Merkmal erfüllt, bestimmte tatsächliche und / oder rechtliche Konsequenzen nach sich zieht.

Als Resümee der oben dargestellten Erkenntnisse aus der vorliegenden Untersuchung lassen sich zwei Kriterien ausmachen, die die geschilderten Anforderungen an ein Unterscheidungsmerkmal erfüllen, die also nicht nur überhaupt zu einer Differenzierung geeignet sind, sondern bei denen sich auch ein sachlicher Grund dafür erkennen lässt, dass mit ihrer Hilfe eine Kategorisierung vorgenommen wird.

I. Kriterium 1: Mitgliedschaft im Diakonischen Werk der Evangelischen Kirche in Deutschland e.V. bzw. in einem Diakonischen Werk einer Evangelischen Landeskirche

So bietet sich, um die zahlreichen kirchlichen Vereine in einzelne kleinere Gruppen zu unterteilen, zunächst das Kriterium der Mitgliedschaft im Diakonischen Werk der Evangelischen Kirche in Deutschland e.V. bzw. in einem Diakonischen Werk der Evangelischen Landeskirche an.

An die Mitgliedschaft im Diakonischen Werk der Evangelischen Kirche in Deutschland e.V. bzw. in einem Diakonischen Werk der Evangelischen Landeskirche sind gewisse Rechtsfolgen geknüpft.

Beispielsweise gelten für die betreffenden Vereine, die dieses Charakteristikum erfüllen, die Bestimmungen des Kirchengesetzes über das Diakonische Werk der Evangelischen Kirche in Deutschland (Diakoniegesetz EKD) vom 6. November 1975[607] und der Diakoniegesetze der Evangelischen Landeskirchen, d.h. im Bereich der Evangelischen Landeskirche Baden etwa das Kirchliche Gesetz über die diakonische Arbeit in der Evangelischen Landeskirche in Baden (Diakoniegesetz Baden) in der Fassung vom 1. Januar 2005[608]. Darüber hinaus hat der jeweilige Verein die Vorgaben der Satzung des jeweiligen Diakonischen Werkes, in dem er Mitglied ist, zu erfüllen.

Anders als bei Vereinen, die kein Mitglied im Diakonischen Werk der Evangelischen Kirche in Deutschland oder im Diakonischen Werk einer Evangelischen Landeskirche sind, existiert für die Gruppe der diakonischen Vereine mit der Zuordnungsrichtlinie ein Regelungswerk, in dem die Voraussetzungen und das Verfahren der Zuordnung zu den verfassten evangelischen Kirchen in Deutschland festgeschrieben ist. Die Zuordnung diakonischer Vereine zur Evangelischen Kirche in Deutschland muss gemäß § 1 Abs. 2 S. 1 der Zuordnungsrichtlinie zwingend nach den Vorgaben der Zuordnungsrichtlinie erfolgen. Bei der Zuordnung diakonischer Vereine zu den Gliedkirchen und gliedkirchlichen Zu-

---

607 ABl. EKD 1975, S. 713 ff.

608 GVBl. ELK Baden 2005, S. 89 ff; vgl. im Übrigen zu den Diakoniegesetzen im Bereich der Evangelischen Kirche in Deutschland die Dokumentation bei A. Stein, Diakoniegesetze.

sammenschlüssen ist die Anwendung der Vorschriften der Zuordnungsrichtlinie möglich, § 1 Abs. 2 S. 2 Zuordnungsrichtlinie.
Erfolgt die Zuordnung eines diakonischen Vereins zu den verfassten evangelischen Kirchen in Deutschland nach den Regelungen in der Zuordnungsrichtlinie, so wird – anders als bei der Zuordnung von Vereinen, die kein Mitglied im Diakonischen Werk der Evangelischen Kirche in Deutschland e.V. oder im Diakonischen Werk einer Evangelischen Landeskirche sind – eine förmliche Zuordnungsentscheidung nach § 3 der Zuordnungsrichtlinie getroffen. Sofern diese Zuordnungsentscheidung im Einzelfall ausnahmsweise gemäß § 3 Abs. 3 der Zuordnungsrichtlinie durch eine kirchengesetzliche Regelung oder durch eine entsprechende Vereinbarung zwischen den verfassten evangelischen Kirchen in Deutschland und dem jeweiligen diakonischen Verein getroffen wird, kann im Falle der Insolvenz oder der drohenden Insolvenz des betreffenden diakonischen Vereins eine – wenn auch nur moralische – Verpflichtung auf Seiten der Evangelischen Kirche in Deutschland bzw. ihrer Gliedkirchen zur Leistung finanzieller Unterstützung bestehen.
Im Hinblick auf ökumenische oder kirchlich-staatliche Kooperationen enthält § 5 der Zuordnungsrichtlinie schließlich eine Aussage zur Zuordnungsfähigkeit derartiger Mischträgerschaften, wie es sie für die Vereine, die kein Mitglied im Diakonischen Werk der Evangelischen Kirche in Deutschland e.V. bzw. im Diakonischen Werk einer Evangelischen Landeskirche sind, nicht gibt.

Rein praktisch sorgt die Mitgliedschaft eines kirchlichen Vereins im Diakonischen Werk der Evangelischen Kirche in Deutschland e.V. bzw. im Diakonischen Werk einer Evangelischen Landeskirche für eine größere Transparenz und für mehr Überblick. So ist es beispielsweise – anders als in Bezug auf die nicht diakonischen Vereine – möglich, eine Aussage über die Anzahl der diakonischen Vereine zu treffen.

II. Kriterium 2: Erfüllung eines steuerbegünstigten Zwecks im Sinne von §§ 55 bis 68 AO

Ein weiteres sachliches Kriterium für die Kategorisierung und Systematisierung der kirchlichen Vereine ist das Kriterium der Erfüllung eines steuerbegünstigten Zwecks im Sinne von §§ 55 bis 68 AO.
Wenn ein kirchlicher Verein einen steuerbegünstigten, namentlich einen gemeinnützigen Zweck im Sinne von § 52 AO verfolgt, kommt er in den Genuss der Befreiung von der Körperschaftssteuer nach § 5 Abs. 1 Nr. 9 KStG und der Befähigung zur Entgegennahme steuerbegünstigter Spenden gemäß § 10 Abs. 1

EStG. Damit hat ein gemeinnütziger kirchlicher Verein Vorteile bei der Gewinnung seiner notwendigen finanziellen Mittel gegenüber kirchlichen Vereinen, die keinen steuerbegünstigten Zweck erfüllen.
Voraussetzung ist dabei allerdings stets, dass die Vorschriften der §§ 55 bis 68 AO eingehalten werden.
Zum einen bedeutet dies, dass ein kirchlicher Verein, der einen steuerbegünstigten, namentlich einen gemeinnützigen Zweck im Sinne von § 52 AO verfolgt, nach § 55 Abs. 1 Nr. 1 S. 1, Nr. 5 AO verpflichtet ist, seine Mittel zeitnah für seine steuerbegünstigten satzungsmäßigen Zwecke zu verwenden. Somit können sich natürliche oder juristische Personen, die einem gemeinnützigen Verein finanzielle Zuwendungen zuteil werden lassen, darauf verlassen, dass ihre Spendengelder auch tatsächlich satzungsgemäß verwendet werden.

Zum anderen gilt für gemeinnützige kirchliche Vereine der Grundsatz der Vermögensbindung nach § 55 Abs. 1 Nr. 4 AO. Das Vermögen solcher Vereine darf also im Falle ihrer Beendigung nur für steuerbegünstigte Zwecke verwendet werden, was in der Praxis durch eine entsprechende Anfallklausel in der Satzung sichergestellt werden muss.

Teil 5: Zusammenfassende Thesen

Teil 1:

A.: Auf Seiten der evangelischen Kirchen, namentlich der Evangelischen Kirche in Deutschland (EKD) und ihrer Gliedkirchen, fehlt es an einer Kodifikation, die mit dem CIC der katholischen Kirche vergleichbar wäre. Dadurch stehen die kirchlichen Vereine, aber auch die Evangelische Kirche in Deutschland und ihre Gliedkirchen selbst immer wieder vor Herausforderungen, wenn es darum geht, Antworten auf kirchenrechtliche und staatskirchenrechtliche Fragen rund um die kirchlichen Vereine zu finden.

B. I.: Das Vereinswesen im Bereich der – d.h. in und neben den – evangelischen Kirchen in Deutschland, ja im Bereich der christlichen Kirchen im Allgemeinen, blickt auf eine lange Geschichte zurück. Prägend war für die kirchlichen Vereine insbesondere die Zeit des so genannten „Dritten Reichs". Die politischen und gesellschaftlichen Umstände dieser Ära haben die bis dahin größtenteils freien Initiativen in die schützenden Arme der verfassten evangelischen Kirchen getrieben. Dadurch konnten sich die betreffenden Vereinigungen Versuchen von Seiten des NS-Regimes, in ihre Tätigkeit einzugreifen, effektiver zur Wehr setzen, so dass sie dank der Einbindung in die verfassten evangelischen Kirchen die Möglichkeit hatten, ihre Ziele weiter zu verfolgen, da die Amtskirche dem NS-Staat weitaus weniger schutzlos ausgesetzt war als die einzelnen privaten Vereine es waren.

B. II. 1.: Die unterschiedlichen kirchlichen Vereine vereint ihre Motivation, ein Ziel zu verfolgen, das aus einer christlichen Überzeugung entspringt und – wenn auch nur im weitesten Sinne – Ausdruck des christlichen Glaubens und des Grundgedankens der christlichen Nächstenliebe ist. Vor diesem Hintergrund bietet sich ein ungemein vielfältiges Bild an Vereinen, die den verschiedensten Zwecken dienen und von denen jeder für sich eine ganz spezifische Aufgabe erfüllt.

B. II. 2.: Angaben über die Anzahl der kirchlichen Vereine lassen sich nur im Hinblick auf diejenigen Vereine machen, die Mitglied im Diakonischen Werk der Evangelischen Kirche in Deutschland e.V. bzw. im Diakonischen Werk einer Evangelischen Landeskirche sind. Zum Stichtag 1. Januar 2008 waren 2.328 eingetragene Vereine Mitglieder des Diakonischen Werkes. Damit waren seinerzeit 42,1% aller Rechtsträger, die Mitglied in einem Diakonischen Werk waren bzw. sind, als eingetragene Vereine organisiert. Im Hinblick auf diejenigen Vereine, die kein Mitglied im Diakonischen Werk der Evangelischen Kirche in Deutschland e.V. bzw. im Diakonischen Werk einer Evangelischen

Landeskirche sind, ist eine genaue Aussage über ihre Anzahl nicht möglich. Es kann aber jedenfalls festgehalten werden, dass diese kirchlichen Vereine so zahlreich sind, dass sie eine Breitenwirkung haben, die ihnen in der und für die Gesellschaft der Bundesrepublik Deutschland eine große Bedeutung einräumt.

B. III. 2. e): Die Rechtsform des Vereins hat durchaus Vorzüge, die dafür sprechen, eine kirchliche Initiative in die rechtliche Hülle eines – vor allem eingetragenen rechtsfähigen – Vereins zu kleiden. Zunächst einmal sind die Hürden, die bei der Gründung eines Vereins genommen werden müssen, vergleichsweise niedrig. Hinzu kommt, dass – auch bei einer großen Anzahl von Vereinsmitgliedern – angesichts der demokratischen Struktur eines Vereins häufig eine recht zügige Willensbildung möglich ist. Dies gilt umso mehr, wenn man bedenkt, dass die Zahl der Mitglieder des Vorstandes eines Vereins nicht fest vorgeschrieben ist, sondern – je nach Bedarf – so viele Mitglieder in den Vorstand berufen werden können, dass eine angemessene Repräsentation der Vereinsmitglieder im Vorstand sichergestellt und damit gewährleistet ist, dass die Anliegen der Vereinsmitglieder „von ihresgleichen" vorgebracht werden. Ein weiterer großer Vorteil der Rechtsform des Vereins liegt in den Bestimmungen des Vereinsrechts selbst. Die Vorschriften der §§ 21 ff. BGB sind größtenteils dispositiv, so dass die Möglichkeit besteht, sie durch die jeweilige Vereinssatzung entsprechend den Umständen des jeweiligen Einzelfalles auszufüllen, abzuändern oder abzubedingen und sie so auf die individuellen Bedürfnisse des betreffenden Vereins zuzuschneiden. Dies ist vor allem für die kirchlichen Vereine attraktiv, da sich ihnen vor diesem Hintergrund die Möglichkeit bietet, in der Vereinssatzung Voraussetzungen für die Aufnahme von Mitgliedern zu definieren und auf diese Art und Weise beispielsweise zu reglementieren, dass lediglich Angehörige eines protestantischen Bekenntnisses Vereinsmitglieder werden können. Des weiteren spricht der Umstand, dass ein Verein zwar ein eigenes Vermögen haben kann, seine Gründung jedoch nicht notwendigerweise eines bestimmten Kapitals bedarf, für die Entscheidung für die Rechtsform des Vereins. Hinzu kommt, dass im Vereinsrecht keine zwingenden Vorschriften für das Haushaltswesen, die Buchführung, das Rechnungswesen und die Wirtschaftsprüfung bestehen und insoweit den einzelnen Vereinen eine große Gestaltungsfreiheit eingeräumt ist. Schließlich ist es Vereinen möglich, unter vergleichsweise geringen Anforderungen, d.h. wesentlich unproblematischer als etwa eine GmbH oder eine Stiftung, als gemeinnützig anerkannt zu werden und so die mit dieser Anerkennung verbundenen steuerrechtlichen Vorzüge genießen zu können.

B. IV. 2. b): Es ist wichtig, um nicht zu sagen, unverzichtbar, dass in der heutigen Zeit gerade auch kirchliche Vereine Aufgaben auf dem Gebiet der freien Wohlfahrtspflege übernehmen und erfüllen. Die Tätigkeit im Bereich der freien Wohlfahrtspflege ist eine Form karitativer Betätigung, d.h. Ausdruck christlicher Nächstenliebe und als solche ureigenste Aufgabe jedes einzelnen Christen. Gerade auf dem Gebiet der Wohlfahrtspflege geht eine rein betriebs- und marktwirtschaftliche Betrachtung oftmals ins Leere. Die Fürsorge für in Not geratene Mitmenschen kann nicht ausnahmslos auf dem Prinzip von Leistung und Gegenleistung beruhen und die Entscheidung, wem wann in welchem Umfang welche Hilfe zuteil werden soll, kann sich nicht ohne Ausnahme nach den Gesetzen der freien Marktwirtschaft richten. Denn gelebte christliche Nächstenliebe und damit auch die Arbeit, die die kirchlichen Vereine auf dem Gebiet der freien Wohlfahrtspflege leisten, fragt nicht zuvorderst danach, ob die jeweilige Handlung effizient ist und ob die Person, die sie in Anspruch nimmt, eine adäquate Gegenleistung erbringen kann. Vor diesem Hintergrund muss auch in der heutigen Zeit Platz sein für Vorhaben, bei denen das kirchliche Proprium und der Grundgedanke christlicher Nächstenliebe im Vordergrund stehen. Sofern die Umstände des jeweiligen Einzelfalles dies zulassen, kann eine Daseinsberechtigung der kirchlichen Vereine durchaus bejaht werden.

Teil 2:

C. III. 1.: Das Grundrecht der Religionsfreiheit in Art. 4 Abs. 1, Abs. 2 GG schützt nicht nur die Evangelische Kirche in Deutschland, ihre Gliedkirchen und die einzelnen Personen, die sich aufgrund einer religiösen Motivation in kirchlichen Vereinen engagieren, sondern auch die kirchlichen Vereine selbst stehen unter dem Schutz des einheitlichen Grundrechts der Religionsfreiheit in Art. 4 Abs. 1, Abs. 2 GG.

C. III. 2. b): Träger des kirchlichen Selbstbestimmungsrechts nach Art. 140 GG i.V.m. Art. 137 Abs. 3 WRV sind die Religionsgesellschaften selbst, nicht jedoch die kirchlichen Vereine. Die Evangelische Kirche in Deutschland und ihre Gliedkirchen können allerdings die kirchlichen Vereine an den Gewährleistungen von Art. 140 GG i.V.m. Art. 137 Abs. 3 WRV partizipieren lassen, wenn diese nach dem Selbstverständnis der evangelischen Kirchen in Deutschland ihrem Zweck oder ihrer Aufgabe entsprechend berufen sind, ein Stück Auftrag der Kirche in dieser Welt wahrzunehmen und zu erfüllen.

C. III. 2. b) aa): Lange Zeit, namentlich bis zum Ende des Jahres 2007, gab es auf Seiten der evangelischen Kirchen in Deutschland keine kirchenrechtliche Regelung, in der die Voraussetzungen für eine Zuordnung kirchlicher Initiativen zur Evangelischen Kirche in Deutschland bzw. zu ihren Gliedkirchen festgeschrieben gewesen wären. Vielmehr mussten die maßgeblichen Kriterien für eine solche Zuordnung aus vereinzelten Bestimmungen in verschiedenen kirchenrechtlichen Regelungen abgeleitet werden. Hiernach konnte ein Verein nur dann als den evangelischen Kirchen in Deutschland nahe stehend qualifiziert werden, wenn er eine spezifisch religiöse Zwecksetzung verfolgte, institutionell mit den verfassten Kirchen verbunden war und auf diese Art und Weise die Gewähr dafür bot, dass die Aktivitäten des betreffenden Vereins im Einklang mit dem Bekenntnis der evangelischen Kirchen in Deutschland standen.

C. III. 2. b) bb): Mit der Bekanntmachung der Richtlinie des Rates der Evangelischen Kirche in Deutschland über die Zuordnung diakonischer Einrichtungen zur Kirche – Zuordnungsrichtlinie – vom 8. Dezember 2007 wurde von Seiten der verfassten evangelischen Kirchen in Deutschland erstmals ein Regelungswerk zur Verfügung gestellt, das genaue Bestimmungen über Voraussetzungen und Verfahren der Zuordnung einer rechtlich selbständigen diakonischen Einrichtung zur Evangelischen Kirche in Deutschland, zu ihren Gliedkirchen und zu den gliedkirchlichen Zusammenschlüssen trifft.

C. III. 2. b) bb) (1): Im Hinblick auf die Verbindlichkeit der Zuordnungsrichtlinie ist zu differenzieren: Für die Zuordnung von diakonischen Einrichtungen zur Evangelischen Kirche in Deutschland ist die Anwendung der Zuordnungsrichtlinie zwingend vorgeschrieben. Bei der Zuordnung diakonischer Einrichtungen zu den Gliedkirchen und gliedkirchlichen Zusammenschlüssen besteht hingegen lediglich eine entsprechende Empfehlung von Seiten des Rates der Evangelischen Kirche in Deutschland. Allerdings bezieht sich die Empfehlung, die der Rat der Evangelischen Kirche in Deutschland in § 2 Abs. 2 der Zuordnungsrichtlinie ausspricht, nur auf die Frage, ob die Zuordnung einer diakonischen Einrichtung zu den Gliedkirchen und gliedkirchlichen Zusammenschlüssen überhaupt nach den Maßgaben der Zuordnungsrichtlinie erfolgen soll. Entscheidungsfreiheit besteht also lediglich im Hinblick auf das „Ob“ der Anwendung der Zuordnungsrichtlinie. Hingegen erlaubt der Wortlaut der Präambel der Zuordnungsrichtlinie es nicht, diese Wahl auch auf das „Wie“ der Anwendung der Zuordnungsrichtlinie auszudehnen. Wenn also im konkreten Einzelfall die Entscheidung getroffen wird, die Zuordnung einer diakonischen Einrichtung zu einer Gliedkirche bzw. zu einem gliedkirchlichen Zusammenschluss vorzunehmen, dann sind die einzelnen Vorgaben dieser Zuordnungsrichtlinie als bindend anzusehen.

C. III. 2. b) bb) (2): Die Vorschrift des § 3 Abs. 2 der Zuordnungsrichtlinie statuiert den Regelfall der Zuordnung diakonischer Einrichtungen zu den verfassten evangelischen Kirchen in Deutschland, während § 3 Abs. 3 der Zuordnungsrichtlinie insoweit Ausnahmeregelungen für den Einzelfall enthält. Die Entscheidung darüber, ob eine diakonische Einrichtung der Evangelischen Kirche in Deutschland bzw. ihren Gliedkirchen zugeordnet wird, wird also in der Regel vom Diakonischen Werk der Evangelischen Kirche in Deutschland e.V.

bzw. von dem jeweiligen Werk der Evangelischen Landeskirche durch die Aufnahme der jeweiligen Einrichtung in den Kreis ihrer Mitglieder getroffen. Hingegen kann die Zuordnung lediglich in Ausnahmefällen durch eine entsprechende kirchengesetzliche Regelung oder durch eine Vereinbarung zwischen den verfassten evangelischen Kirchen in Deutschland und der jeweiligen diakonischen Einrichtung erfolgen.

C. III. 2. b) bb) (3): Die Zuordnungsrichtlinie bleibt in ihren Anforderungen an die Zuordnung einer Einrichtung zu den evangelischen Kirchen in Deutschland hinter den Anforderungen zurück, die nach der Rechtsprechung des Bundesverfassungsgericht für die Zuordnung einer Initiative zu einer Religionsgemeinschaft bestehen. Denn die Zuordnungsrichtlinie verzichtet in § 4 Abs. 2 darauf, die Gewährleistung der kontinuierlichen Verbindung von diakonischer Einrichtung und Kirche davon abhängig zu machen, dass die verfassten evangelischen Kirchen in Deutschland die Möglichkeit haben müssten, in einer Art und Weise Einfluss zu nehmen und Aufsicht auszuüben, dass sie kontrollieren könnten, ob und inwieweit die jeweilige Einrichtung bzw. der jeweilige Verein seine Tätigkeit im Einklang mit ihren Grundsätzen und Überzeugungen ausübt. Die Tatsache, dass Personen mit kirchlichem Auftrag, das Diakonische Werk der Evangelischen Kirche in Deutschland e.V. oder das Diakonische Werk einer evangelischen Landeskirche oder aber die verfassten evangelischen Kirchen in Deutschland in einem Verein mitwirken, bedeutet noch nicht, dass der Evangelischen Kirche in Deutschland bzw. ihrer jeweiligen Gliedkirche die Möglichkeit zur Einflussnahme und damit zur Aufsicht in einem Maße garantiert wäre, dass sie die Tätigkeit und das Wirken des jeweiligen Vereins maßgeblich mitbestimmen könnten. Vielmehr ist es angesichts der Bestimmungen in § 4 Abs. 2 lit. a, lit. b. der Zuordnungsrichtlinie gerade nicht ausgeschlossen, dass Personen mit einem kirchlichen Auftrag, das Diakonische Werk der Evangelischen Kirche in Deutschland e.V. oder das Diakonische Werk einer evangelischen Landeskirche oder aber die verfassten evangelischen Kirchen in Deutschland schlichtweg überstimmt werden und sich die Tätigkeit und das Wirken der jeweiligen Initiative im Einzelfall in eine Richtung entwickelt, die nicht gänzlich im Einklang mit der Evangelischen Kirche in Deutschland und ihren Überzeugungen steht.

C. III. 2. b) bb) (4): Die Zuordnungsrichtlinie bezieht sich ausweislich ihres Wortlautes ausschließlich auf diakonische, d.h. auf solche Einrichtungen, die Mitglied im Diakonischen Werk der Evangelischen Kirche in Deutschland e.V. bzw. im Diakonischen Werk einer Evangelischen Landeskirche sind oder werden. Für Vereinigungen, die kein entsprechendes Mitglied sind, gilt die Zuordnungsrichtlinie hingegen nicht. Auch eine analoge Anwendung der Zuordnungsrichtlinie auf solche Einrichtungen kommt in Ermangelung der Planwidrigkeit der Regelungslücke nicht in Betracht. Dementsprechend beurteilt sich die Zuordnung von Einrichtungen, die nicht Mitglied im Diakonischen Werk der

Evangelischen Kirche in Deutschland e.V. oder im Diakonischen Werk einer Evangelischen Landeskirche sind, zu den verfassten evangelischen Kirchen in Deutschland nicht nach den Vorgaben der Zuordnungsrichtlinie, sondern nach den bereits vor der Zuordnungsrichtlinie entwickelten allgemeinen Anforderungen.

C. III. 3.: Die Kirchengutsgarantie in Art. 140 GG i.V.m. Art. 138 Abs. 2 WRV gilt auch für die kirchlichen Vereine mit ihren vermögenswerten Rechten.

D. II. 4. b) bb): Der Grundsatz der Vereinsautonomie verbietet es den kirchlichen Vereinen, den verfassten evangelischen Kirchen in Deutschland Einflussrechte einzuräumen, wenn die Teilnahme des jeweiligen kirchlichen Vereins am allgemeinen Rechtsverkehr betroffen ist. Sofern es um rein innerkirchliche Angelegenheiten und die Beziehung eines kirchlichen Vereins zu der Evangelischen Kirche in Deutschland bzw. zu ihren Gliedkirchen geht, ist der jeweilige kirchliche Verein hingegen berechtigt, der Evangelischen Kirche in Deutschland und ihren Gliedkirchen die Möglichkeit einer Einflussnahme einzuräumen. Dieses Einflussnahmerecht stößt jedoch dort an Grenzen, wo eine kirchliche Gruppierung de facto nicht mehr ein von dem Willen seiner Mitglieder getragener Verein, sondern eine bloße Verwaltungsstelle oder ein bloßes Sondervermögen der verfassten Kirche ist.

D. III. 1.: Es wäre nicht mit dem Grundsatz der Vereinsautonomie zu vereinbaren und dementsprechend unzulässig, wenn der Evangelischen Kirche in Deutschland bzw. ihren Gliedkirchen das Recht eingeräumt werden würde, die Wahl des Namens eines kirchlichen Vereins zu beeinflussen.

D. III. 2. c): Wenn und soweit ein Verein die Anforderungen, die die Evangelische Kirche in Deutschland und ihre Gliedkirchen an eine Teilhabe am kirchlichen Selbstbestimmungsrecht nach Art. 140 GG i.V.m. Art. 137 Abs. 3 WRV und damit an eine Zuordnung stellen, erfüllt, so ist nicht erkennbar, mit welchem Recht sich die verfassten evangelischen Kirchen darauf berufen können sollten, der betreffende Verein setze sich öffentlich in eine Beziehung zu ihnen, die sie nicht hinnehmen wollten. Konsequenterweise können die Evangelische Kirche in Deutschland und ihre Gliedkirchen auch nicht mit einer solchen Argumentation dagegen vorgehen, wenn ein kirchlicher, ihnen zugeordneter Verein ihren Namen oder einen Teil ihres Namens in seinem eigenen Namen verwendet. In diesen Fällen steht den verfassten evangelischen Kirchen in Deutschland weder ein Beseitigungsanspruch nach § 12 S. 1 BGB noch ein Unterlassungsanspruch nach § 12 S. 2 BGB zu.

E. II. 1.: Ein evangelischer Pfarrer im Gebiet der Evangelischen Landeskirche in Baden, der sich neben seiner Aufgabe als Gemeindepfarrer in einem kirchlichen Verein betätigen möchte, ist nach § 25 Abs. 3 S. 2 PfDG Baden verpflichtet, diese Betätigung dem Evangelischen Oberkirchenrat anzuzeigen. Der

Evangelische Oberkirchenrat hat wiederum nach § 25 Abs. 2. S. 3 PfDG Baden die Möglichkeit, dem jeweiligen Pfarrer sein Engagement in dem jeweiligen Verein zu untersagen, wenn dadurch die ordnungsgemäße Ausübung des Pfarrdienstes beeinträchtigt wird.

E. II. 2.: Die Pfarrer im Gebiet der Evangelischen Landeskirche in Baden sind entsprechend den Grundsätzen in Abschnitt 1, Teil 1, Abs. 6 PfDG Baden i.V.m. § 16 PfDG Baden verpflichtet, Weisungen Folge zu leisten. Sieht nun die Satzung eines kirchlichen Vereins vor, dass ein Organ der Evangelischen Landeskirche in Baden – also etwa der jeweils zuständige Dekan oder der Evangelische Oberkirchenrat – das Recht hat, Mitglieder für den jeweiligen kirchlichen Verein zu benennen, und benennt das betreffende Organ einen Pfarrer als Mitglied des jeweiligen kirchlichen Vereins, so ist der betreffende Pfarrer verpflichtet, dieser Weisung zu gehorchen und Mitglied des jeweiligen kirchlichen Vereins zu werden.

E. III.: Die Religionsausübungsfreiheit ist lediglich eine Ausprägung der Bekenntnisfreiheit. Zwar setzt eine Religionsausübung die Entscheidung für einen bestimmten Glauben bzw. für ein bestimmtes Bekenntnis voraus. Die Glaubens- und Bekenntnisfreiheit kann jedoch unabhängig davon gewährleistet werden, ob nun der jeweilige Gläubige und Bekennende seine Religion als Mitglied in einen kirchlichen Verein aufgenommen wird, oder nicht. Dies gilt umso mehr, wenn man bedenkt, dass es für ihn unter Umständen auch andere Möglichkeiten gibt, seine Religion auszuüben. Somit lässt sich aus dem einheitlichen Grundrecht der Glaubensfreiheit nach Art. 4 Abs. 1, Abs. 2 GG kein Anspruch darauf herleiten, Mitglied in einem kirchlichen Verein zu werden.

F. II. 3. b): Ökumenische Rechtsträger, die zum Zwecke einer konfessionsübergreifenden Kooperation errichtet werden, stehen unter den gleichen Voraussetzungen, die auch für solche Initiativen gelten, die lediglich einer Religionsgesellschaft – also etwa entweder der Evangelischen Kirche in Deutschland und ihren Gliedkirchen oder der katholischen Kirche – nahe stehen, unter dem Schutz von Art. 4 Abs. 1, Abs. 2 GG, von Art. 140 GG i.V.m. Art. 137 Abs. 3 S. 1 WRV und von Art. 140 GG i.V.m. Art. 138 Abs. 2 WRV. Es besteht daher keine Veranlassung, die Errichtung ökumenischer Rechtsträger unter Hinweis auf vermeintliche Probleme bei der Zuordnung zu einer Religionsgemeinschaft, respektive zu mehreren Religionsgesellschaften und auf eine daraus vermeintlich resultierende Nichtanwendbarkeit von Art. 4 Abs. 1, Abs. 2 GG, von Art. 140 GG i.V.m. Art. 137 Abs. 3 WRV und von Art. 140 GG i.V.m. Art. 138 Abs. 2 WRV abzulehnen. Damit bestehen – jedenfalls aus staatskirchenrechtlicher Sicht – keine Hindernisse für die Gründung ökumenischer Rechtsträger, namentlich konfessionsübergreifender Vereine.

F. II. 3. c) bb) (4): Es wäre sicherlich wünschenswert, wenn die beiden großen christlichen Kirchen Regelungen für die arbeitsrechtliche und mitarbeitervertretungsrechtliche Behandlung ökumenischer Initiativen schaffen würden, weil sich auf diese Art und Weise in der alltäglichen Praxis ökumenischer Rechtsträger einiges erleichtern ließe. Allerdings darf nicht übersehen werden, dass der Schaffung eines ökumenischen Arbeits- und Mitarbeitervertretungsrechts – jedenfalls an gewissen Punkten – die charakteristischen Standpunkte – wie etwa die Überzeugung der katholischen Kirche von der Unauflösbarkeit der Ehe – entgegen stehen. In Ansehung dessen kann es allenfalls eine Annäherung der beiden großen christlichen Kirchen in Bezug auf arbeitsrechtliche und mitarbeitervertretungsrechtliche Aspekte geben. Soweit fundamentale Unterschiede in den Ansichten der beiden großen christlichen Kirchen hingegen unterschiedliche arbeitsrechtliche und mitarbeitervertretungsrechtliche Regelungen erfordern, muss dem auch angemessen Rechnung getragen werden. Vor diesem Hintergrund dürfte es den beiden großen christlichen Kirchen, dem jeweiligen ökumenischen Rechtsträger, an dem sie gegebenenfalls beteiligt sind, und den Mitarbeitern, die in diesem Zusammenhang beschäftigt werden, am ehesten gerecht werden, wenn vertraglich – d.h. bezogen auf die hier behandelten kirchlichen Vereine etwa in der Satzung – vereinbart wird, dass für die Mitarbeiter in der jeweiligen ökumenischen Kooperation jeweils das Arbeits- und Mitarbeitervertretungsrecht derjenigen Kirche gilt, der sie angehören. Sofern in dem jeweiligen ökumenischen Verein darüber hinaus Mitarbeiter beschäftigt werden, die keiner der beiden großen christlichen Kirchen angehören, muss hierfür ebenfalls eine entsprechende Regelung getroffen werden.

F. III. 3.a): Wenn eine Religionsgesellschaft bzw. ein Verein, der ihr nahe steht, und der Staat gemeinsam einen Verein gründen, um zusammen gewisse Ziele zu verfolgen, so fördert der Staat hiermit die Religionsfreiheit, die der Religionsgesellschaft bzw. dem ihr nahe stehenden Verein aus Art. 4 Abs. 1, Abs. 2 GG zukommt. Vor dem Hintergrund des heutigen Verständnisses der religiös-weltanschaulichen Neutralität des Staates bestehen hiergegen keine Bedenken, solange die Kirche hierdurch nicht gegenüber anderen Religionsgesellschaften bevorzugt wird, d.h. solange nicht die verschiedenen Religionsgesellschaften ohne sachlichen Grund ungleich behandelt werden.

F. III. 3. b): Wenn Staat und Kirche de facto in vielerlei Hinsicht zusammenarbeiten, so kann es ihnen die Vorschrift des Art. 140 GG i.V.m. Art. 137 Abs. 3 WRV auch nicht verbieten, gemeinsam einen Rechtsträger in Gestalt eines Vereins zu errichten und in diesem rechtlichen Rahmen gemeinsame Aufgaben und Ziele zu verwirklichen.

F. III. 3 c): Bei der Zuordnung einer kirchlich-staatlichen Kooperation zu den verfassten evangelischen Kirchen in Deutschland können sich Schwierigkeiten ergeben. So dürfte beispielsweise ein Verein, der die nach dem Selbstverständnis der Evangelischen Kirche in Deutschland und ihrer Gliedkirchen geltenden Voraussetzungen einer Kooperation mit dem Staat nicht erfüllt, nicht dem Selbstverständnis der evangelischen Kirchen in Deutschland entsprechen und folglich auch nicht am kirchlichen Selbstbestimmungsrecht derselben nach Art. 140 GG i.V.m. Art. 137 Abs. 3 WRV partizipieren können.

F. III. 4.: Die Zusammenarbeit zwischen den verfassten evangelischen Kirchen in Deutschland und dem Staat gestaltet sich in kirchenrechtlicher und staatskirchenrechtlicher Hinsicht deutlich schwieriger als eine ökumenische Kooperation. Soweit für eine gemeinsame Initiative der Evangelischen Kirche in Deutschland bzw. ihrer Gliedkirchen und des Staates ein eigener Rechtsträger, etwa ein eingetragener rechtsfähiger Verein, gegründet wird, stößt diese Vorgehensweise jedenfalls dann an ihre Grenzen, wenn die betreffende Zusammenarbeit so ausgestaltet wird, dass der kirchliche Charakter der Unternehmung durch eine Übermacht des Staates verloren geht und somit das kirchliche Selbstbestimmungsrecht nach Art. 140 GG i.V.m. Art. 137 Abs. 3 WRV nicht mehr zum Tragen kommt. Zwar scheidet eine Kooperation zwischen den evangelischen Kirchen in Deutschland und dem Staat in einem solchen Fall nicht gänzlich aus. Da von Seiten der Evangelischen Kirche in Deutschland und ihrer Landeskirchen jedoch keine Bereitschaft besteht, einen eigenen Rechtsträger zu gründen, der sich ihnen nicht zuordnen lässt und der mithin nicht am kirchlichen Selbstverwaltungsrecht nach Art. 140 GG i.V.m. Art. 140 GG partizipieren kann, dürfte insoweit jedoch allenfalls die schwächere Kooperationsform einer reinen Zusammenarbeit ohne die Errichtung einer eigenen Trägerinstitution in Frage kommen.

G. I. 1.: Die staatlichen gesetzlichen Bestimmungen über die Haftung von Vereinen gelten auch für die kirchlichen Vereine.

G. I. 2.: Die Vorschrift des § 31 BGB wird weit ausgelegt. So betrifft § 31 BGB über die dort namentlich genanten Repräsentanten, also den Vorstand, die Mitglieder des Vorstands und die anderen verfassungsmäßig berufenen Vertreter, hinaus auch alle sonstigen Personen, denen durch die allgemeine Betriebsregelung und Handhabung bedeutsame, wesensmäßige Funktionen der juristischen Person zur selbständigen, eigenverantwortlichen Erfüllung zugewiesen sind, so dass sie die juristische Person im Rechtsverkehr repräsentieren. Außerdem kann im Einzelfall über § 31 BGB auch das Verschulden eines Verrichtungsgehilfen zugerechnet werden.

G. II. 1.: Die persönliche Haftung der in § 31 BGB genannten Personen tritt grundsätzlich neben diejenige des jeweiligen Vereins.

G. II. 2.: Es sind nicht nur Mitglieder des Vereinsvorstands, sondern auch zahlreiche Personen, die sich ehrenamtlich in einem Verein engagieren, dem

Risiko ausgesetzt, neben dem Verein, für den sie tätig sind, auf Haftung in Anspruch genommen zu werden. Diesem Umstand wird in dem Gesetz zur Begrenzung der Haftung von ehrenamtlich tätigen Vereinsvorständen, das der Deutsche Bundestag am 3. Juli 2009 beschlossen hat, nicht Rechnung getragen. Das Ziel, die ehrenamtliche Übernahme von Leitungsfunktionen in Vereinen zu fördern und damit das bürgerschaftliche Engagement weiter zu stärken, hat das betreffende Gesetz damit offensichtlich nicht vollständig erreicht. Vielmehr werden nach der Rechtslage, wie sie der neue § 31a BGB vorsieht, lediglich diejenigen ehrenamtlichen Tätigen, die das Amt eines Vereinsvorstandes bekleiden, privilegiert, während sich die übrigen Repräsentanten nicht nur mit dem für sie nach wie vor bestehenden Haftungsrisiko, sondern zusätzlich auch noch mit der Benachteiligung gegenüber den Mitgliedern des Vereinsvorstandes auseinandersetzen müssen. Vor diesem Hintergrund bleibt es abzuwarten, welche Auswirkungen das Gesetz zur Begrenzung der Haftung von ehrenamtlich tätigen Vereinsvorständen auf die deutsche Vereinslandschaft haben wird und wie mit den oben geschilderten offenen Aspekten umgegangen werden wird.

G. III.: Nach dem Urteil des Bundesgerichtshofs vom 10. Dezember 2007 zum so genannten „Kolpingwerk-Fall“ bleibt es dabei, dass die Mitglieder eines Vereins – jedenfalls grundsätzlich – nicht zu einer Haftung für Verbindlichkeiten des Vereins, in dem sie Mitglied sind, herangezogen werden können.

H. II.: In Anbetracht des Grundsatzes der Vereinsautonomie ist es nicht zulässig, wenn der Evangelischen Kirche in Deutschland bzw. ihren Gliedkirchen das Recht zur Auflösung oder Vollbeendigung eines kirchlichen Vereins bzw. das Recht, auf seine Auflösung oder Vollbeendigung Einfluss zu nehmen, eingeräumt wird.

Teil 3:

A. I.: Die finanzielle Ausstattung der kirchlichen Vereine wird oftmals aus zahlreichen Einkunftsquellen gespeist. So weisen beispielsweise die deutschen evangelischen Landeskirchen den betreffenden Vereinen zum Teil Gelder aus ihren Kirchensteuereinnahmen zu. Darüber hinaus beteiligt sich auch der Staat – seien es nun im Einzelnen der Bund, die Länder oder die Kommunen – häufig an den Kosten, die den kirchlichen Vereinen bei ihrer Tätigkeit entstehen. Des weiteren erhalten insbesondere solche Vereine, die Träger von Einrichtungen aus dem Bereich der Wohlfahrtspflege, etwa von Krankenhäusern, Alten- und Pflegeheimen oder von Kindergärten sind, als Gegenleistung für ihre erbrachten Dienstleistungen Entgelte aus Pflegesätzen, beispielsweise von Seiten der Krankenkassen, oder Beitragszahlungen, etwa von Seiten der Eltern. Von Seiten ihrer

Mitglieder fließen den Vereinen oftmals Mitgliedsbeiträge zu. Daneben erzielen die kirchlichen Vereine in nicht unerheblichem Umfang Einkünfte aufgrund von Spenden und Schenkungen und mit Hilfe von Sammlungen und Kollekten. Auch durch gezieltes Fundraising, beispielsweise durch die Veranstaltung eines Benefizbasars, einer Tombola oder eines Benefizkonzerts, oder aber durch die Vergabe von so genannten „Patenschaften" gelingt es den betreffenden Vereinen, Gelder für ihre Aktivitäten zu erwirtschaften. Schließlich ist auch das umfangreiche Engagement Ehrenamtlicher von erheblichem wirtschaftlichem Wert.

A. II. 2. a) dd): Die kirchlichen Vereine verfolgen oftmals einen steuerbegünstigten Zweck. Sofern sie im Einzelfall die Anforderungen, die die Regelungen der §§ 55 bis 68 AO an die Art und Weise ihres Handelns und ihrer Geschäftsführung stellen, erfüllen, sind sie mithin u.a. nach § 5 Abs. 1 Nr. 9 KStG von der Körperschaftssteuer befreit und gemäß § 10b Abs. 1 S. 1 EStG zur Entgegennahme steuerbegünstigter Spenden berechtigt.

A. II. 2. a) ee): In der Satzung der kirchlichen Vereine, die als gemeinnützig anerkannt werden wollen, muss eine Regelung über den Verwendungszwecks des Restvermögens des betreffenden Vereins für den Fall der Beendigung seiner steuerbegünstigten Tätigkeit enthalten sein. Dabei muss der Zweck, für den das Vermögen des jeweiligen Vereins bei seiner Beendigung verwendet werden soll, so genau bezeichnet werden, dass allein aufgrund der entsprechenden Bestimmung in der Vereinssatzung geprüft werden kann, ob die Vermögensbindung den materiellen Erfordernissen von § 55 Abs. 1 Nr. 4 AO entspricht. Hierfür ist entweder die präzise Angabe einer Körperschaft mit der Bestimmung, ob das Vermögen ausschließlich und unmittelbar für eigene steuerbegünstigte Zwecke zu verwenden ist, oder die unmissverständliche Angabe eines bestimmten Verwendungszwecks erforderlich.

B. I.: Einem eingetragenen rechtsfähigen Verein, dessen Zweck nach seiner Satzung nicht auf einen wirtschaftlichen Geschäftsbetrieb gerichtet ist, kann die Rechtsfähigkeit entzogen werden, wenn er dennoch einen solchen Zweck verfolgt, § 43 Abs. 2 BGB. Bei der Erörterung, ob die Voraussetzungen des Entzugs der Rechtsfähigkeit nach § 43 Abs. 2 BGB erfüllt sind, ergeben sich für die kirchlichen Vereine einige Besonderheiten. Entscheidend ist insoweit, ob es sich bei den Aktivitäten des jeweiligen betroffenen Vereins um Religionsausübung oder aber um eine wirtschaftliche Tätigkeit handelt. Die Rechtsprechung des Bundesverwaltungsgerichts zur Abgrenzung von Religionsausübung einerseits und wirtschaftlicher Betätigung andererseits erscheint nicht sachgerecht.

B. II.: Nach § 5 Abs. 1 Nr. 9 S. 2 KStG, § 3 Nr. 6 GewStG und § 3 Abs. 1 Nr. 12 VStG wird eine Befreiung von der Körperschaftssteuer, von der Gewerbesteuer und von der Vermögenssteuer nicht gewährt, soweit ein wirtschaftlicher Geschäftsbetrieb unterhalten wird. Dementsprechend scheidet, soweit ein wirtschaftlicher Geschäftsbetrieb unterhalten wird, auch die Berechtigung zur Entgegennahme von steuerbegünstigten Spenden aus, weil § 10b Abs. 1 S. 1 EStG diese Berechtigung davon abhängig macht, ob die Voraussetzungen von § 5 Abs. 1 Nr. 9 S. 1 KStG erfüllt sind. Die Frage, ob und inwieweit ein kirchlicher Verein ggf. dadurch, dass er ein gewisses Vermögen angehäuft hat, seine steuerrechtlichen Privilegien riskiert, beurteilt sich nach den gleichen Kriterien wie die Frage nach dem Risiko des Verlusts der Rechtsfähigkeit. Entscheidend ist insoweit also wiederum die Abgrenzung zwischen Religionsausübung einerseits und wirtschaftlicher Betätigung andererseits.

C. I. 1. c) dd): Wenn eine nicht rechtsfähige Pfarrgemeinde im Bereich der Evangelischen Landeskirche in Baden einen rechtsfähigen Verein gründet, um unter Umgehung der Regelungen in Art. 15 Abs. 1 S. 1 GO Baden und Art. 23 GO Baden über diesen Verein Gelder zu vereinnahmen, die an sich der Kirchengemeinde zugeflossen wären und dieser so entzogen werden, dann hat die betreffende Kirchengemeinde einen bereicherungsrechtlichen Herausgabeanspruch gegen den betreffenden rechtsfähigen Verein in Gestalt einer Nichtleistungskondiktion nach § 812 Abs. 1 S. 1 Alt. 2 BGB.

C. I. 2.: Bei rechtsfähigen Vereinen, die von nicht rechtsfähigen Pfarrgemeinden im Gebiet der Evangelischen Landeskirche in Baden gegründet werden, handelt es sich jedenfalls um andere Rechtsträger im Sinne von § 106 GO Baden, die nach dieser Vorschrift der Rechtsaufsicht unterliegen. Die Vermögensaufsicht über die betreffenden Vereine nimmt nach § 3 Abs. 2 KVHG Baden der Evangelische Oberkirchenrat der Evangelischen Landeskirche in Baden wahr. Dieser ist nach § 3 Abs. 3 KVHG Baden berechtigt, durch Beratung, Empfehlung und Genehmigung sowie gegebenenfalls durch Weisungen und Ersatzvornahme seine Vermögensaufsicht über die betreffenden Vereine auszuüben. Diese Aufzählung seiner möglichen Maßnahmen ist, wie das Wort „insbesondere“ zeigt, nicht abschließend.

C. II. 3.: Wenn eine Kirchengemeinde finanzielle Zuwendungen an einen kirchlichen Verein vornehmen, dabei aber Gewissheit darüber haben möchte, dass die Gelder, die dem Verein zufließen, auch tatsächlich für die in seiner Satzung festgelegten Zwecke verwendet werden, so empfiehlt es sich, darauf zu achten, dass der jeweilige kirchliche Verein einen steuerbegünstigten, namentlich einen gemeinnützigen Zweck im Sinne von § 52 AO verfolgt. Denn in diesem Fall ist der jeweilige kirchliche Verein durch die Vorschrift des § 55 Abs. 1 Nr. 1, Nr. 5 AO dazu verpflichtet, seine finanziellen Mittel zeitnah zu seinen satzungsmäßigen Zwecken zu verwenden.

C. III.: Die Beteiligung einer Kirchengemeinde auf dem Gebiet der Evangelischen Landeskirche in Baden an einem kirchlichen Verein durch Übertragung von Gemeindevermögen auf den betreffenden rechtsfähigen Verein ist vor dem

Hintergrund der Anforderungen, die § 11 Abs. 1 KVHG Baden aufstellt, nicht zulässig. Allerdings bedeutet dies nicht gleichzeitig, dass es einer Kirchengemeinde gänzlich verwehrt wäre, Mitglied in einem kirchlichen Verein zu werden. Die Vorschrift des § 11 Abs. 1 KVHG Baden betrifft offensichtlich den Fall einer kapitalmäßigen Beteiligung an einem privatrechtlichen Unternehmen, nicht aber den Fall des Erwerbs der Mitgliedschaft in einem rechtsfähigen Verein, der – anders als etwa der Erwerb eines Geschäftsanteils an einer GmbH – typischerweise nicht mit einer solchen kapitalmäßigen Beteiligung einhergeht.

D. IV. 3. b) aa): Bei der Zuordnung von Vereinen, die nicht Mitglied im Diakonischen Werk der Evangelischen Kirche in Deutschland e.V. oder in einem Diakonischen Werk einer Evangelischen Landeskirche sind, gibt es kein formelles Anerkennungsverfahren. Würde man von den verfassten evangelischen Kirchen in Deutschland dennoch verlangen, im Falle eines Insolvenzverfahrens über das Vermögen eines nicht diakonischen kirchlichen Vereins finanzielle Unterstützung zu leisten und die Insolvenzsituation zu beseitigen, würde man der Evangelischen Kirche in Deutschland und ihren Gliedkirchen ein wirtschaftliches Risiko aufbürden, dessen Begrenzung ihnen nicht möglich ist. Es wäre mithin unbillig, die evangelischen Kirchen in Deutschland dazu verpflichten zu wollen, in jedem Falle, in dem eine Initiative, namentlich ein kirchlicher Verein in eine Insolvenzsituation kommt, durch den Zuschuss finanzieller Mittel Abhilfe zu schaffen. Vielmehr muss es der Evangelischen Kirche in Deutschland und ihren Gliedkirchen überlassen bleiben, ob sie im jeweiligen Einzelfall bereit und in finanzieller Hinsicht in der Lage sind, die Schulden einer solchen Initiative, im vorliegenden Fall eines kirchlichen Vereins, zu begleichen und damit ihren Fortbestand und die Weiterführung ihrer Arbeit zu ermöglichen.

D. IV. 3. b) bb): Die Zuordnung diakonischer Vereine zu den verfassten evangelischen Kirchen in Deutschland nach den Vorgaben der Zuordnungsrichtlinie erfolgt gemäß § 3 Abs. 2 der Zuordnungsrichtlinie regelmäßig durch die Aufnahme des jeweiligen Vereins als Mitglied des Diakonischen Werks der Evangelischen Kirche in Deutschland e.V. bzw. des Diakonischen Werks einer Evangelischen Landeskirche. Nur ausnahmsweise erfolgt die Zuordnung nach § 3 Abs. 3 der Zuordnungsrichtlinie durch oder aufgrund kirchengesetzlicher Regelung oder durch eine Vereinbarung zwischen den verfassten evangelischen Kirchen in Deutschland und dem jeweiligen diakonischen Verein. Die Entscheidung über die Zuordnung eines diakonischen Vereins treffen also in der Regel nicht die Evangelische Kirche in Deutschland und ihre Gliedkirchen selbst. Dementsprechend kann von den verfassten evangelischen Kirchen in Deutschland auch nicht erwartet werden, dass sie im Falle der Insolvenzsituation eines diakonischen Vereins mit finanziellen Mitteln aushelfen. Eine – jedenfalls moralische – Verpflichtung der Evangelischen Kirche in Deutschland bzw. ihrer

Gliedkirchen, finanzielle Unterstützung im Falle der Insolvenz eines diakonischen Vereins zu leisten, kann nur dann bestehen, wenn die verfassten evangelischen Kirchen selbst – durch eine entsprechende kirchengesetzliche Regelung oder durch eine entsprechende Vereinbarung mit der betreffenden diakonischen Einrichtung – die Entscheidung über die Zuordnung getroffen hat. Denn in einem solchen Fall haben die verfassten evangelischen Kirchen in Deutschland die Möglichkeit, genau zu prüfen, welches wirtschaftliche und finanzielle Risiko sie mit der Zuordnung eines solchen Vereins übernehmen.

Teil 4

A.: Sofern eine Kategorisierung im konkreten Fall vorgenommen wird, um verschiedene kirchliche Vereine voneinander abzugrenzen, so dass die Voraussetzungen für die Einordnung eines kirchlichen Vereins in eine Kategorie nur alternativ, aber nicht kumulativ vorliegen dürfen, kann eine Systematisierung anhand des Kriterium der Tätigkeit häufig nicht zum gewünschten Ergebnis führen. Denn die verschiedenen Ziele, die sich die einzelnen kirchlichen Vereine gesetzt haben, lassen sich nicht immer scharf trennen, je nachdem, mit welcher Bevölkerungsgruppe und mit welcher Aufgabe es der jeweilige Verein zu tun hat. Stattdessen sind die Übergänge zwischen den Personengruppen und den unterschiedlichen Aktivitäten, denen die Hilfe der einzelnen kirchlichen Vereine dienen soll, fließend. Dementsprechend wird eine Kategorisierung verschiedener kirchlicher Vereine anhand ihrer jeweiligen Tätigkeit ihr Ziel häufig dann verfehlen, wenn es um eine Abgrenzung verschiedener kirchlicher Vereine und ihrer Tätigkeiten voneinander geht.

Hingegen kann eine Systematisierung von kirchlichen Vereinen nach dem Kriterium ihrer jeweiligen Tätigkeit dann sinnvoll und zielführend sein, wenn die verschiedenen Kriterien im Einzelfall auch kumulativ erfüllt sein dürfen, d.h. wenn es zuvorderst darum geht, ob ein kirchlicher Verein im konkreten Fall das Kriterium einer bestimmten Tätigkeit erfüllt, und nicht etwa darum, verschiedene kirchliche Vereine durch eine Kategorisierung voneinander abzugrenzen.

B. I.: Um die zahlreichen kirchlichen Vereine in einzelne kleinere Gruppen zu unterteilen, bietet sich das Kriterium der Mitgliedschaft im Diakonischen Werk der Evangelischen Kirche in Deutschland e.V. bzw. in dem Diakonischen Werk einer Evangelischen Landeskirche an. An die Mitgliedschaft im Diakonischen Werk der Evangelischen Kirche in Deutschland e.V. bzw. in dem Diakonischen Werk einer Evangelischen Landeskirche sind gewisse Rechtsfolgen geknüpft. Beispielsweise gelten für die betreffenden Vereine, die dieses Charakteristikum erfüllen, die Bestimmungen des Kirchengesetzes über das Diakonische

Werk der Evangelischen Kirche in Deutschland (Diakoniegesetz EKD) vom 6. November 1975 und der Diakoniegesetze der Evangelischen Landeskirchen, d.h. im Bereich der Evangelischen Landeskirche Baden etwa das Kirchliche Gesetz über die diakonische Arbeit in der Evangelischen Landeskirche in Baden (Diakoniegesetz Baden) in der Fassung vom 1. Januar 2005. Darüber hinaus hat der jeweilige Verein die Vorgaben der Satzung des jeweiligen Diakonischen Werkes, in dem er Mitglied ist, zu erfüllen.

Anders als bei Vereinen, die kein Mitglied im Diakonischen Werk der Evangelischen Kirche in Deutschland oder im Diakonischen Werk einer Evangelischen Landeskirche sind, existiert für die Gruppe der diakonischen Vereine mit der Zuordnungsrichtlinie ein Regelungswerk, in dem die Voraussetzungen und das Verfahren der Zuordnung zu den verfassten evangelischen Kirchen in Deutschland festgeschrieben ist. Die Zuordnung diakonischer Vereine zur Evangelischen Kirche in Deutschland muss gemäß § 1 Abs. 2 S. 1 der Zuordnungsrichtlinie zwingend nach den Vorgaben der Zuordnungsrichtlinie erfolgen. Bei der Zuordnung diakonischer Vereine zu den Gliedkirchen und gliedkirchlichen Zusammenschlüssen ist die Anwendung der Vorschriften der Zuordnungsrichtlinie möglich, § 1 Abs. 2 S. 2 Zuordnungsrichtlinie.

Erfolgt die Zuordnung eines diakonischen Vereins zu den verfassten evangelischen Kirchen in Deutschland nach den Regelungen in der Zuordnungsrichtlinie, so wird – anders als bei der Zuordnung von Vereinen, die kein Mitglied im Diakonischen Werk der Evangelischen Kirche in Deutschland e.V. oder im Diakonischen Werk einer Evangelischen Landeskirche sind – eine förmliche Zuordnungsentscheidung nach § 3 der Zuordnungsrichtlinie getroffen. Sofern diese Zuordnungsentscheidung im Einzelfall ausnahmsweise gemäß § 3 Abs. 3 der Zuordnungsrichtlinie durch eine kirchengesetzliche Regelung oder durch eine entsprechende Vereinbarung zwischen den verfassten evangelischen Kirchen in Deutschland und dem jeweiligen diakonischen Verein getroffen wird, kann im Falle der Insolvenz oder der drohenden Insolvenz des betreffenden diakonischen Vereins eine – wenn auch nur moralische – Verpflichtung auf Seiten der Evangelischen Kirche in Deutschland bzw. ihrer Gliedkirchen zur Leistung finanzieller Unterstützung bestehen.

Im Hinblick auf ökumenische oder kirchlich-staatliche Kooperationen enthält § 5 der Zuordnungsrichtlinie schließlich eine Aussage zur Zuordnungsfähigkeit derartiger Mischträgerschaften, wie es sie für die Vereine, die kein Mitglied im Diakonischen Werk der Evangelischen Kirche in Deutschland e.V. bzw. im Diakonischen Werk einer Evangelischen Landeskirche sind, nicht gibt.

Rein praktisch sorgt die Mitgliedschaft eines kirchlichen Vereins im Diakonischen Werk der Evangelischen Kirche in Deutschland e.V. bzw. im Diakonischen Werk einer Evangelischen Landeskirche für eine größere Transparenz und für mehr Überblick. So ist es beispielsweise – anders als in Bezug auf die nicht diakonischen Vereine – möglich, eine Aussage über die Anzahl der diakonischen Vereine zu treffen.

B. II.: Ein weiteres sachliches Kriterium für die Kategorisierung und Systematisierung der kirchlichen Vereine ist das Kriterium der Erfüllung eines steuerbegünstigten Zwecks im Sinne von §§ 55 bis 68 AO. Wenn ein kirchlicher Verein einen steuerbegünstigten, namentlich einen gemeinnützigen Zweck im Sinne von § 52 AO verfolgt, kommt er in den Genuss der Befreiung von der Körperschaftssteuer nach § 5 Abs. 1 Nr. 9 KStG und der Befähigung zur Entgegennahme steuerbegünstigter Spenden gemäß § 10 Abs. 1 EStG. Damit hat ein gemeinnütziger kirchlicher Verein Vorteile bei der Gewinnung seiner notwenigen finanziellen Mittel gegenüber kirchlichen Vereinen, die keinen steuerbegünstigten Zweck erfüllen.

Voraussetzung ist dabei allerdings stets, dass die Vorschriften der §§ 55 bis 68 AO eingehalten werden. Zum einen bedeutet dies, dass ein kirchlicher Verein, der einen steuerbegünstigten, namentlich einen gemeinnützigen Zweck im Sinne von § 52 AO verfolgt, nach § 55 Abs. 1 Nr. 1 S. 1, Nr. 5 AO verpflichtet ist, seine Mittel zeitnah für seine steuerbegünstigten satzungsmäßigen Zwecke zu verwenden. Somit können sich natürliche oder juristische Personen, die einem gemeinnützigen Verein finanzielle Zuwendungen zuteil werden lassen, darauf verlassen, dass ihre Spendengelder auch tatsächlich satzungsgemäß verwendet werden. Zum anderen gilt für gemeinnützige kirchliche Vereine der Grundsatz der Vermögensbindung nach § 55 Abs. 1 Nr. 4 AO. Das Vermögen solcher Vereine darf also im Falle ihrer Beendigung nur für steuerbegünstigte Zwecke verwendet werden, was in der Praxis durch eine entsprechende Anfallklausel in der Satzung sichergestellt werden muss.

Literatur- und Quellenverzeichnis

A. Rechtsprechung

Baha'i

Beschluss des Bundesverfassungsgerichts vom 5. Februar 1991; Az.: 2 BvR 263/86; in: BVerfGE 83 (1991), S. 341 ff.
(zitiert: BVerfGE 83)

Bereichsscheidung

Beschluss des Bundesverfassungsgerichts vom 17. Februar 1965; Az.: 1 BvR 732/64; in: BVerfGE 18 (1964/1965), S. 385 ff.
(zitiert: BVerfGE 18)

Bremer Pastoren

Beschluss des Bundesverfassungsgerichts vom 21. September 1976; Az.: 2 BvR 350/75; in: BVerfGE 42 (1977), S. 312 ff.
(zitiert: BVerfGE 42)

Filialleiter

Urteil des Bundesgerichtshofs vom 30. Oktober 1967; Az.: VII ZR 82/65; in: BGHZ 49 (1968), S. 19 ff.
(zitiert: BGHZ 49)

Fremdeinfluss

Beschluss des Oberlandesgerichts Köln vom 20. September 1991; Az.: 2 Wx 64/09; in: Neue Juristische Wochenschrift 1992, S. 1048 ff.
(zitiert: OLG Köln, in: NJW 1992)

Genehmigung durch Diözesanbischof

(Beschluss des Bayerischen Obersten Landgerichts vom 23. August 1979; Az.: 2 Z 14/79; in: Neue Juristische Wochenschrift 1980, S. 1756 f.
(zitiert: BayObLG, in: NJW 1980)

Gesellschaft bürgerlichen Rechts

Urteil des Bundesverfassungsgerichts vom 29. Januar 2001; Az.: II ZR 331/00; in: BGHZ 146 (2001), S. 341 ff.
(zitiert: BGHZ 146)

Goch

Beschluss des Bundesverfassungsgerichts vom 11. Oktober 1977; Az.: 2 BvR 209/76; in: Zeitschrift für evangelisches Kirchenrecht 23 (1978), S. 414 ff.
(zitiert: BVerfG, in: ZevKR 23)

Kolpingwerk I
Urteil des Oberlandesgerichts Dresden vom 9. August 2005; Az.: 2 U 897/04; in: Zeitschrift für Wirtschaftsrecht 2005, S. 1680 ff.
(zitiert: OLG Dresden, in: ZIP 2005)

Kolpingwerk II
Urteil des Bundesgerichtshofs vom 10. Dezember 2007; Az.: II ZR 239/05; in: Neue Zeitschrift für Gesellschaftsrecht 2008, S. 670 ff.
(zitiert: BGH, in: NZG 2008)

Kopftuch
Urteil des Bundesverfassungsgerichts vom 24. September 2003; Az.: 2 BvR 1436/02; in: BVerfGE 108 (2004), S. 282 ff.
(zitiert: BVerfGE 108)

Lumpensammler / Aktion Rumpelkammer
Beschluss des Bundesverfassungsgerichts vom 16. Oktober 1968; Az.: 1 BvR 241/66; in: BVerfGE 24 (1969), S. 236 ff.
(zitiert: BVerfGE 24)

Osho-Bewegung
Urteil des Bundesverwaltungsgerichts vom 27. März 1992; Az.: 7 C 21/90; in: BVerwGE 90 (1992), S. 112 ff.
(zitiert: BVerwGE 90)

Religionsunterricht
Urteil des Bundesverwaltungsgerichts vom 23. Februar 2005; Az.: 6 C 2.04; in: BVerwGE 123 (2006), S. 49 ff.
(zitiert: BVerwGE 123)

Schächten
Urteil des Bundesverwaltungsgerichts vom 15. Juni 1995; Az.: 3 C 31/93; in: Neue Zeitschrift für Verwaltungsrecht 61 (1996), S. 61 ff.
(zitiert: BVerwG, in: NVwZ 1996)

Scientology I
Urteil des Bundesverwaltungsgerichts vom 14. November 1980; Az.: 8 C 12.79; in: BVerwGE 61 (1982), S. 152 ff.
(zitiert: BVerwGE 61)

Scientology II
Urteil des Bundesverwaltungsgerichts vom 6. November 1997; Az.: 1 C 18/95; in: BVerwGE 105, S. 313 ff.
(zitiert: BVerwGE 105)

St. Marien
Beschluss des Bundesverfassungsgerichts vom 25. März 1980; Az.: 2 BvR 208/76; in: Zeitschrift für evangelisches Kirchenrecht 26 (1981), S. 80 ff.
(zitiert: BVerfG, in: ZevKR 26)

B. Schriften

Achilles, Wilhelm-Albrecht
Die Aufsicht über die kirchlichen Stiftungen der evangelischen Kirchen in der Bundesrepublik Deutschland; Tübingen; 1986
(zitiert: Achilles, Aufsicht)

Achilles, Wilhelm-Albrecht
Die Novellierung des Stiftungsprivatrechts; in: Zeitschrift für evangelisches Kirchenrecht 47 (2002), S. 682 ff.
(zitiert: Achilles, in: ZevKR 47)

Achilles, Wilhelm-Albrecht
Zur Aufsicht über kirchliche Stiftungen; in: Zeitschrift für evangelisches Kirchenrecht 33 (1988), S. 184 ff.
(zitiert: Achilles, in: ZevKR 33)

Bauer, Thomas
Die GmbH als Rechtsform karitativer Einrichtungen der Kirche; Freiburg im Breisgau, Univ., Diss.; Frankfurt am Main, Berlin, Bern, Bruxelles, New York, Oxford, Wien; 2003
(zitiert: Bauer, GmbH)

Becker, Carsten
Stiftungsrecht und Gemeinnützigkeitsrecht – Konflikte und Harmonisierbarkeit bei der Umsetzung gemeinnütziger Stiftungsvorhaben; Bielefeld, Univ., Diss.; 1996
(zitiert: Becker, Stiftungsrecht und Gemeinnützigkeitsrecht)

Beil, Josef
Das kirchliche Vereinsrecht nach dem Codex juris canonici – mit einem staatskirchenrechtlichen Anhang; München, Univ., Diss.; Paderborn; 1932
(zitiert: Beil, Das kirchliche Vereinsrecht)

Beuthien, Volker
Münchener Handbuch des Gesellschaftsrechts; Band 5: Verein, Stiftung bürgerlichen Rechts; 3. Auflage; München; 2009
(zitiert: Autor, in: Beuthien, Münchener Handbuch des Gesellschaftsrechts – Band 5)

Bielitz, Klaus
Privatrechtliche Organisationsformen in der evangelischen Kirche; in: Zeitschrift für evangelisches Kirchenrecht 47 (2002), S. 56 ff.
(zitiert: Bielitz, in: ZevKR 47)

Bietmann, Rolf
Betriebliche Mitbestimmung im kirchlichen Dienst – arbeitsrechtliche Probleme der kirchlichen Mitarbeitervertretungsordnungen; Köln, Univ., Diss.; Königstein im Taunus; 1982
(zitiert: Bietmann, Betriebliche Mitbestimmung)

Bohl, Jochen
Möglichkeiten und Grenzen der Unternehmensorientierung in der sozialen Arbeit, in: Forum Deutscher Stiftungen, Band 17 – Möglichkeiten und Grenzen der Unternehmensorientierung von Stiftungen – Dokumentation der 11. Tagung des Arbeitskreises Deutscher Stiftungen „Soziales" vom 14.-15. Oktober 2001 in Berlin; Berlin; 2002
(zitiert: Bohl, in: Forum Deutscher Stiftungen, Band 17)

Boochs, Wolfgang / Kühr, Christian
Steuerhandbuch für Vereine, Verbände und Stiftungen – Grundlagen der Besteuerung und Bilanzierung; 3. Auflage; Neuwied; 2001
(zitiert: Boochs / Kühr, Steuerhandbuch)

Brenner, Tobias
Diakonie im Sozialstaat – ein Beitrag zur staatskirchenrechtlichen Grundlegung der Sozialgestalt der evangelischen Kirche; Tübingen, Univ., Diss.; 1994
(zitiert: Brenner, Diakonie im Sozialstaat)

Broll, Berthold
Steuerung kirchlicher Wohlfahrtspflege durch die verfassten Kirchen; Konstanz, Univ., Diss.; 1999
(zitiert: Broll, Steuerung kirchlicher Wohlfahrtspflege)

Buchna, Johannes
Gemeinnützigkeit im Steuerrecht – Die steuerlichen Begünstigungen für Vereine, Stiftungen und andere Körperschaften – steuerliche Spendenbehandlung; 9. Auflage; Achim; 2008
(zitiert: Buchna, Gemeinnützigkeit im Steuerrecht)

Bürgel, Erwin Robert
Die Beziehung der katholischen Kirche zu ihren Vereinigungen im kirchlichen Recht und im Recht der Bundesrepublik Deutschland; Köln, Univ., Diss.; 1982
(zitiert: Bürgel, Katholische Kirche und ihre Vereinigungen)

Campenhausen, Axel von
Religiöse Wirtschaftsbetriebe als Idealvereine?; in: Neue Juristische Wochenschrift 1990, S. 887 ff.
(zitiert: von Campenhausen, in: NJW 1990)
Campenhausen, Axel von
Staatskirchenrechtliche Grundsatzfragen im Vereinsrecht; in: Der Deutsche Rechtspfleger 1989, S. 349 ff.
(zitiert: von Campenhausen, in: DRpfl. 1989)
Campenhausen, Axel von / Christoph, Joachim E.
Staatliche Krankenhausfinanzierung als Erfüllung grundrechtlicher Ansprüche; in: Deutsches Verwaltungsblatt 1985, S. 266 ff.
(zitiert: von Campenhausen / Christoph, in: DVBl. 1985)
Campenhausen, Axel von / Erhardt, Hans-Jochen
Kirche, Staat, Diakonie – zur Rechtsprechung des Bundesverfassungsgerichts im diakonischen Bereich; Hannover; 1982
(zitiert: von Campenhausen / Erhardt, Kirche, Staat, Diakonie)
Campenhausen, Axel von / Wall, Heinrich de
Staatskirchenrecht – eine systematische Darstellung des Religionsverfassungsrechts in Deutschland und Europa, ein Studienbuch; 4. Auflage; München; 2006
(zitiert: von Campenhausen / de Wall, Staatskirchenrecht)
Carstensen, Carsten
Vermögensverwaltung, Vermögenserhaltung und Rechnungslegung gemeinnütziger Stiftungen; Frankfurt am Main; 1996
(zitiert: Carstensen, Stiftungen)
Christoph, Joachim E.
Die Zuordnung der Dienste, Einrichtungen und Werke der sog. „verfassten" Kirche – Neuere Entwicklungen aufgrund der Zuordnungsrichtlinie des Rates der Evangelischen Kirche in Deutschland (EKD); in: Zeitschrift für evangelisches Kirchenrecht 54 (2009), S. 354 ff.
(zitiert: Christoph, in: ZevKR 54)
Christoph, Joachim E.
Kirchliche Rechtsetzung im diakonischen Bereich; in: Zeitschrift für evangelisches Kirchenrecht 34 (1989), S. 406 ff.
(zitiert: Christoph, in: ZevKR 34)
Classen, Klaus Dieter
Religionsfreiheit und Staatskirchenrecht in der Grundrechtsordnung – zur besonderen Bedeutung der religionsverfassungsrechtlichen Garantien im Lichte der allgemeinen Grundrechtsdogmatik; Tübingen; 2003
(zitiert: Classen, Religionsfreiheit und Staatskirchenrecht)

Conze, Werner
Der Verein als Lebensform des 19. Jahrhunderts, in: Die Innere Mission 1960, S. 226 ff.
(zitiert: Conze, in: Die Innere Mission 1960)

Delbrück, Jost
Staatliche Finanzkontrolle und Freie Wohlfahrtspflege; in: Zeitschrift für evangelisches Kirchenrecht 40 (1985), S. 21 ff.
(zitiert: Delbrück, in: ZevKR 40)

Deutscher Caritasverband
Unser Standpunkt Nr. 1: Neuordnung der ambulanten gesundheits- und sozialpflegerischen Dienste (Sozialstationen); Freiburg im Breisgau; 1974
(zitiert: Deutscher Caritasverband, Unser Standpunkt Nr. 1)

Deutscher Caritasverband
Unser Standpunkt Nr. 4: Ökumenische Zusammenarbeit und Zusammenarbeit mit nichtkirchlichen Trägern im Bereich sozialer Einrichtungen und Maßnahmen; Freiburg im Breisgau; 1975
(zitiert: Deutscher Caritasverband, Unser Standpunkt Nr. 4)

Deutscher Caritasverband
Unser Standpunkt Nr. 7: Studie über Trägerformen sozial-caritativer Einrichtungen und Dienste, Beschluss des Zentralrates des Deutschen Caritasverbandes vom 6. Mai 1976
(zitiert: Deutscher Caritasverband, Unser Standpunkt Nr. 7)

Deutscher Caritasverband
Unser Standpunkt Nr. 11: Sozialstationen im Alltag – Materialien, Handreichungen, Empfehlungen; Freiburg im Breisgau; 1978
(zitiert: Deutscher Caritasverband, Unser Standpunkt Nr. 11)

Deutscher Caritasverband (i.A. der Deutschen Bischofskonferenz) / Hüssler, Georg
Caritas und Pfarrgemeinde – Dokumentation des Studientages der Deutschen Bischofskonferenz; Freiburg im Breisgau; 1983
(zitiert: Deutscher Caritasverband / Hüssler, Caritas und Pfarrgemeinde)

Diakonisches Werk der Evangelischen Kirche in Deutschland / Mletzko, Uwe
Diakonie ist Kirche – zur Konfessionalität eines Wohlfahrtsverbandes – Dokumentation der Fachtagung vom 3.-5. März 1999 in Berlin; Echterdingen; 1999
(zitiert: Diakonisches Werk der EKD / Mletzko, Diakonie ist Kirche)

Dütz, Wilhelm
Das arbeitsrechtliche Verhältnis der Kirchen zu ihren Beschäftigten; in: Arbeit und Recht 1979 – Sonderheft I: „Kirche und Arbeitsrecht", S. 2
(zitiert: Dütz, in: AuR 1979, Sonderheft I – „Kirche und Arbeitsrecht")

Dütz, Wilhelm
Mitbestimmung in kirchlichen Wirtschaftsbetrieben; in: Arbeitsgesetzgebung und Arbeitsrechtsprechung – Festschrift zum 70. Geburtstag von Eugen Stahlhacke; Neuwied; 1995
(zitiert: Dütz, in: FS Stahlhacke)

Dütz, Wilhelm
Tendenzaufsicht im Vereinsrecht; in: Festschrift für Wilhelm Herschel zum 85. Geburtstag; München; 1982
(zitiert: Dütz, in: FS Herschel)

Eberle, Susanne
Sozialstationen in kirchlicher Trägerschaft – eine Untersuchung aus der Sicht des Kirchenrechts, des Staatskirchenrechts und des Sozialrechts; Freiburg im Breisgau, Univ., Diss.; 2. Auflage; Essen; 1993
(zitiert: Eberle, Sozialstationen)

Elgeti, Axel
Rechtsprobleme bei Kindergärten in kirchlicher Trägerschaft; in: Zeitschrift für evangelisches Kirchenrecht 34 (1989), S. 144 ff.
(zitiert: Elgeti, in: ZevKR 34)

Erbguth, Wilfried / Stollmann, Frank
Erfüllung öffentlicher Aufgaben durch private Rechtssubjekte? – Zu den Kriterien bei der Wahl der Rechtsform – ; in: Die öffentliche Verwaltung 1993, S. 798 ff.
(zitiert: Erbguth / Stollmann, in. DÖV 1993)

Falterbaum, Johannes
Caritas und Diakonie – Struktur- und Rechtsfragen; Neuwied; 2000
(zitiert: Falterbaum, Caritas und Diakonie)

Fleßa, Steffen / Städtler-Mach, Barbara
Konkurs der Nächstenliebe? – Diakonie zwischen Auftrag und Wirtschaftlichkeit; Göttingen; 2001
(zitiert: Fleßa / Städtler-Mach, Konkurs der Nächstenliebe?)

Flume, Werner
Die Vereinsautonomie und ihre Wahrnehmung durch die Mitglieder hinsichtlich der Selbstverwaltung der Vereinsangelegenheiten und der Satzungsautonomie; München; 1982
(zitiert: Flume, Vereinsautonomie)

Flume, Werner
Vereinsautonomie und kirchliche oder religiöse Vereinigungsfreiheit und das Vereinsrecht; in: Juristenzeitung 1992, S. 238 ff.
(zitiert: Flume, in: JZ 1992)

Galli, Albert
Die Rechnungslegung nicht wirtschaftlicher gemeinnütziger Vereine; in: Deutsches Steuerrecht 1998, S. 263 ff.
(zitiert: Galli, in: DStR 1998)
Geiger, Willi
Das Selbstverständnis katholischer Einrichtungen, seine Bedeutung für Träger und Mitarbeiter; Freiburg im Breisgau; 1980
(zitiert: Geiger, Das Selbstverständnis katholischer Einrichtungen)
Geiger, Willi
Die Rechtsprechung des Bundesverfassungsgerichts zum kirchlichen Selbstbestimmungsrecht; in: Zeitschrift für evangelisches Kirchenrecht 26 (1981), S. 156 ff.
(zitiert: Geiger, in: ZevKR 26)
Glawatz, Anne-Ruth
Die Zuordnung privatrechtlich organisierter Diakonie zur evangelischen Kirche – unter besonderer Berücksichtigung von unternehmerischen Umstrukturierungen in der Diakonie; Göttingen, Univ., Diss.; Frankfurt am Main; 2003
(zitiert: Glawatz, Diakonie)
Goette, Wulf
Einführung in das neue GmbH-Recht – mit Materialien zum Gesetz zur Modernisierung des GmbH-Rechts und zur Bekämpfung von Missbräuchen (MoMiG); München; 2008
(zitiert: Goette, neues GmbH-Recht)
Gronemann, Josef
Die kirchliche Stiftung als mittelbare Unternehmensträgerin sozialkaritativer Einrichtungen; in: Kirche und Recht 1996, S. 147 ff.
(zitiert: Gronemann, in: KuR 1996)
Grunewald, Barbara
Gesellschaftsrecht; 7. Auflage; Tübingen; 2008
(zitiert: Grunewald, Gesellschaftsrecht)
Habersack, Mathias
Europäisches Gesellschaftsrecht – Einführung für Studium und Praxis; 3. Auflage; München; 2006
(zitiert: Habersack, Europäisches Gesellschaftsrecht)
Hanau, Peter / Thüsing, Gregor
Arbeitsrechtliche Konsequenzen beim Betriebsübergang kirchlicher Einrichtungen; in: Kirche und Recht 2000, S. 165 ff.
(zitiert: Hanau / Thüsing, in: KuR 2000)

Hanau, Peter / Thüsing, Gregor
Grenzen und Möglichkeiten des Outsourcings aus dem kirchlichen Dienst; in: Kirche und Recht 2002, S. 119 ff.
(zitiert: Hanau / Thüsing, in: KuR 2002)
Hase, Hans Christoph von
Der Verein als Lebensform in der Kirche; in: Die Innere Mission 1960, S. 225 ff.
(zitiert: von Hase, in: Die Innere Mission 1960)
Heckel, Johannes
Das staatskirchenrechtliche Schrifttum der Jahre 1930 und 1931; in: Verwaltungsarchiv 37 (1932); S. 280 ff.
(zitiert: Heckel, in: Verwaltungsarchiv 37)
Henzler, Herbert A.
Gesellschaftliche und ökonomische Entwicklungen als Bedingungen zukünftiger sozialer Arbeit; in: Diakonie – quo vadis?; Mühlheim an der Ruhr; 1999
(zitiert: Henzler, in: Diakonie – quo vadis?)
Herrmann, Florian
Die rechtliche Organisation international tätiger kirchlicher Hilfswerke; Heidelberg, Univ., Diss.; Frankfurt am Main; 2006
(zitiert: Herrmann, Kirchliche Hilfswerke)
Herschel, Wilhelm
Kirche und Koalitionsrecht – Beiträge zum Arbeitsrecht im kirchlichen Dienst, ein Rechtsgutachten; Stuttgart; 1978
(zitiert: Herschel, Kirche und Koalitionsrecht)
Hierold, Alfred E.
Grundlegung und Organisation kirchlicher Caritas – unter besonderer Berücksichtigung des deutschen Teilkirchenrechtes; München, Univ., Diss.; St. Ottilien; 1979
(zitiert: Hierold, Kirchliche Caritas)
Hofmann, Werner
Die Rechtsstellung der kirchlichen Stiftungen unter besonderer Berücksichtigung ihres Verhältnisses zu Staat und Kirche; in: Zeitschrift für evangelisches Kirchenrecht 12 (1966/1967), S. 313 ff.
(zitiert: Hofmann, in: ZevKR 12)
Hollerbach, Alexander
Das Staatskirchenrecht in der Rechtsprechung des Bundesverfassungsgerichts (II); in: Archiv des öffentlichen Rechts 106 (1981), S. 218 ff.
(zitiert: Hollerbach, in: Archiv des öffentlichen Rechts 106)

Hollerbach, Alexander
Grundlagen des Staatskirchenrechts; in: Handbuch des Staatsrechts der Bundesrepublik Deutschland, Band VI; Heidelberg; 1989
(zitiert: Hollerbach, in: Handbuch des Staatsrechts VI)

Hueck, Götz / Windbichler, Christine
Gesellschaftsrecht – ein Studienbuch; 21. Auflage; München; 2008
(zitiert: Hueck / Windbichler, Gesellschaftsrecht)

Hüttche, Tobias
Zur Rechnungslegung der gemeinnützigen GmbH; in: GmbH-Rundschau 1997, S. 1095
(zitiert: Hüttche, in: GmbHR 1997)

Jäger, Alfred
Diakonie als christliches Unternehmen – theologische Wirtschaftsethik im Kontext diakonischer Unternehmenspolitik; 4. Auflage; Gütersloh; 1993
(zitiert: Jäger, Diakonie als christliches Unternehmen)

Jans, Hans-Wilhelm
Die ehrenamtlich Tätigen, ihre rechtliche und wirtschaftliche Sicherung; in: Das Recht im Dienst einer diakonischen Kirche – Freiheit und Bindung – Wolfgang Güldenpfennig zum 75. Geburtstag gewidmet; Stuttgart; 1983
(zitiert: Jans, in: Das Recht im Dienst einer diakonischen Kirche)

Jarass, Hans D. / Pieroth, Bodo
Grundgesetz für die Bundesrepublik Deutschland – Kommentar; 11. Auflage; München; 2011
(zitiert: Autor, in: Jarass / Pieroth, Grundgesetz)

Jauernig, Othmar
Bürgerliches Gesetzbuch mit Allgemeinem Gleichbehandlungsgesetz (Auszug) – Kommentar; 13. Auflage; München; 2009
(zitiert: Autor, in: Jauernig, BGB)

Jurina, Josef
Die Religionsgemeinschaften mit privatrechtlichem Rechtsstatus, in: Handbuch des Staatskirchenrechts, Band I; 2. Auflage; Berlin; 1994
(zitiert: Jurina, in: Handbuch des Staatskirchenrechts I)

Kämper, Burkhard
Kindergärten in kirchlicher Trägerschaft; in: Handbuch des Staatskirchenrechts, Band II; 2. Auflage; Berlin; 1994
(zitiert: Kämper, in: Handbuch des Staatskirchenrecht II)

Kaulitz, Jürgen
Die Stiftung als Trägerin diakonischer Einrichtungen; in: Haushalterschaft als Bewahrung christlichen Glaubens; Stuttgart; 1981
(zitiert: Kaulitz, Stiftung)
Klütz, Annemarie
Entwicklungen im evangelischen Krankenhauswesen, in: Das Recht im Dienst einer diakonischen Kirche – Freiheit und Bindung – Wolfgang Güldenpfennig zum 75. Geburtstag gewidmet; Stuttgart; 1983
(zitiert: Klütz, in: Das Recht im Dienst einer diakonischen Kirche)
Kluge, Rainer Herbert
Arbeitsrechtliche Probleme im Bereich der freien gemeinnützigen Wohlfahrtspflege – zugleich ein Beitrag zur Bedeutung und Funktion allgemeiner Geschäftsbedingungen im Arbeitsvertragsrecht und zu betriebsverfassungsrechtlichen Problemen in Tendenzunternehmen; Bonn, Univ. Diss.; 1974
(zitiert: Kluge, Arbeitsrechtliche Probleme im Bereich der freien gemeinnützigen Wohlfahrtspflege)
Krämer, Rolf
Aktuelle kirchen- und wirtschaftsrechtliche Probleme einer diakonischen GmbH; in: Zeitschrift für evangelisches Kirchenrecht 41 (1996), S. 66 ff.
(zitiert: Krämer, in: ZevKR 41)
Krafka, Alexander / Willer, Heinz
Handbuch der Rechtspraxis; Band 7: Registerrecht; 7. Auflage; München; 2007
(zitiert: Krafka / Willer, Registerrecht)
Kreft, Gerhart
Insolvenzordnung; 5. Auflage; Heidelberg; 2008
(zitiert: Autor, in: Kreft, InsO)
Klein, Franz
Abgabenordnung – einschließlich Steuerstrafrecht; 9. Auflage; München; 2006
(zitiert: Autor, in: Klein, AO)
Kübler, Friedrich / Assmann, Heinz-Dieter
Gesellschaftsrecht – Die privatrechtlichen Organstrukturen und Regelungsprobleme von Verbänden und Unternehmen; 6. Auflage; Heidelberg, München, Landsberg, Berlin; 2006
(zitiert: Kübler / Assmann, Gesellschaftsrecht)

Ludemann, Georg / Negwer, Werner
Rechtsformen kirchlich-karitativer Einrichtungen – Verein, Stiftung, GmbH; Freiburg im Breisgau; 2000
(zitiert: Ludemann / Negwer, Rechtsformen)
Machanek, Klaus
Der bürgerlichrechtliche Verein mit kirchlichem Zweck; Tübingen, Univ., Diss.; 1999
(zitiert: Machanek, Verein)
Machanek, Klaus
Satzungsänderungen bei privatrechtlichen Vereinen mit kirchlicher Zielsetzung; in: Juristische Schulung 1985, S. 440 ff.
(zitiert: Machanek, in: JuS 1985)
Mack, Hans
Zur Besteuerung gemeinnütziger Körperschaften – neuere Rechtsprechung und Verwaltungspraxis; in: Deutsches Steuerrecht 1984, S. 191
(zitiert: Mack, in: DStR 1984)
Marré, Heiner/Jurina, Josef
Die Kirchenfinanzierung in Kirche und Staat der Gegenwart; 4. Auflage; Essen; 2006
(zitiert: Marré/Jurina, Kirchenfinanzierung)
Martínez Sistach, Lluís
Die Vereine von Gläubigen; Paderborn, München, Wien, Zürich; 2008
(zitiert: Martínez Sistach, Vereine von Gläubigen)
Marx, Siegfried
Staatskirchenrechtliche Bestimmungen zum Kirchenvermögens- und Stiftungsrecht im Bereich der katholischen Kirche; in: Handbuch des Staatskirchenrechts, Band II; 1. Auflage; Berlin; 1975
(zitiert: Marx, in: Handbuch des Staatskirchenrechts II)
Meyer, Christian
Staatskirchenrechtliche Bestimmungen zum Kirchenvermögens- und Stiftungsrecht im Bereich der evangelischen Kirche; in: Handbuch des Staatskirchenrechts, Band II; 1. Auflage; Berlin; 1975
(zitiert: C. Meyer, in: Handbuch des Staatskirchenrechts II)
Muckel, Stefan
Kirchliche Vereine in der staatlichen Rechtsordnung; in: Handbuch des Staatskirchenrechts der Bundesrepublik Deutschland I; 2. Auflage; Berlin; 1994; S. 827
(zitiert: Muckel, in; Handbuch des Staatskirchenrechts I)

Müller, Hans Martin
Diakonie in Deutschland; in: Zeitschrift für evangelisches Kirchenrecht 47 (2002), S. 475 ff.
(zitiert: Müller, in: ZevKR 47)
Oberbeck, Petra / Winkeller, Stefan
Die gemeinnützige Unternehmergesellschaft – Die Pflichtrücklage nach § 5a Abs. 3 GmbHG als Stolperstein?; in: Deutsches Steuerrecht 2009, S. 516 ff.
(zitiert: Oberbeck / Winkeller, in: DStR 2009)
Pahlke, Armin / Koenig, Ulrich
Abgabenordnung, §§ 1 bis 368 – Kommentar; 2. Auflage; München; 2009
(zitiert: Autor, in: Pahlke / Koenig, AO)
Palandt, Otto
Bürgerliches Gesetzbuch mit Nebengesetzen, insbesondere mit Einführungsgesetz (Auszug) einschließlich Rom I- und Rom II-Verordnungen, Allgemeines Gleichbehandlungsgesetz (Auszug), BGB-Informationspflichten-Verordnung, Wohn- und Betreuungsvertragsgesetz, Unterlassungsklagengesetz, Produkthaftungsgesetz, Erbbaurechtsgesetz, Wohnungseigentumsgesetz, Versorgungsausgleichsgesetz, Lebenspartnerschaftsgesetz, Gewaltschutzgesetz; 70. Auflage; München; 2011
(zitiert: Autor, in: Palandt, BGB)
Pieroth, Bodo / Schlink, Bernhard
Grundrechte, Staatsrecht II; 24. Auflage; Heidelberg; 2008
(zitiert: Pieroth/Schlink, Grundrechte)
Pirson, Dietrich
Juristische Personen des kirchlichen Rechts; in: Zeitschrift für evangelisches Kirchenrecht 16 (1971), S. 1 ff.
(zitiert: Pirson, in: ZevKR 16)
Priester, Hans-Joachim
Nonprofit-GmbH – Satzungsgestaltung und Satzungsvollzug; in: GmbH-Rundschau 1999, S. 149 ff.
(zitiert: Priester, in: GmbHR 1999)
Reichert, Bernhard
Handbuch des Vereins- und Verbandsrechts; 12. Auflage; Neuwied, München; 2010
(zitiert: Reichert, Handbuch des Vereins- und Verbandsrechts)
Reuter, Dieter
(Keine) Durchgriffshaftung der Vereinsmitglieder wegen Rechtsformverfehlung; in: Neue Zeitschrift für Gesellschaftsrecht 2008, S. 650 ff.
(zitiert: Reuter, in: NZG 2008)

Richardi, Reinhard
Preisgabe kirchlicher Einrichtungen durch Ausgliederung in eine Kapitalgesellschaft; in: Dem Staate, was dem Staate – der Kirche, was der Kirche ist, Festschrift für Joseph Listl zum 70. Geburtstag; Berlin; 1999
(zitiert: Richardi, in: FS Listl)

Rinken, Alfred
Die karitative Betätigung der Kirchen und Religionsgemeinschaften; in: Handbuch des Staatskirchenrechts, Band II; 1. Auflage; Berlin; 1975
(zitiert: Rinken, in: Handbuch des Staatskirchenrechts II)

Robbers, Gerhard
Kooperation und gemeinsame Trägerschaft von kirchlich-diakonischen und öffentlichen bzw. gemeinnützigen Trägern außerhalb von Kirche und Diakonie; in: Selbstbestimmungsrecht von Kirche und Diakonie – Freiheit oder Fessel?, epd-Dokumentation 16/02, S. 19
(zitiert: Robbers, in: epd-Dokumentation 16/02)

Rogge, Philip Laurenz
Staatliche Finanzkontrolle freier Wohlfahrtspflege; Göttingen, Univ., Diss.; Berlin; 2001
(zitiert: Rogge, Staatliche Finanzkontrolle freier Wohlfahrtspflege)

Rohde, Ulrich
Rechtliche Anforderungen an die Kirchlichkeit katholischer Vereinigungen und Einrichtungen, in: Archiv für katholisches Kirchenrecht 2006, S. 32 ff.
(zitiert: Rohde, in: AfkKR 2006)

Ruf, Norbert
Das Recht der katholischen Kirche nach dem neuen Codex Iuris Canonici – für die Praxis erläutert; Freiburg im Breisgau, Basel, Wien; 1983
(zitiert: Ruf, Das Recht der katholischen Kirche)

Sachs, Michael
Grundgesetz: GG – Kommentar; 5. Auflage; München; 2009
(zitiert: Autor, in: Sachs, Grundgesetz)

Säcker, Franz Jürgen / Rixecker, Roland
Münchener Kommentar zum Bürgerlichen Gesetzbuch; 5. Auflage; München; verschiedene Jahrgänge
(zitiert: Autor, in: MüKo BGB)

Schauhoff, Stephan
Handbuch der Gemeinnützigkeit; 2. Auflage; München; 2005
(zitiert: Schauhoff, Handbuch der Gemeinnützigkeit)

Scheuner, Ulrich
Die karitative Tätigkeit der Kirchen im heutigen Sozialstaat – Verfassungsrechtliche und staatskirchenrechtliche Fragen; in: Essener Gespräche zum Thema Staat und Kirche 8 (1974), S. 43 ff.
(zitiert: Scheuner, in: Essener Gespräche, Band 8)

Schmidt, Karsten
Gesellschaftsrecht; 4. Auflage; Köln, Berlin, Bonn, München; 2002
(zitiert: K. Schmidt, Gesellschaftsrecht)

Schmidt, Marika
Steuerliche Aspekte der Rechtsformwahl bei privaten gemeinnützigen Organisationen; Freiburg im Breisgau, Univ., Diss.; Baden-Baden; 2001
(zitiert: M. Schmidt, Steuerliche Aspekte)

Schmidt-Bleibtreu, Bruno / Hofmann, Hans / Hopfauf, Axel
Kommentar zum Grundgesetz; 12. Auflage; Luchterhand; 2011
(zitiert: Autor, in: Schmidt-Bleibtreu / Hofmann / Hopfauf, Grundgesetz)

Schnizer, Helmut
Allgemeine Fragen des kirchlichen Vereinsrechts – die privaten und öffentlichen kirchlichen Vereine; in: Handbuch des katholischen Kirchenrechts; 2. Auflage; Regensburg; 1999
(zitiert: Schnizer, in: Handbuch des katholischen Kirchenrechts)

Schockenhoff, Martin
Vereinsautonomie und Autonomie kirchlicher Vereine; in: Neue Juristische Wochenschrift 1992, S. 1013 ff.
(zitiert: Schockenhoff, in: NJW 1992)

Segna, Ulrich
Rechnungslegung und Prüfung von Vereinen – Reformbedarf im deutschen Recht; in: Deutsches Steuerrecht 2006, S. 1568 ff.
(zitiert: Segna, in: DStR 2006)

Siegel, Rainer
Der gemeinnützige Verein kirchlichen Zwecks – Verfahren, Voraussetzungen und Besonderheiten innerhalb des deutschen Steuerrechts; in: Archiv für katholisches Kirchenrecht 174 (2005), S. 96 ff.
(zitiert: Siegel, in: AfkKR 174)

Smend, Rudolf
Das Kirchenrecht und die kirchlichen Werke und Dienste; in: Zeitschrift für evangelisches Kirchenrecht 4 (1955), S. 72 ff.
(zitiert: Smend, in: ZevKR 4)

Soergel, Hans Theodor
Bürgerliches Gesetzbuch mit Einführungsgesetz und Nebengesetzen – Kommentar; 13. Auflage; Stuttgart; verschiedene Jahrgänge
(zitiert: Autor, in: Soergel, BGB)

Staudinger, Julius von
Kommentar zum Bürgerlichen Gesetzbuch mit Einführungsgesetzen und Nebengesetzen; Berlin; verschiedene Jahrgänge
(zitiert: Staudinger, BGB)

Stein, Albert
Diakoniegesetze im Bereich der Evangelischen Kirche in Deutschland – eine Dokumentation; Heidelberg; 1995
(zitiert: A. Stein, Diakoniegesetze)

Stein, Richard
Wie weit muss sich die Diakonie auf örtlicher Ebene anderen Einrichtungsträgern anpassen?; in: Das Recht im Dienst einer diakonischen Kirche – Handbücher für Zeugnis und Dienst der Kirche (HZDK); Stuttgart; 1980
(zitiert: R. Stein, in: Das Recht im Dienst einer diakonischen Kirche)

Stolleis, Michael
Sozialstaat und karitative Tätigkeit der Kirchen; in: ZevKR 18 (1973), S. 188 ff.
(zitiert: Stolleis, in: ZevKR 18)

Tilling, Peter von
Diakoniestationen – Sozialstationen in kirchlicher Trägerschaft; in: Zeitschrift für evangelisches Kirchenrecht 26 (1981), S. 310 ff.
(zitiert: von Tilling, in: ZevKR 26)

Tilling, Peter von
Die karitativen Werke und Einrichtungen im Bereich der evangelischen Kirche; in: Handbuch des Staatskirchenrechts der Bundesrepublik Deutschland I; 2. Auflage; Berlin; 1994, S. 401 ff.
(zitiert: von Tilling, in Handbuch des Staatskirchenrechts I)

Troll, Max / Wallenhorst, Rolf / Halaczinsky, Raymond
Die Besteuerung gemeinnütziger Vereine, Stiftungen und der juristischen Personen des öffentlichen Rechts; 5. Auflage; München; 2009
(zitiert: Troll / Wallenhorst / Halaczinsky, Besteuerung gemeinnütziger Vereine)

Uhlenbruck, Wilhelm
Insolvenzordnung – Kommentar; 12. Auflage; München; 2003
(zitiert: Autor, in: Uhlenbruck, InsO)

Unger, Ulrike
Neue Haftungsbegrenzungen für ehrenamtlich tätige Vereins- und Stiftungsvorstände; in: Neue Juristische Wochenschrift 2009, S. 3269 f..
(zitiert: Unger, in: NJW 2009)
Waklawik, Erich
Prozessführung im Gesellschaftsrecht – Corporate Litigation; München; 2008
(zitiert: Waklawik, Gesellschaftsrecht)
Waldner, Wolfram / Schweyer, Gerhard / Wörle-Himmel, Christof
Der eingetragene Verein – Gemeinverständliche Erläuterung des Vereinsrechts unter besonderer Berücksichtigung der neuesten Rechtsprechung mit Formularteil; 19. Auflage; München; 2010
(zitiert: Waldner / Schweyer / Wörle-Himmel; Der eingetragene Verein)
Wasse, Günter
Die Werke und Einrichtungen der evangelischen Kirche – ein Beitrag zum kirchlichen Organisationsrecht; Göttingen; 1954
(zitiert: Wasse, Werke und Einrichtungen)
Weiler, Torsten
Praxis Fundraising – Mitteleinwerbung für Gemeinden und kirchliche Einrichtungen, Modelle - Strategien - Tips; Bonn; 1998
(zitiert: Weiler, Praxis Fundraising)
Weth, Stephan / Werb, Sigurd
Vom weltlichen zum kirchlichen Betrieb – Probleme des Betriebsüberganges; in: Neue Zeitschrift für Arbeitsrecht 1998, S. 118 ff.
(zitiert: Weth / Werb, in: NZA 1998)
Wiemeyer, Joachim
Ökonomische Herausforderungen für kirchliche Wohlfahrtsverbände; in: Herausforderungen kirchlicher Wohlfahrtsverbände; Berlin; 2001
(zitiert: Wiemeyer, Ökonomische Herausforderungen)
Winter, Jörg
Die Kirche und ihr Diakonisches Werk; in: Das Recht der Kirche; Band III: Zur Praxis des Kirchenrechts (Forschungen und Berichte der Evangelischen Studiengemeinschaft; Band 51); Gütersloh; 1994, S. 238 ff.
(zitiert: Winter, Die Kirche und ihr Diakonisches Werk)
Winter, Jörg
Kirche – (m)Macht – Diakonie. Ein kirchen- und staatskirchenrechtlicher Blick.; in: Kirche der Freiheit – Diakonie der Knechtschaft? Wie Diakonie und Kirche voneinander profitieren können; Leipzig; 2008, S. 23 ff.
(zitiert: Winter, Kirche – (m)Macht – Diakonie)

Winter, Jörg
Scientology und neue Religionsgemeinschaften; in: Zeitschrift für evangelisches Kirchenrecht 42 (1997), S. 372 ff.
(zitiert: Winter, in: ZevKR 42)
Winter Jörg
Staatskirchenrecht der Bundesrepublik Deutschland – eine Einführung mit kirchenrechtlichen Exkursen; 2. Auflage; Neuwied; 2008
(zitiert: Winter, Staatskirchenrecht)
Wolff, Reinmar
Der drittbestimmte Verein – Satzungsrechte Dritter zwischen Vereinigungsfreiheit und Vereinsautonomie; Berlin; 2006
(zitiert: Wolff, Der drittbestimmte Verein)

C. Kirchliche Regelungswerke und Veröffentlichungen

Bremische Evangelische Kirche
Kirchengesetz über die Rechtsstellung der in eine staatliche gesetzgebende Körperschaft gewählten Angehörigen des kirchlichen Dienstes vom 28. März 1973; ABl. EKD 1973, S. 966 ff.
Codex Iuris Canonici – Codex des kanonischen Rechtes
Lateinisch-deutsche Ausgabe mit Sachverzeichnis, im Auftrag der Deutschen Bischofskonferenz, der Österreichischen Bischofskonferenz, der Schweizer Bischofskonferenz, der Erzbischöfe von Luxemburg und von Straßburg sowie der Bischöfe von Bozen-Brixen, von Lüttich und von Metz; Kevelaer; 2001
Evangelische Kirche in Deutschland
Grundordnung der Evangelischen Kirche in Deutschland vom 13. Juli 1948 in ihrer Fassung vom 13. Juli 1948; ABl. EKD 1948, S. 233 ff.; und in ihrer Fassung vom 20. November 2003; ABl. EKD 2004, S. 1 ff.
Kirchengesetz über das Diakonische Werk der Evangelischen Kirche in Deutschland vom 6. November 1975; ABl. EKD 1975, S. 713 ff.
Richtlinie des Rates der Evangelischen Kirche in Deutschland über die Zuordnung diakonischer Einrichtungen zur Kirche – Zuordnungsrichtlinie – vom 8. Dezember 2007; ABl. EKD 2007, S. 405 f.
Zahlen und Fakten zum kirchlichen Leben; EKD-Statistik 2009; abzurufen unter: http://www.ekd.de/statistik/zahlen_fakten.html

Evangelische Landeskirche in Baden

Grundordnung der Evangelischen Landeskirche in Baden in der Fassung vom 28. April 2007; GVBl. ELK Baden 2007, S. 52 ff.

Kirchliches Gesetz über die diakonische Arbeit in der Evangelischen Landeskirche in Baden in der Fassung vom 1. Januar 2005; GVBl. ELK Baden 2005, S. 89 ff.

Kirchliches Gesetz über die Vermögensverwaltung und die Haushaltswirtschaft in der Evangelischen Landeskirche in Baden in der Fassung vom 27. April 2007; GVBl. ELK Baden 2007, S. 66 ff.

Pfarrdienstgesetzes der Evangelischen Landeskirche in Baden vom 22. Oktober 1998; GVBl. ELK Baden 1998, S. 169 ff.

Vertrag des Landes Baden-Württemberg mit der Evangelischen Landeskirche in Baden und mit der Evangelischen Landeskirche in Württemberg vom 17. Oktober 2007; GVBl. ELK Baden 2007, S. 174 ff.

D. Bundestagsdrucksachen

Deutscher Bundestag

Entwurf eines Gesetzes zur Begrenzung der Haftung von ehrenamtlich tätigen Vereinsvorständen; BT-Drucksache 16/10120

Entwurf eines Gesetzes zur Förderung ehrenamtlicher Tätigkeit im Verein; BT-Drucksache 17/5713

E. Pressemitteilung

Bundesministeriums der Justiz

Pressemitteilung vom 3. Juli 2009, 11.38 Uhr; abzurufen unter: http://www.bmj.bund.de/enid/0,a4ab56706d635f6964092d0936303634093a097956172092d0932303039093a096d6f6e7468092d093037093a095f7472636964092d0936303634/Pressestelle/Pressemitteilungen_58.html

F. Homepages:

Arbeitsgemeinschaft Evangelischer Schulbünde e.V., Nürnberg

http://www.evangelische-schulbuende.de

Arbeitsgemeinschaft für Evangelische Erwachsenenbildung in Bayern e.V., München

http://www.aeeb.de

Christophorus Hospiz Verein im Landkreis Ebersberg e.V., Grafing – Aßling – Glong

http://www.grafing-evangelisch.de/index.php?menuIndex=7&submenuIndex=7

Evangelische Konferenz für Familien- und Lebensberatung e.V. Fachverband für Psychologische Beratung und Supervision (EKFuL), Berlin

http://www.evangelische-beratung.info/

Evangelische Krankenpflegevereine in Esslingen am Neckar

http://www.krankenpflegevereine-esslingen.de

Evangelischer Diakonie-Verein Anzing e.V. für den Kindergarten „Arche Noah", Anzing

http://www.evangelisch-marktschwaben-poing.de/kinder/kindergarten.html

Evangelischer Förderverein für Krankenpflege und Diakonie Wasseralfingen-Hüttlingen, Aalen-Wasseralfingen

http://www.evangelisch-wasseralfingen-huettlingen.de/cms/startseite/wo-finde-ich-hilfe/krankenpflegeverein/

Evangelischer Handwerkerverein München von 1848 e.V., München

http://www.ehv-muenchen.de

Evangelischer Hospiz- und Palliativ-Verein Darmstadt e.V., Darmstadt

http://www.hospizverein-darmstadt.de/

Evangelischer Kirchenbauverein, Berlin

http://www.evangelischer-kirchenbauverein.de/index.htm

Evangelischer Kirchenbauverein Burgweinting e.V., Regensburg

http://www.burgweinting-evangelisch.de/menschen/kirchenbauverein.htm

Evangelischer Kirchenbauverein Ismaning e.V., Ismaning

http://www.ismaning-wird-rund.de/

Evangelischer Krankenhausverein zu Aachen, Aachen

http://www.luisenhospital.de/

Evangelischer Krankenhausverein 1898 e.V. zu Köln, Köln

http://www.evk-koeln.de/index.php?id=59

Evangelischer Studentenwohnheim-Verein Freiburg e.V., Freiburg im Breisgau

http://www.esw-freiburg.de/

Evangelischer Verein – Verein für Diakonie Arbeit e.V., Stuttgart

http://www.evangelischer-verein.de/

Evangelisches Bildungswerk München e.V., München

http://www.muenchen-evangelisch.de/erwachsenenbildung.html

Evangelisches Internat Dassel e.V., Dassel,

http://www.evangelisches-internat.de/

Evangelische Sozialstation Freiburg im Breisgau e.V., Freiburg im Breisgau
http://www.evsozialstation-freiburg.de/
Evangelische Studentenwohnheime München e.V., München
http://www.eswm.de
Evangelische Wohnheime Stuttgart e.V., Stuttgart
http://www.wohnheime-stuttgart.de/
Förderverein der Evangelischen Sozialstation Alzey e.V., Alzey
http://www.sozialstation1977-alzey.de/foerderverein.html
Förderverein der Evangelischen Sozialstation Ingelheim, Ingelheim
http://www.ev-sozialstation-ingelheim.de/foerderverein.html
Förderverein der Evangelischen Sozialstation Wörrstadt-Wöllstein, Wöllstein
http://www.sozialstation-woerrstadt woellstein.de/foerder.htm
Hospizverein Pfaffenhofen e.V., Pfaffenhofen an der Ilm
http://www.hospizverein-pfaffenhofen.de
Kirche hilft Menschen – Förderverein Main-Tauber-Kreis Süd e.V., Bad Mergentheim
http://www.evangelisch-in-hohenlohe.de/kirchen-bezirke/weikersheim/der-kirchenbezirk-und-seine-einrichtungen/psychologische-beratungsstelle/
Krankenpflegeverein Murrhardt e.V., Murrhardt
http://www.evangelisch-in-murrhardt.de/cms/startseite/aktivitaeten/krankenpflegeverein/
Mündener Krankenhausverein e.V., Hann. Münden
http://www.krankenhaus-verein.de
Paul Gerhardt Diakonie e.V., Berlin und Wittenberg
http://www.pgdiakonie.de
Schulverein Evangelische Grundschule Friedrichshagen-Köpenick e.V., Berlin
http://www.evangelische-grundschule-friedrichshagen.de
Stadtwiki Karlsruhe
http://ka.stadtwiki.net/Evangelisches_Alten-_und_Pflegeheim_Bretten
Verein der Freunde und Förderer der Evangelischen Grundschule Wilmersdorf e.V., Berlin,
http://www.evgruwi-verein.de/
Verein der Freunde und Förderer der Evangelischen Kindertagesstätte in Köln-Rath e.V., Köln
http://www.foerderverein-wasserblecher-kinder.de
Verein Schrippenkirche e.V., Berlin
http://www.schrippenkirche.de/

Verein zur Förderung der evangelischen Kindertagesstätte Götzenhain e.V., Dreieich
http://fv-ev-kita.de/
Verein zur Förderung der Orgeln und der Orgelmusik in Bad Wimpfen e.V., Bad Wimpfen
http://www.orgelverein.de

Abkürzungsverzeichnis

AfkKR	Archiv für katholisches Kirchenrecht
AG	Aktiengesellschaft
AGG	Allgemeines Gleichbehandlungsgesetz
Anm.	Anmerkung
AO	Abgabenordnung
AöR	Archiv des öffentlichen Rechts
Art.	Artikel
AuR	Arbeit und Recht (Anm.: Zeitschrift)
BayVBl.	Bayerische Verwaltungsblätter (Anm.: Zeitschrift)
BAnz.	Bundesanzeiger
BB	Betriebsberater (Anm.: Zeitschrift)
BerGer.	Berufungsgericht
BetrVG	Betriebsverfassungsgesetz
Bf.	Beschwerdeführer
BFH	Bundesfinanzhof
BGB	Bürgerliches Gesetzbuch
BGBl.	Bundesgesetzblatt
BremKG	Kirchengesetz über die Rechtsstellung der in eine staatliche gesetzgebende Körperschaft gewählten Angehörigen des kirchlichen Dienstes
BT	Bundestag
BVerfG	Bundesverfassungsgericht
BVerwG	Bundesverwaltungsgericht
bzw.	beziehungsweise
Can.	Canon / Canones
CIC	Codex Iuris Canonici
DB	Der Betrieb (Anm.: Zeitschrift)
DEK	Deutsche Evangelische Kirche
d.h.	das heißt
Diss.	Dissertation
DÖV	Die öffentliche Verwaltung (Anm.: Zeitschrift)
DRPfl.	Der Deutsche Rechtspfleger (Anm.: Zeitschrift)
DStR	Deutsches Steuerrecht (Anm.: Zeitschrift)
DVBl.	Deutsches Verwaltungsblatt (Anm.: Zeitschrift)
EG	Europäische Gemeinschaft / Europäische Gemeinschaften
EGV	Vertrag zur Gründung der Europäischen Gemeinschaft
EKD	Evangelische Kirche in Deutschland

ELK	Evangelische Landeskirche
ErbStG	Erbschaftssteuergesetz
e.V.	eingetragener Verein
EvKiVBW	Evangelischer Kirchenvertrag Baden-Württemberg
EWIV	Europäische wirtschaftliche Interessenvereinigung
f.	folgende
ff.	fortfolgende
FG	Finanzgericht
FS	Festschrift
GbR	Gesellschaft bürgerlichen Rechts
GewStG	Gewerbesteuergesetz
GG	Grundgesetz
ggf.	gegebenenfalls
GmbH	Gesellschaft mit beschränkter Haftung
GmbHG	Gesetz betreffend die Gesellschaften mit beschränkter Haftung
GmbHR	GmbH-Rundschau (Anm.: Zeitschrift)
GO	Grundordnung
GrStG	Grundsteuergesetz
GVBl.	Gesetz- und Verordnungsblatt
HGB	Handelsgesetzbuch
HZDK	Handbücher für Zeugnis und Dienst der Kirche
InsO	Insolvenzordnung
i.S.v.	im Sinne von
i.V.m.	in Verbindung mit
JuS	Juristische Schulung (Anm.: Zeitschrift)
JZ	Juristenzeitung
KG	Kommanditgesellschaft
KGaA	Kommanditgesellschaft auf Aktien
KHG	Gesetz zur wirtschaftlichen Sicherung der Krankenhäuser und zur Regelung der Krankenhauspflegesätze
KHG NW	Krankenhausgesetz des Landes Nordrhein-Westfalen
KuR	Kirche und Recht (Anm.: Zeitschrift)
KStG	Körperschaftssteuergesetz
MoMiG	Gesetz zur Modernisierung des GmbH-Rechts und zur Bekämpfung von Missbräuchen
Mt.	Matthäus (Anm.: das Evangelium nach Matthäus)
m.w.N.	mit weiteren Nachweisen
nieds.	niedersächsisch
NJW	Neue Juristische Wochenschrift

NJW-RR	Neue Juristische Wochenschrift – Rechtsprechungsreport Zivilrecht
Nr.	Nummer
NSV	Nationalsozialistische Volkswohlfahrt
NVwZ	Neue Zeitschrift für Verwaltungsrecht
NW	Nordrhein-Westfalen
NZA	Neue Zeitschrift für Arbeitsrecht
NZG	Neue Zeitschrift für Gesellschaftsrecht
OHG	offene Handelsgesellschaft
OVG	Oberverwaltungsgericht
PartG	Partnerschaftsgesellschaft
PfDG	Pfarrdienstgesetzes der Evangelischen Landeskirche in Baden
RGBl.	Reichsgesetzblatt
RelKErzG	Gesetz über die religiöse Kindererziehung
Rn	Randnummer
s.	siehe
SCE	Societas Cooperativa Europaea
SE	Societas Europaea
s.o.	siehe oben
s.u.	siehe unten
Univ.	Universität
UStG	Umsatzsteuergesetz
vgl.	vergleiche
VStG	Vermögenssteuergesetz
VVaG	Versicherungsverein auf Gegenseitigkeit
v.H.	von Hundert
WRV	Weimarer Reichsverfassung
z.B.	zum Beispiel
ZevKR	Zeitschrift für evangelisches Kirchenrecht
ZIP	Zeitschrift für Wirtschaftsrecht

Schriften zum Staatskirchenrecht

Herausgegeben von Axel Frhr. von Campenhausen, Christoph Link
und Jörg Winter

Band 1 Christoph Link: Staat und Kirche in der neueren deutschen Geschichte. Fünf Abhandlungen. 2000.

Band 2 Andreas Franitza: Der Allgemeine Hannoversche Klosterfonds und die Klosterkammer Hannover. Untersuchung zur rechtsgeschichtlichen Entwicklung. 2000.

Band 3 Reinald Willenberg: Rundfunk unter kirchlicher Trägerschaft. 2001.

Band 4 Martin Fischer: Kirchliche Beiträge im Fernsehen. Darstellung eines abgestuften Mitgestaltungsmodells kirchlicher Beteiligung im Fernsehen. 2001.

Band 5 Bernd Albrecht von Garmissen: Landwirtschaftliches Grundvermögen in kirchlicher Hand. Dargestellt am Beispiel der Evangelischen Kirche in Deutschland und unter besonderer Berücksichtigung der Evangelisch-Lutherischen Landeskirche Hannovers. 2001.

Band 6 Berend Lindner: Entstehung und Untergang von Körperschaften des öffentlichen Rechts. Unter besonderer Berücksichtigung der Religions- und Weltanschauungsgemeinschaften. 2002.

Band 7 Gesa Dirksen: Das deutsche Staatskirchenrecht - Freiheitsordnung oder Fehlentwicklung? 2003.

Band 8 Im Dienste der Sache. Liber amicorum für Joachim Gaertner. Herausgegeben von Ricarda Dill, Stephan Reimers, Christoph Thiele. 2003.

Band 9 Arnd Diringer: Scientology. Verbotsmöglichkeit einer verfassungsfeindlichen Bekenntnisgemeinschaft. 2003.

Band 10 Konstantin v. Notz: Lebensführungspflichten im evangelischen Kirchenrecht. 2003.

Band 11 Matthias Schwara: Die Heiliggeistkirche in Heidelberg im Wandel der Zeiten. Ein Beitrag zur Rechtsgeschichte Südwestdeutschlands. 2003.

Band 12 Axel Frhr. von Campenhausen (Hrsg.): Deutsches Staatskirchenrecht zwischen Grundgesetz und EU-Gemeinschaftsrecht. Symposion im Kirchenamt der Evangelischen Kirche in Deutschland am 25. und 26. April 2002 in Hannover. 2003.

Band 13 Thomas Bauer: Die GmbH als Rechtsform karitativer Einrichtungen der Kirche. 2003.

Band 14 Anne-Ruth Glawatz: Die Zuordnung privatrechtlich organisierter Diakonie zur evangelischen Kirche. Unter besonderer Berücksichtigung von unternehmerischen Umstrukturierungen in der Diakonie. 2003.

Band 15 Detlef Kehlen: Europäische Antidiskriminierung und kirchliches Selbstbestimmungsrecht. Zur Auslegung von Art. 13 EG und Art. 4 der Richtlinie 2000/78/EG. 2003.

Band 16 Andreas Grube: Der Sonntag und die kirchlichen Feiertage zwischen Gefährdung und Bewährung. Aspekte der feiertagsrechtlichen Entwicklung im 19. und 20. Jahrhundert. 2003.

Band 17 Burghard Winkel: Kirche und Vergaberecht. Der vergaberechtliche Status der evangelischen Landeskirchen in Deutschland. 2004.

Band 18 Suzanne Mann: Das Kopftuch der muslimischen Lehramtsanwärterin als Eignungsmangel im Beamtenrecht. 2004.

Band 19 Markus Ogorek: Geltung und Fortbestand der Verfassungsgarantie staatlichen Religionsunterrichts in den neuen Bundesländern. Ein Beitrag zur Lehre vom sogenannten Verfassungswandel. 2004.

Band 20 Steffen Rupp: Verwaltungsmodernisierung in der Kirche. Eine Untersuchung am Beispiel des Neuen Steuerungsmodells der Evangelischen Landeskirche in Baden. 2004.

Band 21 Gunter Barwig: Die Geltung der Grundrechte im kirchlichen Bereich. Eine Untersuchung zur Grundrechtsfähigkeit und Grundrechtsbindung der Religionsgemeinschaften. 2004.

Band 22 Andreas Kasper: Sozialsponsoring. Eine rechtliche Bewertung unter besonderer Berücksichtigung des Sponsorings kirchlicher Werke und Einrichtungen. 2004.

Band 23 Martin Rauhaus: Das kirchenrechtliche Gemeindeprinzip und seine Auswirkungen auf die kirchliche Verfassungsgestaltung. Dargestellt am Beispiel der Verfassung der evangelisch-reformierten Kirche. 2005.

Band 24 Heidi Reichegger: Die Auswirkungen der Richtlinie 2000/78/EG auf das kirchliche Arbeitsrecht unter Berücksichtigung von Gemeinschaftsgrundrechten als Auslegungsmaxime. 2005.

Band 25 Matthias Triebel: Das europäische Religionsrecht am Beispiel der arbeitsrechtlichen Anti-Diskriminierungsrichtlinie 2000/78/EG. 2005.

Band 26 René Seidel: Die Anerkennung der privaten Ersatzschule und ihre Auswirkungen auf das Privatschulverhältnis. 2005.

Band 27 Uta Kleine: Die Eingrenzung des Haftungsrisikos für den ehrenamtlichen Betreuer. 2005.

Band 28 Gerrit Nils Beermann: Hoheitsbetriebe von Kirchen und Religionsgemeinschaften. Eine körperschaftsteuerliche Untersuchung. 2005.

Band 29 Falko Tappen: Kirchliche Vermögensverwaltung am Beispiel des Ethischen Investments. 2005.

Band 30 Walter Fischedick: Die Zeugnisverweigerungsrechte von Geistlichen und kirchlichen Mitarbeitern. 2006.

Band 31 Myrian Dietrich: Islamischer Religionsunterricht. Rechtliche Perspektiven. 2006.

Band 32 Florian Herrmann: Die rechtliche Organisation international tätiger kirchlicher Hilfswerke. 2006.

Band 33 Joachim Gaertner / Erika Godel (Hrsg.): Religionsfreiheit und Frieden. Vom Augsburger Religionsfrieden zum europäischen Verfassungsvertrag. 2007.

Band 34 Volker Ochsenfahrt: Die staatskirchenrechtliche Stellung des Katholischen Bistums der Alt-Katholiken in Deutschland. 2007.

Band 35 Gustav Reingrabner: Um Glaube und Freiheit. Eine kleine Rechtsgeschichte der Evangelischen in Österreich und ihrer Kirche. 2007.

Band 36 Steffen Alexander Sommer: Teildienstverhältnisse bei Pfarrern in den Gliedkirchen der Evangelischen Kirche in Deutschland. Eine rechtliche Untersuchung. 2007.

Band 37 Arne Feickert: Rechtsfragen der kirchlichen Bestattung. Mitgliedschaftsanspruch und Totenfürsorgerecht dargestellt für die katholische Kirche und die evangelische Landeskirche in Baden. Nebst einem Anhang zum Verhältnis von Totenfürsorgerecht und Bestattungspflicht. 2007.

Band 38 Nina Coumont: Muslimische Schüler und Schülerinnen in der öffentlichen Schule. 2008.

Band 39 Christine Mertesdorf: Weltanschauungsgemeinschaften. Eine verfassungsrechtliche Betrachtung mit Darstellung einzelner Gemeinschaften. 2008.

Band 40 Tajan Tober: Ein neues *ius divinum*? Zur Theologie des Rechts der Bahá'í. 2008.

Band 41 Tamara Bloch: Die Stellungnahmen der römisch-katholischen Amtskirche zur Frage der Menschenrechte seit 1215. Eine historische Untersuchung unter besonderer Berücksichtigung der Gewährleistungen im CIC/1983. 2008.

Band 42 Axel Lehmann: Krankenhaus und EG-Beihilferecht. Die Vereinbarkeit des Krankenhausfinanzierungsrechts mit Art. 87 ff. EG-Vertrag. 2008.

Band 43 Claudia Maria Corlazzoli: Religionsunterricht von kleineren Religionsgemeinschaften an öffentlichen Schulen in Deutschland. 2009.

Band 44 Jens Neie: Bekenntnis, Bekenntnisstand und Bekenntnisbildung im evangelischen Kirchenrecht. 2009.

Band 45 Christian Schulze Pellengahr Freiherr von Freusberg-Steinhorst: Das Verbot der politischen Betätigung für Geistliche nach katholischem und evangelischem Kirchenrecht sowie im geltenden Staatskirchenrecht. Unter Berücksichtigung der Staaten- und Verfassungsgeschichte Deutschlands und Österreichs. 2009.

Band 46 Carolin Metzner: Johann Caspar Bluntschli. Leben, Zeitgeschehen und Kirchenpolitik. 1808–1881. 2009.

Band 47 Tajan Tober: Ein föderaler Weltrechtsstaat am Ausgang der Zeit? Staat und religiöse Ordnung in der Bahá'í-Theologie. 2009.

Band 48 Stephan Sünner: Staatsgesetz vor Religionsgebot? Eine Analyse mit Bezug zum englischen Recht und zur Rechtsprechung des EGMR. 2010.

Band 49 Kyrill Makoski: Kirchliche Krankenhäuser und staatliche Finanzierung. Geschichte, Ausgestaltung, verfassungsrechtliche Anforderungen. 2010.

Band 50 Philipp Lehmann: Marken-, Kennzeichen- und Namensrecht im Bereich der Religionsgemeinschaften. 2010.

Band 51 Flavia Hauschild: Die Christlichkeit der Schulen. Die Bayerische Schule und ihr Umgang mit Religion. 2010.

Band 52 Axel Frhr. von Campenhausen (Hrsg.): Tag der Arbeitsruhe und der seelischen Erhebung. Dokumentation zum Urteil des Bundesverfassungsgerichts zum Schutz der Sonntagsruhe. 2010.

Band 53 Heiko Feurer: Amtshaftung und Staatskirchenrecht. Zu Pflichten, Amt und Körperschaft in Art. 34 GG und Art. 137 WRV. 2010.

Band 54 Katharina Haupt: Verfassungsfragen zum muslimischen Kopftuch von Erzieherinnen in öffentlichen Kindergärten. 2010.

Band 55 Andreas Schoenauer: Die Kirchenklausel des § 9 AGG im Kontext des kirchlichen Dienst- und Arbeitsrechts. 2010.

Band 56 Maren Rosenkötter: Die Establishment Clause der U.S. Verfassung und staatliche Unterstützung religiöser Privatschulen. 2011.

Band 57 Sandra Könemann: Das Staatskirchenrecht in der wissenschaftlichen Diskussion der Weimarer Zeit. 2011.

Band 58 Danielle Gaukel: Vereinsbildungen im evangelischen Kirchenrecht. 2011.